HOW TO SURVIVE MIT TEENAGER

FÜR KAI, MIT DEM ICH
DIE PUBERTÄT UNSERER KINDER
OHNE BLEIBENDE SCHÄDEN
»ÜBERLEBT« HABE.

DAGMAR DA SILVEIRA MACÊDO

HOW TO SURVIVE MIT TEENAGER

WIE SIE DIE PUBERTÄT IHRES KINDES OHNE BLEIBENDE SCHÄDEN ÜBERLEBEN

MIT ILLUSTRATIONEN VON JANA MOSKITO

SCHWARZKOPF & SCHWARZKOPF

INHALT

»Die Jugend liebt heutzutage den Luxus. Sie hat schlechte Manieren, verachtet die Autorität, hat keinen Respekt vor den älteren Leuten und schwatzt, wo sie arbeiten sollte. Die jungen Leute stehen nicht mehr auf, wenn Ältere das Zimmer betreten. Sie widersprechen ihren Eltern, schwadronieren in der Gesellschaft, verschlingen bei Tisch die Süßspeisen, legen die Beine übereinander und tyrannisieren ihre Lehrer.«

Sokrates, Griechischer Philosoph
* um 469 v. Chr., † 399 v. Chr.

IM PRINZIP NUR EINE PHASE, ABER …

VORWORT

Liebe Eltern, gestern noch reckten sich Ihnen schokoladenbeschmierte Marzipan-Ärmchen entgegen, und Sie wurden von vor Freude strahlenden Augen fast umgeworfen. Aufgeregt wurde um Ihre Aufmerksamkeit gebuhlt und Sie wurden mit Liebe überschüttet. Dann kam Tag X. Von jetzt auf gleich dürfen Sie sich nun freuen, wenn Sie überhaupt noch beachtet werden; wenn Ihnen Ihr Kind ein, zwei Worte mehr als ein »Nichts, Mann!« entgegennuschelt; wenn es den Kopf vom Handydisplay erhebt und Sie tatsächlich anblickt. Ob dieses missmutige, respektlose und stachelige Etwas wirklich Ihr süßes Schätzchen ist? Was ist da passiert? Nun, ganz einfach: Herzlich willkommen in der Pubertät!

Natürlich ist Pubertät nicht immer ganz und gar schlimm. Das muss auch nicht. »Normal« wird nämlich anstrengend genug. Jeder Durchschnitts-Teenager schafft es locker, seine Eltern an den Rand des Wahnsinns zu bringen.

Dieses Buch ist kein Erziehungsratgeber im klassischen Sinn. Es ist eher der Versuch einer Gebrauchsanleitung, wie Sie dieses verrückte Gebilde *Pubertät* unbeschadet überstehen. Wie Sie nicht verzweifeln, sondern durchhalten; wie Sie sich selbst stärken und damit Ihre Teenager.

Die Situationen, die ich in diesem Buch beschreibe und die Tipps, die ich gebe, basieren auf echten Erfahrungen. Ich habe neben denen meiner beiden Mädchen mehrere Pubertäten hautnah mitbekommen: die meiner sehr viel jüngeren Schwester, die von Kindern von Freundinnen, Bekannten, Nachbarn und Kollegen. Ich durfte außerdem ein paar Mal junge pubertierende Menschen als Dozentin unterrichten. Und natürlich war ich selbst jahrelang Teenager. Ich kann Ihnen deshalb versichern, »normal« reicht für jede Menge Wahnsinn vollkommen aus! Die Namen der hier auftretenden Personen habe ich übrigens allesamt geändert, um die echten Personen dahinter zu schützen.

Ich hoffe, dass ich Ihnen mit diesem Buch dabei helfen kann, etwas gelassener zu reagieren und soweit es geht diese Pubertät mit Humor zu nehmen. Es ist nämlich nicht nur möglich, unbeschadet durch dieses Lebenskapitel hindurchzukommen, sondern sogar wahrscheinlich, dass alle Beteiligten gestärkt daraus hervorgehen, auch wenn man das in der Akutphase kaum glauben kann und arg am Verstand der eigenen Kinder – und irgendwann auch dem eigenen – zweifelt. Mit etwas Abstand – und etwas Rehabilitation selbstverständlich – schaut man dann erstaunlicherweise recht gerne auf diese Zeit zurück.

Zum Glück ist Pubertät ja nur eine Phase, die irgendwann genauso plötzlich, wie sie gekommen ist, auch wieder verschwindet.

In diesem Sinne, gutes Durchhaltevermögen. Bleiben Sie cool.

Dagmar da Silveira Macêdo

1. KAPITEL

WELCOME TO HELL

Vergessen Sie 3-Monats-Koliken oder Tobsuchtsanfälle in Supermärkten. Beide sind selbstredend anstrengend und nervenbelastend, aber im Vergleich zu dem, was jetzt auf Sie zukommt, sind sie – nun ja: harmlos. Fakt ist, wenn das Kind in die Pubertät kommt, beginnt die wirkliche, die wahre Herausforderung für Eltern. Alles vorher war Pillepalle. Mit Beginn der Pubertät startet eine Prüfung, die man sich zu Beginn einer engagierten Elternschaft nicht mal ansatzweise vorstellen konnte. Die Liste der Dinge, die Sie nun bewältigen müssen, ist lang, erschlagend, verletzend und zum Verzweifeln: Fasten your seatbelts, liebe Erziehungsberechtigte, here comes Pubertät!

WIESO DIE PUBERTÄT SO EIN SCHRECKGESPENST IST

Gleich zu Beginn möchte ich Ihnen jegliche Illusionen nehmen. Es stimmt wirklich: Alles Schreckliche, was Sie jemals über die Pubertät gehört haben, ist wahr – plötzlich aus dem Nichts auftretende Gefühlsausbrüche in Form von Heulkrämpfen oder Wutanfällen, völliges Desinteresse an Schule mit entsprechend schlechten Noten, fantasievolle Lügengeschichten, Null-Bock-Gehabe und Ablehnung von allem, wofür Sie stehen, finsteres Schweigen sowie alkoholische Exzesse und dämliche Mutproben. Die Liste ließe sich beliebig erweitern, und alle Punkte können unvorhersehbar alleine, im Doppelpack, im Konglomerat oder fliegenden Wechsel auftreten.

Das macht Pubertät zu einer der gefürchtetsten und anstrengendsten Zeiten im Leben mit Kindern. Sie fordert von uns alles, und noch viel mehr. Sie zeigt uns unsere Grenzen und hält uns gleichzeitig einen Spiegel vor – und das ziemlich gnadenlos. Eventuell erinnern Sie sich ja auch an die eigene Pubertät vor gefühlten

100 Jahren und befürchten ähnliche Exzesse nun bei der eigenen Brut?

Egal, was genau Ihnen Schrecken bereitet, so viel muss man zugeben: Pubertät gehört auch zu den spannendsten Erziehungszeiten – und das sogar im doppelten Wortsinn. Spannend zum einen ist die Metamorphose, wie sich aus einem kleinen süßen Pubsi ein selbstständiger Erwachsener entwickelt, mit einer eigenen Meinung und individuellen Vorstellungen vom Leben. Spannend zum anderen, im Sinne von ereignis- und konfliktreich.

Im Prinzip ist das, was jetzt auf Sie zukommt, ein stetiger Kontrollverlust. Die Zügel aus der Hand zu geben ist für Eltern nicht von heute auf morgen zu verstehen. Oder zu ertragen. Oder beides. Kontrollverlust verunsichert uns, macht uns vielleicht sogar wütend, und wir fangen an, an uns selbst zu zweifeln. Ebenso unangenehm ist es, wenn die elterliche Meinung nicht mehr das Nonplusultra ist, wenn unsere erzieherischen Leistungen und Vorgaben, eventuell sehr anders als von uns gewollt, interpretiert werden und wir plötzlich nicht mehr die Nummer eins für unser Kind sind. Wenn wir als Person sogar offen abgelehnt und unsere Werte bekämpft werden und alles infrage gestellt wird. Das tut nämlich weh.

Dabei ist evolutionsgeschichtlich unterm Strich alles gut so: Die Jungen müssen sich von den Alten abnabeln. Dass so eine Umstellungs- und Entwicklungsphase zwischen der Brutpflege und dem Flüggewerden nicht easy-peasy vonstattengeht, sondern nervenaufreibend wird, ist eigentlich logisch. Spannungsreich ist das, aber auch oft sehr komisch. Steckt man noch mittendrin, ist man natürlich meistens betriebsblind, und die Zeit ist sehr, sehr oft alles andere als lustig. Die Frage, warum um alles in der Welt man sich überhaupt auf eine Familie eingelassen hat, anstatt als Einsiedler in das australische Outback ausgewandert zu sein, liegt da oft näher als über erste ungelenke Alleingänge der Pubertisten zu schmunzeln.

Vielleicht haben wir in unserer durchorganisierten Welt auch einfach nicht genug Zeit für Unvorhersehbares? Vielleicht reagieren wir deshalb so unentspannt und fürchten die Pubertät als ein Schreckgespenst, das man am liebsten überspringen möchte? Im Gegensatz zu einigen Naturvölkern, bei denen der Eintritt in diese neue Lebensphase ein feierwürdiges und von der Gemeinschaft eng begleitetes Ereignis ist mit eigenem Fest und Initiationsritus, sind wir in den sogenannten zivilisierten Ländern dieser Erde alles andere als das: Wir sind verunsichert, entsetzt – und nicht selten komplett überfordert, wenn unsere Nachkommen anfangen, uns vom Thrönchen zu stürzen, und ihr Verhalten an unserem Ego knabbert.

Als kleiner Trost sei vorweggenommen: Wenn man die Zeit überstanden hat, ist die Phase der Pubertät eine Fundgrube für schöne Anekdoten, an die man sich tatsächlich gerne erinnert. Und Sie, als *Survivor*, werden sich dann einreihen in die unangenehme Gruppe der Besserwisser, die die Pubertät der eigenen Kinder schon überlebt haben und den verzweifelten Erziehungsberechtigten, wie Sie es im Moment noch (oder bald) sind, mitleidig amüsiert auf die Schulter klopfen: wird schon!

Vorher aber gilt für alle direkt und indirekt Beteiligten: Pubertät ist eine enorme Kraftanstrengung. Manchmal ein jahrelanger Zustand, der gefühlt nur aus Auseinandersetzungen besteht. Denn es dauert ja ziemlich lange, bis die Nachkommen vom sehr abhängigen Kind zum selbstständigen Erwachsenen herangereift sind. Selbstmitleid ist hier fehl am Platz. Sie müssen handlungsbereit sein. Die beste Strategie, die Pubertät zu überleben, ist deshalb – wie beim Auswandern ins Outback übrigens auch – eine gute Vorbereitung und ein fester Wille, es irgendwie zu schaffen. Wenn man sich einem Gespenst stellt, ist sowieso schon der halbe Schrecken weg.

Und – keine Angst – Sie bleiben auch in der widerspenstigsten Pubertätsphase weiterhin wichtig. Aber eher im Geheimen. Ein Teenager möchte das nur nicht mehr offen zugeben und vergisst es manchmal auch kurzzeitig. Sie sind jetzt das lebenswichtige Backup, nicht mehr das Aushängeschild oder Knuddelmonster.

WAS HEISST DENN HIER EIGENTLICH PUBERTÄT?

Klären wir zunächst mal ein paar Begriffe. Was bedeutet eigentlich *Pubertät*, außer dass es unter gepeinigten Erziehungsberechtigten eine Art Sammelbegriff für eine anstrengende, wenn nicht sogar DIE anstrengendste Phase in ihrem Leben als Eltern ist?

Der harmlose Begriff »Pubertät« leitet sich vom Lateinischen ab – und da sieht man schon, woher der Wind weht: *Pubertas* bedeutet »Geschlechtsreife«, das Verb *pubescere* »heranwachsen«. Und *pubes* bedeutet »Schamhaare«, aber auch »waffenfähige Jugend« und »Heranwachsender«*. Alle Bedeutungen lassen darauf schließen, dass es sich bei Pubertät also um etwas Körperliches handelt. Das ist ja auch tatsächlich unübersehbar.

Aber nicht nur der Körper alleine verändert sich. Parallel wird auch das Hirn, welches den Körper steuert, zu einer Großbaustelle. Alles wird umstrukturiert, neu geordnet und abgelegt, verlegt, vergessen, wiedergefunden, zwischendurch für wichtig, dann für unwichtig befunden. Kurz: Es herrscht ein heilloses Chaos im logistischen Zentrum. Als wären in einem Zentrallager die gesamten Hochregale umgefallen und als läge alles durcheinander. Die Verantwortlichen, die diese Misere beseitigen könnten, sind erst in der Findungsphase, und so herrscht *Trial and Error* auf allen Ebenen. Dieses Chaos erklärt, warum Jugendliche manchmal komplett planlos agieren und völlig unverständliche und riskante Dinge tun. Gefangen in ihrer biochemischen Großbaustelle, sind sie den verantwortlichen Baumeistern ausgeliefert und reagieren entsprechend ungehalten und spontan, mit mal mehr, mal weniger Erfolg. Jugendliche sehen nicht nur aus wie eine Baustelle (zu lange Arme im Verhältnis zum Körper), sondern sie sind es auch, weil das Hirn maßgeblich involviert ist und ständig neue und verwirrende Ge-

---

* *In PONS Globalwörterbuch Lateinisch – Deutsch, PONS Klett Verlag Stuttgart 2003*

danken freigibt, mit denen die Protagonisten erst einmal selbst klarkommen müssen. Hirn und Körper zeitgleich umzubauen ist ein zugegebenermaßen ungünstiges Timing von Mutter Natur. Aber der Grund für viele für uns Eltern – und die Teenager selbst – sehr unverständliche Handlungen.

Und so hat die Zeit der Pubertät im Prozess des Gesamtpakets *Erwachsenwerden* enorme Brisanz. Das Ganze nennt man Adoleszenz, was man mit *Jugendzeit** übersetzen kann. Sie bezeichnet eine wesentlich längere Zeitspanne, die circa mit dem zehnten Lebensjahr – manchmal auch früher – beginnt und erst irgendwann Mitte 20 endet. Für einige Menschen dauert die Adoleszenz auch wesentlich länger, zumindest in ihrer Selbstwahrnehmung. Jugendlich sein ist ja etwas gesellschaftlich äußerst Erstrebenswertes**, im Gegensatz zur recht kurzen Phase der Pubertät, die man möglichst schnell hinter sich lassen möchte. Wegen der Auswirkungen dieses anstrengenden Umbauprozesses und dem, was dieser Umbauprozess bewirkt. Diese Veränderungen irritieren nicht nur das Kind; sie sind auch für uns Eltern befremdlich. Alleine die Tragweite der Bedeutung von *Geschlechtsreife* müssen sowohl die betroffenen Kinder als auch wir als beschützende Eltern erst einmal verkraften – das ist ja nicht allein ein praktisches Unterfangen, denn es muss auch verstanden werden.

Die Pubertät ist also nur ein Baustein in der Entwicklungsphase zwischen Kind- und Erwachsensein, wenn auch der holprigste Teil: ein notwendiges Übel im Verpuppungsstadium eines heranwachsenden Menschen.

---

* *Ebd.*

** *Jugendlich möchten die meisten Menschen sich bis mindestens 39 Jahren sehen. Danach, na ja, wird es schwieriger. Abhilfe für die Zeit danach verschafft ein anderes Buch aus der Reihe HOW TO SURVIVE – zumindest für Frauen: HOW TO SURVIVE ALS FRAU AB 40 – So leben Sie glücklich mit Falten, Pfunden und anderen Zumutungen des Älterwerdens, Dagmar da Silveira Macêdo, Schwarzkopf & Schwarzkopf, 2018*

KLEINE BEGRIFFSKLÄRUNG IM ÜBERBLICK:

Kindheit: Phase ab der Geburt bis zum Einsetzen der Pubertät.

Pubertät: Phase der Entwicklung der Geschlechtsreife, in der eine deutlich sichtbare körperliche Metamorphose, aber auch ein seelischer Entwicklungsprozess stattfindet. Sie ist ein Teil der Adoleszenz.

Adoleszenz: Jugendzeit: Phase zwischen dem Kindsein und dem Erwachsenenalter, quasi das Gesamtpaket *Erwachsenwerden*.

Kind: ein Mensch, der noch keine 14 Jahre alt ist.

Jugendliche/r: ein Mensch, zwischen 14 und 17 Jahren.

Heranwachsende/r: ein Mensch zwischen 18 und 20 Jahren.

Volljährige/r: ein Mensch ab 21 Jahren.

Teenager: Gerne auch *Teenie* oder einfach *Teen*: Mensch zwischen 13 und 19 Jahren; kommt aus dem Amerikanischen (thirTEEN, und so weiter.) und ist als Begriff seit dem Zweiten Weltkrieg auch in Europa sehr populär und heute aus dem deutschen Sprachgebrauch nicht mehr wegzudenken.

Pubsi: Verniedlichungsform, eigentlich »Pupsi« mit »p«, weil es von »pupsen« kommt. Das tun Teenager zwar auch gerne und laut, in Anlehnung an »Pubertät« beziehungsweise »Pubertist/in« schreibe ich in diesem Buch aber »Pubsi«.

WANN SIE MIT DER PUBERTÄT RECHNEN KÖNNEN

Wir sind als Eltern eigentlich auf keine Phase unserer Kinder perfekt vorbereitet, sondern wachsen an unseren Aufgaben. Pubertät macht da in keiner Weise eine Ausnahme. Wie bei allen anderen Phasen unserer Kinder werden wir von jetzt auf gleich ganz unvermittelt mitten in den Prozess katapultiert. Es gibt kein Kick-off, geschweige denn ein Briefing wie bei einem vernünftigen Projekt. Pubertät ist da – ohne Beipackzettel. So fühlt es sich zumindest an. Wollen wir ja auch nicht anders. Wenn wir ehrlich sind, müssen wir zugeben: Wir scheuen Konflikte. Konflikte bedeuten Veränderung. Und Veränderung bedeutet nicht planbare Anstrengung in unserem ohnehin überfüllten Alltag. Die meisten Eltern bereiten sich auf die Phase *Pubertät* so vor, dass sie sich entweder fest vornehmen, alles besser zu machen als ihre eigenen Eltern. Oder sie winken ab und sagen: »Da will ich noch gar nicht dran denken.«

Tatsächlich ist es sinnvoll, sich frühzeitig auf die unvermeidliche größte aller Trotzphasen vorzubereiten, denn wir wissen ja theoretisch, DASS diese Umbruchphase kommt. Sie müssen damit ja nicht anfangen, wenn sich Ihr Alltag noch um Mittagsschlaf und Stuhlfarbe dreht. Aber wenn Ihre Kinder so acht, neun oder zehn sind, dann denken Sie doch mal dran. Vielleicht erinnern Sie sich ja noch vage an Ihre eigene Jugendzeit und hoffen, dass der Apfel möglichst weit vom Stamm fallen möge und Oma und Opa bitte schön ihre Klappen halten und Ihren (angehenden) Teenies nichts aus Ihrer Jugendzeit erzählen. Je mehr dunkle Erinnerungen an die eigene Pubertät einem einfallen, desto mehr beginnt man, die Sorgen der eigenen Eltern zu verstehen. Schlimmer noch: Man vergleicht sich mit den eigenen Eltern und erkennt ähnliche (erschreckenderweise meist sehr spießige) Verhaltensmuster an sich selbst, die man im Laufe des Mutter- oder Vaterseins mehr und mehr angenommen hat.

Vielleicht googelt man sich schlau oder liest tonnenweise Ratgeber zum Thema. Man beweihräuchert sich gegenseitig mit ebenfalls betroffenen Freunden und hofft, dass diese genauso leiden wie man selbst, am besten noch mehr erdulden oder vielleicht wenigstens einen guten Rat wissen. Und dann passiert es irgendwann (viel zu früh; damit hat doch noch niemand gerechnet!): Die Pubertät ist da. Und man stellt fest: Theorie hat wenig mit Praxis zu tun. Aber was heißt denn genau »zu früh«? Bis wann sollten Sie vorbereitet sein, und wie sollten Sie das tun?

Ersteres lässt sich nur schwammig beantworten, denn die Pubertät, wie auch ihr Einsetzen sind recht individuell. Teenager sind einfach so unterschiedlich. Es gibt Jugendliche, die sind mit 13 vernünftiger als andere mit 17 es je sein werden. Der eine kommt früh in die Pubertät, der andere so spät, dass man schon gar nicht mehr damit gerechnet hat.

Rechnen Sie auf jeden Fall damit, dass die Pubertät wesentlich früher einsetzen kann, als Sie vermuten: Bei Mädchen beginnt sie im Schnitt so zwischen neun und elf, bei Jungen ein bisschen später, zwischen zehn und 13 Jahren. Es kann aber auch sein, dass bei Ihrem Kind alles etwas früher oder sehr viel später einsetzt. Eine gute Art, sich vorzubereiten ist, dass Sie erwarten, eine konfliktreiche Zeit werde auf Sie zukommen. Um Ihnen eine Idee zu geben, wie konfliktreich, kramen Sie einfach mal in der eigenen Erinnerungskiste. Generell ist es ganz gut, wenn man sich mal Zeit nimmt und ehrlich über die eigene Pubertät nachdenkt. Was ist richtig blöd gelaufen? Was war vielleicht gar nicht so schlecht? Was war gut, was war mega-unwiederbringlich-supertoll? Was haben die Eltern eigentlich ganz gut gemacht, und was möchte man wirklich unbedingt ver-

meiden? Und fragen Sie mal Ihre Eltern. Die haben ja eventuell eine andere Wahrnehmung vom Geschehen. Es gibt ja auch Eltern, die haben einem damals ein verzweifeltes »Ich wünsche dir, dass du selbst mal pubertierende Kinder hast!« an den Kopf geworfen. Ein Insider, dessen ganzes Ausmaß Sie nun langsam, aber sicher erahnen können.

Wenn die Pubertät heute auch meistens früher einsetzt als noch vor ein paar Generationen, schlimmer als früher ist sie sicher nicht. Pubertät ist schon immer schlimm gewesen; der nervige, anstrengende Charakter dieser unumgänglichen Phase ist kein neuzeitliches Phänomen. Pubertät war schon immer langwierig, und die betroffenen Menschen müssen das ein oder andere Mal vom Weg abkommen oder stolpern, um ihren eigentlichen Platz zu finden. Dass sie dabei ihre Eltern in den Wahnsinn treiben, gehört dazu. Ein Kind ist ja auch kein Projekt – auch wenn manche Eltern das gerne so hätten.

WIE SIE DIE MUSTERKINDER DER ANDEREN ELTERN ERTRAGEN

Apropos manche Eltern: Schon bevor wir tatsächlich Eltern werden, müssen wir uns mit einer ganz besonderen Spezies Mensch beschäftigen: der Spezies »(Muster-)Eltern mit Musterkind«. Sie begegnen und malträtieren uns überall: beim Schwangeren-Yoga, im Geburtsvorbereitungskurs, in Kita, Schule, Sportverein. Mit Eltern, die ein Musterkind haben, ist es wie mit dem grüneren Rasen beim Nachbarn, nur noch schlimmer: Diese Besserwisser-Eltern sind so anstrengend! Kennen Sie, ja? Die sind immer besser als wir und haben immer diese Kinder, die alles können, alles wissen und unerträglich süß sind. Sie schaffen es, einem in der entspanntesten Atmosphäre ein schlechtes Gefühl zu geben, allein schon, weil sie so gut ausgerüstet sind und immer ein Feuchttuch parat haben. Das ändert sich erfreulicherweise alles in der Pubertät.

Normalerweise sind für Eltern Wachstum und Gedeihen der eigenen Kinder eine ganz tolle Sache. Gerne wird enervierend viel geprahlt: »Unser kleiner Jan-Emil kann schon mit knapp sieben Monaten alleine laufen!« – »Meine Mia-Maria spricht schon ganze Sätze und wendet den Dativ korrekt an!« Und so weiter. In der Pubertät ist Schluss mit diesem Geprahle. Niemand posaunt den Fortschritt der Pubertät mit stolzgeschwellter Brust heraus: »Unser Jan-Emil gibt jetzt Widerworte und sagt ›Fick dich, Alter‹!« – »Unsere Mia-Maria hat jetzt schon mit elf ganz toll entwickelte Schweißdrüsen, wir können es kaum aushalten und testen bereits das dritte Antitranspirant«. Wenn sonst nichts diese Angeber-Eltern mit Musterkindern stoppen konnte, die Pubertät kann es! Super-Kinder sind nämlich nicht unbedingt Super-Teenager. Pubertät ist in gewisser Weise ein Überraschungspaket, das auch Super-Eltern sprachlos macht. Hier dürfen Sie also ruhig mal etwas dankbar und der Pubertät wohlgesinnter sein. Sie hat schließlich auch Vorteile.

Natürlich wird es auch in Ihrem Freundes- und Bekanntenkreis Familien geben, deren hauseigene Jugendliche angeblich gar nicht pubertieren, die vorbildlich und scheinbar mühelos durch die Pubertät durchrutschen. Lassen Sie sich davon nicht beirren, es entspricht nicht der Wahrheit.

WIE SIE ERKENNEN, DASS DIE PUBERTÄT LOSGEHT

Wie merken Sie, dass es losgeht? Nun, das ist ganz einfach. Pubertät geht los, wenn Eltern schwierig werden. Wie und ob Sie schwierig sind, sehen Sie Ihrem Nachwuchs deutlich an: zum Beispiel am beschämten Gesichtsausdruck, durch intensives Augenrollen oder durch genervte Beschuldigungen wie »Das verstehst du nicht!« – so was.

Pubertät ist keine Einbahnstraße, sondern eine holprige Buckelpiste mit mehreren Baustellen im Kreuzungsbereich, die irgendwie alle zusammenhängen. Pubertäre Erkennungszeichen finden Sie reichlich in Form von physischen und emotionalen Auswüchsen. Erste Indizien sind natürlich sichtbare körperliche Veränderungen wie zum Beispiel knospende Brüste bei den Mädchen und deutlicher Flaumzuwachs an Oberlippe und Körper bei den Jungen. Bei beiden Geschlechtern fallen natürlich die zu langen Arme im Verhältnis zum Rumpf und die zu großen Füße im Verhältnis zu den Waden auf – überhaupt ist der ganze Körper irgendwie noch nicht ganz harmonisch in seinen Proportionen.

Außerdem wird das bis dahin gewohnt anschmiegsame Kind in der Regel unerwartet aufmüpfig und frech. Selbst ausgeprägte Kuschelkinder gehen mehr und mehr auf Distanz und üben sich in teils unverschämt heftigen Widerworten. Natürlich kommt es vor, dass eine Zwölfjährige zwischendurch noch mal auf den Arm möchte (im wahrsten Sinne des Wortes), dass ein 13-Jähriger an einem lieb gewonnenen Einschlafritual festhält und Sie noch ab zu und zu ein schräges Schlaflied trällern dürfen oder auch den Teddy im Arm in die richtige, jahrelang eingeübte Position drücken sollen. Genießen Sie es, es währt alles nicht mehr lange. Langsam, aber sicher wird mehr und mehr Kindheit in eine Kiste in den Keller wandern, bis sogar der abgeliebte Teddy dorthin verbannt wird. Und irgendwann wird dann auch Ihnen schonungslos mitgeteilt, dass Sie gar nicht singen können und deshalb ab sofort ohne Schlaflied-Geträller »Gute Nacht« sagen müssen.

Ein weiteres unverkennbares Indiz ist, dass sich so um das zwölfte Lebensjahr herum eindeutig die Interessenlage von Mädchen und Jungen trennt: Während die Mehrzahl der weiblichen Pubertierenden quasi vor den Make-up-Ständen der Drogeriemärkte verwurzeln, begeistern sich Jungs fürs Zocken und kleben ihrerseits fest mit mindestens einer Hand am Controller einer Spielekonsole. Haben Sie so was nicht im Haus, wird es nun mit größter Wahrscheinlichkeit auf dem Wunschzettel stehen. Beide Geschlechter entwickeln für die Objekte ihrer Begierde eine komplett obsessive Leidenschaft – man möchte meinen, es ginge um Leben und Tod. Ja, Ausnahmen gibt es natürlich zu diesen Stereotypen, und es soll auch nicht heißen, dass Mädchen gar kein Interesse an Computerspielen haben oder Jungs nicht in Drogeriemärkte gehen. Aber das geschlechterspezifische Schwerpunktinteresse trifft auf bestimmt 98 Prozent in meinem Bekanntenkreis genauso zu. Und zwar auch dann, wenn in den jeweiligen Haushalten seit Anbeginn der frühen Erziehungsjahre sehr viel Wert auf eine Gleichbehandlung der Geschlechter gelegt wurde.

Das bei Weitem auffälligste Merkmal ist allerdings nicht ein besonders freches Widerwort oder ein im Verhältnis zum Körper zu langer Arm. Nein. Das auffälligste Merkmal ist ein scharfer Puma-artiger Geruch. Bei Männlein wie Weiblein müffelt es ordentlich: Ein dominantes Aroma, das irgendwo zwischen länger nicht gereinigtem Tigerkäfig und stark frequentiertem Umkleideraum einer Schulsporthalle und den Pfoten eines Hundes angesiedelt ist*.

Der Geruch taucht plötzlich auf, strömt quasi sichtbar aus achtlos auf den Boden geworfenen T-Shirts oder in Ecken geschmissenen Turnschuhen und umrahmt Ihr Kind und damit die Umgebung, in der es sich oder seine getragenen Klamotten platziert, wie eine fast greifbare Nebelwolke.

Mädchen tendieren dazu, den Geruch etwas schneller wieder in den Griff zu kriegen. Vielleicht weil die sich generell in der Regel länger und lieber im Bad aufhalten. Dort werden sie gerne semi-professionell betreut von wenig älteren *Influencerinnen*, die

---

* *Tatsächlich kann es auch vorkommen, dass ein Kind schon vor der Pubertät einen eindeutigen Schweißduft ausströmt. Das ist aber recht selten. Ich kenne nur ein einziges Kind, und auch bei diesem war der Geruch nicht so stark wie bei einem echten Teenager.*

ihre Pflegetutorials und Beautyroutines auf YouTube zum Nachmachen zeigen. Und natürlich, weil sie sich in der Regel länger und intensiver in Drogeriemärkten aufhalten und so die extra für diese Zielgruppe designten Deodorants studieren.

Bei Jungs gibt es zwei Ausprägungen:

Typ A: Diesem Typ ist es vollkommen egal, wie er riecht, ob er riecht und wie oder ob seine Mitmenschen damit ein Problem haben. Im Gegenteil, es bereitet ihm sichtliche Freude, jegliche Ausdünstungen seines Körpers zusätzlich zu verstärken, indem der Geruch der Hautausdünstungen durch kräftiges Kunstfurzen und -rülpsen systematisch unterstützt wird. Gerne auch im Wettkampf mit anderen bereitwilligen Mitstreitern, zum Beispiel Brüdern. Besonders Erfolg versprechend ist so ein Ablassen des körpereigenen Miefs in geschlossenen Räumen, aus denen potenzielle Opfer nicht entweichen können. Ein geschlossenes Auto in voller Fahrt eignet sich prima. *Holla die Waldfee*!

Typ B: Diesem Typ ist es tatsächlich irgendwie bewusst, dass er Geruch absondert. Er versucht deshalb, den Raubtiergeruch mit Parfüm, Deo und Aftershave zu übertünchen. Und zwar stets nach dem Motto: Viel hilft viel! Und noch mehr hilft noch besser. Hier ebenfalls ein olfaktorisches *Holla*!

Besonders schlimm ist es, wenn beide Gerüche sich in einer Orgie des Gestankes vereinen – also wenn der Raubtier-Turnhallen-Hundepfotengeruch sich mit dem Geruch des flaschenweise aufgetragenen Parfüm-Deo-Mixes vereint. Was auch immer durch diese Durchmengung chemisch passiert, es macht den Geruch auf jeden Fall sehr lang anhaltend: Wenn man den Teenager umarmt, haftet der Geruch an einem selbst. Wenn man eine Ladung Teenager mit dem Auto irgendwo hinfährt, bleibt der Duftcocktail, den mehrere Teenager hinterlassen, ein monatelang festsitzender, frischluftresistenter Marker in Polstersitzen und Gurten. Kommentiert man, halb erstickt, den opulenten Duftwassergebrauch, erntet man verständnislose Blicke: »Das riecht doch voll gut, Mann!«.

Positiver Nebeneffekt dieser olfaktorischen Herausforderungen des frühen Pubertätsstadiums ist, dass Sie so stets wissen, ob der Teenager sich im Haus befindet und durch welchen Raum er oder sie gelaufen ist und welche Freunde gerade anwesend sind. Das ist ja auch nicht schlecht.

Sollten Sie einen Teenager im Haus haben, der oder die den gleichen Duftgeschmack hat wie Sie, besorgen Sie am besten direkt Nachschub von Ihrem Lieblingsparfüm. Kaufen Sie mindestens zwei Flakons mehr ein, denn der Verbrauch der Teenager wird den Ihrigen um ein Vielfaches übersteigen. Wie gesagt, das richtige Maß muss erst noch erlernt werden.

Zum Trost für alle, die ein empfindliches Näschen haben: Die Parfümphase hat sich meist schnell erledigt. Spätestens mit 16 haben die meisten Teenies die duftöse Reizüberflutung in den Griff bekommen und wissen, dass ein gut platziertes Tröpfchen mehr Erfolg bringt, als in einem Fass gebadet zu haben. Übrigens: Der pubertäre Raubtiergeruch wird in der Regel deutlich eher von Müttern wahrgenommen als von Vätern.

Olfaktorische Entgleisungen sind nur die Spitze des Eisbergs. Ein paar weitere Beispiele für körperliche Erkennungsmerkmale einer beginnenden Pubertät sind:

Mädchen: Bei den Mädchen folgt die Brustentwicklung, meistens ab neun Jahren. Manche haben mit zwölf bereits einen nahezu ausgewachsenen Busen, andere sind noch ganz flach. Kurze Zeit später verändert sich die Vulva: die inneren und äußeren Schamlippen werden größer. Das kriegen nur die wenigsten Eltern mit, ganz einfach aus dem Grund, weil sie irgendwann nicht mehr mit ins Bad dürfen. Die Taille zeichnet sich deutlich ab, Oberschenkel und Po werden runder. Bei den Mädchen ist ein ganz großes Thema natürlich die Menarche, die erste Menstruation, für die meisten ein unangenehmes Thema. Die wenigsten finden es wirklich toll, auch wenn sie in der Peergroup damit prahlen sollten.

Jungen: Bei den Jungen wachsen zuerst die Hoden, ab circa zehn Jahren, und dann, kurze Zeit später auch der Penis. Der Kehlkopf wächst auch, und die Jungs kommen in den Stimmbruch, was sich zwar lustig anhört, aber für die Betroffenen sicher nicht unbedingt so wahnsinnig komisch ist. Mit den Achselhaaren fängt auch der Bart an zu sprießen und wird dann von den meisten Herren Haar für Haar sorgsam gehegt und gepflegt. Ein sensibles Thema: In der Pubertät kann es sein, dass auch den Jungs die Brustdrüsen schmerzen und ihnen vorübergehend eine kleine Brust wächst. Jungen neigen zu enormen Längenwachstumsschüben. Es ist in dieser Zeit auch nicht ungewöhnlich, dass Sie alle paar Monate neue Schuhe kaufen müssen.

Bei beiden Geschlechtern beginnt die Schambehaarung recht früh zu sprießen. Bei Mädchen circa ab dem achten, bei Jungen ab dem neunten Lebensjahr. Bei einigen allerdings auch deutlich später. Wenn da erst mit 13 Jahren was wächst, ist das auch in Ordnung. Die Achselbehaarung sprießt meist erst ein, zwei Jahre später. Vielleicht kriegen Sie das auch gar nicht mit, weil heutzutage jedes sprießende Haar sofort entfernt wird, da Ihr Kind das normal findet; ganz einfach, weil Sie es auch machen. Und dann wären da bei beiden noch die Pickel, die meistens so in der Mitte der Pubertät auftauchen und für sehr viel Unmut sorgen.

Zu diesen ganzen körperlichen Herausforderungen gesellen sich diverse andere nervige und anstrengende Verhaltensweisen und Themen, an denen man erkennt, dass Kinder sich in der Pubertät befinden: Widerworte, optische und akustische Experimente, Unordnung, Lethargie, Risikobereitschaft. Und natürlich das obligate Hobby *Auf-dem-Sofa-chillen-und-nichts-tun*.

Wann, wo, wie alles startet, ist trotzdem sehr individuell. Es hängt von vielen Faktoren ab: Gesundheit, Vererbung, Essverhalten, sogar ob jemand eher fettleibig oder extrem sportlich ist. Das eine Kind startet früh. Bei dem anderen fragt man sich, ob da überhaupt was passiert. Die Prüfungsphase *Pubertät* dauert mindestens bis zum 18. Geburtstag, in der Regel länger. In den meistens Fällen erreicht sie ihren Höhepunkt zwischen 14 und 16. Aber nicht immer. Vielleicht ist es bei Ihrem Kind auch ganz anders.

2. KAPITEL

TEENAGER VERSTEHEN

Es gibt Momente, in denen steht man innerlich kopfschüttelnd vor dem widerborstigen unverständlichen Wesen und fragt sich, was wann wie passiert ist, dass aus dem fröhlichen und wissbegierigen Kind ein Geschöpf wurde, welches undeutlich spricht, alles blöd oder peinlich findet und ansonsten am liebsten maximal gelangweilt mit schlechter Musik auf den Ohren und Handy in der Hand auf dem Sofa rumgammelt. Was ist da los, und was kann man tun, um das eigene Kind wieder zu verstehen – ohne dabei dem Wahnsinn zu verfallen?

WIESO TEENAGER NICHT ZU BENEIDEN SIND

Teenager und die Schwere des Lebens! Fragen Sie mal in Ihrem Bekanntenkreis, wer die Pubertät noch mal erleben möchte. Wie viele Finger gehen nach oben? Keiner! Es gibt hier und da ein paar tolle, nein grandiose, Erinnerungen, aber so generell möchte doch niemand in den Zustand zurück. Sie etwa?

Das Leben eines Teenagers ist ja auch nicht zu beneiden. Überall herrscht Chaos: äußerlich, emotional, geistig. Alles verändert sich. Gleichzeitig muss man neben den ganzen physischen und psychischen Umbauten, die man bewältigen muss, den Reizen standhalten, denen man tagtäglich ausgesetzt ist. Das Interesse für Sex ist verwirrend; aufregend, aber gleichzeitig beängstigend. Dem Anspruch der eigenen Clique muss man genügen, sonst ist man draußen. An einem Tag gehört man dazu, dann, falsche Hose an, biste ein Opfer. Dieses ganze Vergleichen – und Standhalten – mit der bunten Welt der Influencer und Sternchen, wie soll man sich da selbst finden – und mögen?

Und dann kommen – sehr erschwerend – auch noch wir Eltern daher mit unseren bescheuerten Regeln und unserem absoluten Unverständnis für so wichtige Dinge wie die richtige Frisur und die richtigen Schuhe! Stattdessen haben wir nur Forderungen: »Räum dein Zimmer auf!«, »Hast du schon deine Hausaufgaben gemacht?«, »Pass mal auf deinen Ton auf!«. Streit mit den Eltern, schulischer Druck und das Gefühl, von niemandem verstanden zu werden und es trotzdem besser zu wissen, gehen Hand in Hand. Großkotzige Besserwisserei paart sich mit zeitweisem Zurückfallen ins Krabbelalter inklusive Tobsuchtsanfall – wir Eltern haben doch keine Ahnung! Dann doch lieber noch mal auf den Arm genommen werden? Puh! Wer versteht sich da selbst noch? Die Abgrenzung von Ihnen ist so zwiespältig! Wo ist der eigene Platz – und wo sollte man überhaupt danach suchen? Schnell hat ein Teenager das Gefühl: Ich bin nichts wert. Unsicherheit zeigen, möchten die aber möglichst auch nicht.

Immer neue Konflikte entstehen – und keinen Plan, wie man diese angehen soll. Daraus erwächst manchmal eine tiefe Verzweiflung, alldem nicht gewachsen zu sein. Eltern kriegen das nicht immer mit, und wenn, stehen sie nicht selten selbst völlig überfordert daneben und halten es selbst kaum aus. Und dann? Dann werden Teenager aggressiv oder rebellisch oder phlegmatisch: Hamsterrad!

Was ist da noch normal, und ab wann wird's pathologisch? Zur Beruhigung, das meiste ist normal. Deshalb, bleiben Sie geschmeidig. Gelassenheit zu behalten ist wirklich das absolute A und O im Alltag mit pubertierenden Menschen, die gerade dabei sind, sich ihre Reminiszenzhöcker zu füllen (das sind Erinnerungspäckchen, an die wir uns als Erwachsene bei bestimmten Düften oder Situationen erinnern; oft verfallen wir dann in ein verklärtes Schwelgen »Weißt du noch damals, …«). Dass sie diese Päckchen anhäufen, wissen sie nicht; erst später, wenn sie älter sind, werden die gefunden und geöffnet, wenn sie schon längst erwachsen sind.

WELCHE PUBERTISTENTYPEN SIE ERWARTEN

Grundsätzlich hat jeder Teenager das Potenzial, seine Eltern in den absoluten Wahnsinn zu treiben. Es bedarf dafür keinerlei Abrutschen in irgendein Extrem. Jeder stinknormale Jugendliche schafft das. Auch Ihrer und sogar die Musterteenager der Mustererziehungsberechtigten, die Ihnen auf Elternabenden den letzten Nerv rauben, wenn sie prahlerisch ihre Sprösslinge in den Mittelpunkt stellen. Jan-Emil und Mia-Maria mögen nach außen hin sanft wie Lämmlein wirken. Seien Sie gewiss, dass der Schein trügt. Auch der stille, unauffällige Nachbarssohn Alexander, der immer so höflich und nett ist, kann anders. Der mögliche Nervfaktor eines nach außen harmlos wirkenden Teenagers ist nämlich nicht unbedingt sichtbar, da Teenager, wenn sie bei mehr oder weniger fremden Erwachsenen im Fokus stehen, tatsächlich handzahm und wohlerzogen sein können. Unterwegs, ohne schützende Peergroup, oder wenn der Teenager etwas Konkretes will, wie eine Verlängerung der Playstation-Zeit, klappt das wunderbar.

Nur Sie als Eltern bekommen die ungefilterten Gefühlsausbrüche zu sehen, wenn Sie zum Beispiel besagte Playstation-Zeit einfach nicht verlängern. Dass Sie Wutausbrüche schonungslos erleben dürfen, sollte Sie allerdings erleichtern. So nervig die auch sein mögen, sie sind ein gutes Zeichen. Das wahre Gesicht zu zeigen, zeugt ja von einem gewissen Vertrauen in das Gegenüber. Machen Sie ja genauso, oder? Sie zeigen Ihr ungeschminktes Selbst in schlabberiger Jogginghose, die sonst kein Mensch zu Gesicht bekommen darf, in der es sich aber gemütlich auf dem Sofa sitzen lässt, auch nur dem Menschen gerne, bei dem Sie sich wohlfühlen.

Das Potenzial zum Eltern-in-den-Wahnsinn-Treiben jedenfalls besitzt jeder Teenager. Wie die kleinen Biester das tun, ist typabhängig. Jeder Mensch ist natürlich ein Individuum. Trotzdem lassen sich ein paar eindeutige Stereotypen feststellen, die sich so oder so ähnlich finden:

DER REBELLISCHE TEENAGER

Der Rebell ist grundsätzlich gegen alles, was Sie sagen oder tun. Sie haben kaum eine Chance, diesem Exemplar Ihren Willen überzustülpen, sei dieser auch noch so logisch und argumentativ untermauerbar: Dieser Typ ist erst einmal aus Prinzip vollumfänglich dagegen. Ein Rebell muss auch zwingend alle Fehler einmal selbst erlebt haben. Beratungsresistenz ist eine seiner hervorstechendsten Eigenschaften. Der Rebell muss mit dem Kopf durch die Wand. Koste es, was es wolle. Ein Verbot bedeutet für diesen Typen grundsätzlich: jetzt erst recht. Der Rebell ist aber nicht zwangsläufig auch aggressiv.

DER AGGRESSIVE TEENAGER

Der Aggressor ist nicht, wie der Rebell, grundsätzlich gegen alles. Aber er neigt dazu, sehr plötzlich gegen etwas zu sein und seinen Unmut dann lautstark und ungefiltert kundzutun. Natürlich kann jeder Teenager aus dem Nichts heraus einen Wutanfall bekommen. Das ist nicht weiter ungewöhnlich, sondern normal. Der aggressive Teenie geht aber wegen jeder noch so kleinen Kleinigkeit in die Luft, und zwar so rabiat, dass es einen wirklich erschrecken kann. Oft bleibt es nicht bei verbalen Attacken, sondern er wird handgreiflich: gegen Personen, gegen Gegenstände, sogar gegen den geliebten Familienhund. Dabei vergessen Aggressoren mitunter, welch enorme Kräfte sie besitzen, und tun sich selbst und anderen weh.

DER KLUGSCHEISSERISCHE TEENAGER

Wir sind als Eltern natürlich stolz, wenn unsere Kinder schlau sind oder zumindest einigermaßen gute Noten mit nach Hause bringen. Wenn sie aber alles besser wissen, kann das ganz schön auf die Nerven gehen. Es ist nicht nur die Tatsache, DASS sie Dinge besser wissen (das könnte man noch ertragen). Es ist vor allem die Haltung, in der sie uns alten Eltern zu verstehen geben, alles zu wissen, und wir im Gegenzug keinen blassen Schimmer von nichts haben. Spätestens dann werden Sie sich zum ersten Mal richtig alt fühlen (und den in Ihrer Jugend spießig empfundenen Methoden der eigenen Eltern unangenehm nahe). Klugscheißerische Jugendliche quatschen Sie an die Wand. Sie drehen Ihnen Ihre eigenen Argumente um 180 Grad herum, bis Sie sich selbst nicht mehr verstehen. Obacht also, wenn Sie sich mit diesen Charakteren auf irgendwelche Deals einlassen. Sie werden bei diesen gerissenen Exemplaren immer erst zu spät merken, welchem Unsinn Sie da gerade zugestimmt haben.

DER SPIESSIGE TEENAGER

Der ruhige Teenager ist auf den ersten Blick ein angenehmer Zeitgenosse und völlig unproblematisch: Er erledigt seine Hausaufgaben unaufgefordert und selbstständig. Er bringt gute Noten mit nach Hause. Er liest viel. Er hat einen annehmbaren Musikgeschmack, den Sie nur in Zimmerlautstärke ertragen müssen. Er ist meistens freundlich und erledigt mehr oder weniger unaufgefordert die ihm aufgetragenen Haushaltspflichten. Allerdings ist dieser Typ nur vordergründig einfach. Auf den zweiten Blick kostet so ein Menschenkind annähernd so viele Nerven wie die lauten, unbeherrschten Exemplare. Eltern dieser Spezies fragen sich oft besorgt: »Ist mein Kind noch normal? Warum geht das Kind nie aus? Warum sitzt es immer in seinem Zimmer?« Und so paradox es klingt: Der spießige Typ irritiert uns als Eltern, weil die erwartete Rebellion anscheinend komplett ausbleibt. Keine Angst: Pubertäre Auswüchse kommen auch bei diesem Typ. Oft einfach etwas später. Zum Beispiel, wenn sich aus dem Spießer ein Phlegmatiker oder eine Heulsuse entwickelt. Im Übrigen scheinen gerade Kinder von Eltern, die ihrerseits eher zu den rebellischen Teenagern gehört haben, dem Typ Spießer anzugehören. So ist Spießigkeit doch eine Möglichkeit, sich von Eltern abzugrenzen, die sich selbst für wahnsinnig cool halten. Sollten wider Erwarten keine pubertären Auswüchse auftreten, sollten Sie genauer hinsehen, denn Pflegeleichtigkeit bei Jugendlichen kann auch ein Alarmsignal sein, das irgendetwas in sich hineingefressen wird.

DER PHLEGMATISCHE TEENAGER

Phasenweises Phlegma haftet an quasi allen Jugendlichen. Richtige Phlegmatiker können stunden- und tagelang nichts tun. Nicht sprechen, nicht essen, sich nicht waschen, nicht umkleiden, nicht aus dem Zimmer kommen, nicht mithelfen. Phlegmatiker sind auf den ersten Blick harmlos, weil sie vordergründig nicht stören; man kriegt ja nichts von ihnen mit. Schaut man genauer hin, merkt man, wie nah einem gerade dieses Nichtstun, dieses total Unbeteiligte an die Kante des Wahnsinns treibt. Weil sie sich eben aus allem raushalten, weil man gegen eine Wand spricht, weil einfach alles an ihnen abzuprallen scheint. Weil man sich Sorgen macht, über den Zustand des Nichtstuns, das zu lange Schlafen, das Nicht-Essen, die einsilbigen Sätze, die sich aus dem Mund quälen. Und besonders anstrengend: Der phlegmatische Typ reagiert kaum auf ein Druckmittel. Dem echten Phlegmatiker können Sie sogar das WLAN abdrehen, und er dreht sich achselzuckend auf die andere Seite in seinem stinkigen und ungelüfteten Bett. Dann liest er eben ein Buch oder hört in Endlosschleife ein und denselben Song rauf und runter. Oder guckt in die Luft. Phlegmatische Jugendliche haben nicht mal den Elan, sich mit Ihnen zu streiten; dazu leben sie viel zu sehr in Zeitlupe. Es ist frustrierend.

DER WEINERLICHE TEENAGER

Plötzliche Niedergeschlagenheit von jetzt auf gleich gehört zur Pubertät dazu. Das ist ganz normal und erwartbar. Auch plötzliche Heulkrämpfe am Esstisch mit der Familie aus dem Nichts heraus sind in den meisten Fällen nicht besonders besorgniserregend. Teenies sind empfindlich, und ein unbedachtes Wort zur falschen Zeit kann einen Tränensturm auslösen und ein plötzliches Aufspringen und Verlassen der Abendgesellschaft veranlassen. Solange das Sensibelchen nur phasenweise durchkommt, ist alles in Ordnung. Offenes Weinen ist jedenfalls nicht so besorgniserregend wie heimliches Weinen. Die Heulsuse ist anstrengend, weil man stets aufpassen muss, was man sagt. Versuchen Sie Ihr Kind zu verstehen, ohne gleich alles auf die Goldwaage zu legen. Ironie wird zwar selbst gerne von diesem Typ angewandt, aber selten verstanden. Verwenden wir Eltern sie trotzdem, sind wir »So gemein!«. Meistens gibt sich das Problem schnell. Bleiben Sie aber am Ball, um rechtzeitig eingreifen zu können, damit aus dem Rumgeheule und Zickenalarm kein echtes Problem erwächst.

DER NERDIGE TEENAGER

Zu dieser Gruppe zähle ich alle Teenager, die sich trauen, anders zu sein als die Durchschnittsteenager in unmittelbarer Umgebung, was in der Pubertät wahrlich nicht ganz einfach ist. Es ist generell problematisch in unserer Gesellschaft, von der Norm abzuweichen. Aber zwischen 13 und 19 Jahren ist es besonders schwer, einfach weil Anderssein eine zusätzliche, sehr große Herausforderung ist zu den anderen vielen Baustellen, die man sowieso als junger Mensch zwischen zwei Welten hat. In der eigenen Zielgruppe dann extrem anders zu sein, sich nicht verstecken zu können und vielleicht gar keine Clique zu haben, weil man überall aneckt, erfordert sehr viel Standing für einen jungen Menschen. Von daher sollten Sie sich zunächst mal freuen, dass Ihr Kind den Mut hat, sich gegen jegliche Normen durchzusetzen und was Eigenes durchzuziehen, auch wenn Sie den Geschmack in keiner Weise nachvollziehen können. Nerdige Teenager sind anstrengend durch ihr Anderssein. Sie sind schwer zu verstehen, und wir Eltern machen uns Sorgen, dass sie

anecken oder im schlimmsten Fall gemobbt werden. Sie sind oft sehr früh schon auf wenige bestimmte Dinge fokussiert, die sonst niemanden interessieren. Später sind sie dann Experten auf ihrem Gebiet. Und durchaus im Erwachsenenalter dann die wahrhaft Coolen. In der Pubertät hilft das nicht weiter. Es ist zu weit weg. Oft haben sie auch nur wenige Freunde. Auch das bereitet uns Eltern manchmal Sorgen, weil wir diese Freunde noch verschrobener finden als unser eigenes Kind.

DER ZAPPELIGE TEENAGER

Die ganze Zeit in Bewegung, spricht, macht, tut der Zappelphilipp alles in so einem rasenden Tempo, dass einem schwindlig wird. Der durchschnittliche Erziehungsberechtigte ermattet überfordert allein vom bloßen Zusehen oder Zuhören. Der Zappelphilipp ist das genaue Gegenteil vom Typ Phlegmatiker, und doch gleicht er ihm in dem Punkt, dass er nicht zuhört. Dieser rastlose Geist verbreitet Angst und Schrecken, weil man überhaupt nicht hinterherkommt. Hat man endlich verstanden, was der vorhat oder macht, ist es schon zu spät, weil er mittendrin ist im Prozess und weil man ihn dann kaum noch aufhalten kann. Wenn man nicht überhaupt erst von seinen Schandtaten im Nachhinein erfährt. Er ist abenteuerlustig, und nichts und niemand kann ihn stoppen. Am allerwenigsten Verbote und Regeln. Im Gegenteil: Verbote üben eine magische Anziehung aus. Ebenso wie alles, was irgendwie Gefahr verspricht. Das hat er mit dem Typ Rebell gemein. Die einzigen Möglichkeiten, diesen Zappelphilipp-Typ als Eltern auf Dauer auszuhalten, sind wahrscheinlich eine eigene Vorliebe für actionreiche Extremsituationen, ein extrem dickfelliges Gemüt oder schützendes Nichtwissen.

Selbstverständlich kommen alle nur erdenklichen Mischformen dieser Stereotypen vor. Es gibt sicherlich auch noch andere Typen und Hunderte von weiteren Kombinationen. Es kann sogar sein, dass Ihr Teenie während der langen Jahre der Pubertät von einem Extrem ins andere rutscht. Die Suche nach dem eigenen Ich erfordert Ausprobieren, und das kitzelt manchmal Charaktereigenschaften und Vorlieben hervor, die weder Sie noch der Teenie selbst für möglich gehalten hätten. Der kennt sich schließlich zwischendurch selbst nicht mehr und weiß auch nicht wirklich, was er will. Wenn die Gefühle durcheinanderwirbeln, wird der eine dadurch extrem bockig, der andere starrt lieber die Wand an und beamt sich irgendwie aus diesem bescheuerten Chaos. Da Pubertisten egozentrisch auf der Suche nach sich selbst um die eigene Achse kreisen, kann es vorkommen, dass ihre Launen täglich, stündlich oder in schlechten Zeiten quasi von einer Minute zur anderen eine andere Ausprägung erhalten.

In welche Richtung Ihr Teenager schlägt, ist nicht von Anfang an ersichtlich. So kann sich durch die Großbaustelle im Hirn aus einem lieben, süßen Mädchen vielleicht die größte Rebellin entwickeln. Ein lautes, polterndes Kind bleibt vielleicht auch in der Pubertät so; wird vielleicht noch lauter und richtig aggressiv. Vielleicht aber auch nicht. Vielleicht wird es phlegmatisch verträumt und verbringt die Tage liegend auf dem Sofa. Mal verstärkt sich der bereits im Kleinkindalter erkannte Charakter drastisch. Mal eben nicht. Nehmen Sie es sportlich: All diese Unvorhersehbarkeiten machen die Pubertät ja so spannend.

Natürlich können bei allen auffälligen Verhaltensweisen Probleme entstehen, die Sie alleine nicht mehr lösen können. Deshalb seien Sie aufmerksam, hören Sie auf Ihr Gefühl und holen Sie sich im Zweifel Hilfe. In den allermeisten Fällen sind allerdings Ausbrüche jedweder Art normaler Bestandteil der Pubertät und verschwinden von ganz alleine wieder. Trotzdem kann ein (anonymes) Gespräch mit einem Experten helfen – und wenn es Sie auch nur bestätigt, dass alles noch im Rahmen ist. Alle Arten treffen selbstverständlich sowohl auf weibliche wie männliche Exemplare zu.

WIE SIE WEITERLEBEN, OBWOHL SIE SO PEINLICH SIND

Egal, wie Ihr Erziehungskonzept aussieht und wie toll oder schlecht Ihr Verhältnis zum pubertierenden Sprössling ist, eines haben alle Eltern gemeinsam: Sie sind peinlich. Auch wenn Sie sich selbst für eine ziemlich coole Socke halten – und wer weiß, vielleicht sind Sie es ja auch. Für Ihren Teenager sind Sie es definitiv nicht. Für sie oder ihn sind Sie eher etwas, was man vielleicht unter dem Begriff *Imageschaden* zusammenfassen könnte. Das klingt drastisch, entspricht aber bedauerlicherweise genau so der Wahrheit, also dem Gefühl Ihres Teenies. Zumindest für die nächsten paar Jahre. Wenn Sie Pech haben auch längerfristig. Sie sollten sich ein dickes Fell zulegen. Denn egal, was Sie sagen oder tun, Sie machen es falsch und verstehen nichts.

Was ist da passiert? Bisher waren Sie und alles, was Sie gesagt und getan haben, doch toll: Niemand hatte eine schlauere und schönere Mama, und niemandes Vater war so stark und so lustig. Sie galten als eine Art allwissendes Wesen, konnten alles am besten und waren überhaupt super – und weil Sie das waren, wurden Sie bedingungslos geliebt und bewundert. Morgens beim ersten Augenaufschlag wurden Sie strahlend angelächelt. Abends konnte Ihr kleiner Liebling am besten einschlafen, wenn Sie danebenlagen oder zumindest das kleine Patschhändchen hielten oder mit schräger Stimme Einschlaflieder sangen, von denen nur und ausschließlich Ihr Kind keinen Tinnitus bekam. Von jetzt auf gleich allerdings ist extreme Nähe unerwünscht, sind

Ihre Witze plötzlich nervig und Ihre Klamotten zum Totumfallen uncool: Sie dürfen jetzt nicht mehr beim Elternabend mit den Eltern von Fred-Niklas reden und auf keinen Fall dabei die blaue Strickjacke tragen. Und bitte den Pulli nicht in die Hose stecken. Sie dürfen zwar weiterhin Fahrdienste übernehmen, müssen dabei aber möglichst unsichtbar bleiben. Das heißt, Sie müssen Ihren Junior unauffällig an der Ecke vor dem Pausenhof rauslassen. Während der Fahrt müssen Sie sich bitte schön möglichst unauffällig verhalten. Wenn Ihre Tochter in Ihrer Rostbeule neben Ihnen sitzt, könnte es ja sein, dass Jonas aus der 10a an der Ampel im Auto neben Ihnen sitzt – was der Grund wäre, warum das Töchterchen plötzlich unter das Armaturenbrett rutscht und schreit: »Fahr weiter, schnell, da ist Jonas aus der 10a, oh, Scheiße!, MAMA, nicht hingucken!« Weil Sie doch gucken, müssen Sie dann eine Vollbremsung hinlegen, um nicht in Ihren Vordermann reinzubrausen. Und natürlich quietschen Ihre Bremsen, und Jonas guckt genau in Ihre Richtung. Winken Sie ihm oder seiner Mutter jetzt nicht zu. Tun Sie so, als ob Sie die nicht sehen. Egal, wo Sie Ihre Teenies abholen oder hin kutschieren: nur absetzen, nicht aussteigen und auf gar keinen Fall in aller Öffentlichkeit ein Küsschen auf die Stirn drücken oder, noch schlimmer, das Fenster runterkurbeln und irgendetwas rufen.

Selbst Eltern, die ein Statussymbol als Auto fahren, sind nicht vor peinlichem Empfinden gefeit (Obacht: Was für Sie ein Schmuckstück ist, ist nicht automatisch ein Objekt der Begierde für die Sprösslinge. Beispiel: Ein Jaguar E-Type Coupé 4.2, Baujahr 1969 in einem 1a-Zustand und mein Traum, ist für unsere Jüngste ein peinlicher Schrotthaufen, mit dem sie bitte nicht vor der Schule abgeholt werden möchte. Gut, dass wir keinen haben).

Ein ganz schwieriges Thema ist Shoppen – solange Sie noch mitdürfen. Wichtigste Grundregel: Verhalten Sie sich stets still. Und unauffällig. Wahrscheinlich werden Sie in dem ein oder anderen Laden von ganz allein wünschen, meilenweit weg zu sein. Ich bin mir sicher, dass allein deshalb, um Eltern fernzuhalten, in den meisten Boutiquen, die sich an eine sehr junge Klientel wenden, so unerträgliche Musik läuft. Fragen Sie bitte nicht nach Größen, nach Preisen oder gar nach Marken, die Sie falsch aussprechen. Allein, dass Sie einen sehr individuellen Kleidungsstil haben, ist schlimm genug. Je individueller Ihr Style, desto peinlicher für Ihr Kind. Sprechen Sie sich am besten ab, was Sie anziehen, wenn Sie mit Ihrem Teenie shoppen gehen. Bitte probieren Sie im Beisein Ihres Teenies nichts an. Sollten Sie so wagemutig sein und es doch tun, erwarten Sie bitte keinen Applaus. Ihren Teenie zu fragen »Gefällt der dir auch?«, während Sie sich in dem entzückenden roten Mantel mit den weißen Punkten vor allen Leuten außerhalb der Kabine vor dem Spiegel drehen, kann nur ein achselzuckendes »Ganz okay. Aber du holst mich darin nicht von der Schule ab!« provozieren. Am besten bleiben Sie in der Garderobe, hinter dem Vorhang. Noch besser, Sie zücken einfach nur das Portemonnaie, halten ansonsten die Klappe und bleiben unauffällig im Hintergrund.

Die Peinlichkeitsphase ist eine sehr lange Phase. Oft beginnt sie schon im Grundschulalter, vor dem eigentlichen Einsetzen der Pubertät. Manchmal geht sie sogar darüber hinaus. Ihre Blütezeit hat sie, wenn Ihre Kinder zwischen elf und 17 Jahren alt sind. Da ist wirklich alles peinlich an Eltern: Ihre Frisur, Ihre Klamotten, wie Sie gehen, dass Sie gehen und nicht fahren, wenn Sie fahren, was Sie fahren. Ihr altertümliches Handy, sogar die Art und Weise, wie Sie das Handy bedienen. Sie müssen es mit dem Daumen bedienen, niemals mit dem Zeigefinger. Es ist selbstverständlich megakrass peinlich, wenn Sie in der Öffentlichkeit laut sprechen, überhaupt wie und was Sie sagen. Essen Sie bitte auch niemals in der Öffentlichkeit, reden Sie nicht über brisante Themen (das beinhaltet quasi alles und ist keinesfalls nur auf gewisse Körperteile beschränkt), und, bitte, wagen Sie es niemals, in der Öffentlichkeit Ihre Meinung zu sagen beziehungsweise eine Person zurechtzuweisen. Hier ist es egal, wer das ist, Kassierer im Supermarkt, Lehrerin, egal. Was Sie auch tun oder nicht tun, es ist alles für Ihr

Kind »unnormal peinlich«. Es steht hier wirklich das Image Ihres Kindes auf dem Spiel. Wenn Sie sich nicht im Griff haben. Sollten Sie dazu neigen, selbstzufrieden vor sich hin zu summen oder gar zu singen, lassen Sie das – sonst hat Ihr Kind womöglich eine Nahtoderfahrung.

Ach ja, und hören Sie bitte sofort auf, irgendwelche peinlichen Fotos von Ihren Kids in den sozialen Medien zu posten. Facebook ist vielleicht bei Ihren Kindern längst out, das berechtigt Sie aber noch lange nicht, dort irgendwas zu posten. Was Sie süß finden, ist nämlich ganz eventuell der Horror pur für Ihre Kinder. Schlimm genug, wenn Sie es überhaupt je getan haben. Einmal im Netz, immer im Netz, wissen Sie ja, nicht wahr?!

Wie also können Sie Ihr Leben weiterleben, ohne eine Gefahr für Ihren Teenager zu werden, und sich selbst trotzdem irgendwie treu bleiben? Es ist eigentlich sehr einfach. Bleiben Sie genauso, wie Sie sind: Sie selbst. Sie müssen als Mutter (oder Vater) peinlich sein. Das ist Ihr Job. Auch wenn Sie sich anders verhalten würden, eine andere Frisur oder eine leisere Stimme hätten. Dann wäre eben etwas anderes peinlich. Manchmal ist es sogar schon völlig ausreichend, dass Sie einfach nur dastehen oder die Art, wie Sie Luftholen. Peinlichsein können Sie nicht vermeiden. Alle Eltern, weltweit, sind peinlich. Natürlich ist das nicht schön, wenn man verleugnet wird. Das kann schon am Selbstbewusstsein nagen. Sie müssen sich das nicht zu sehr zu Herzen nehmen. Ihre Teenies lieben Sie trotzdem. Die Mir-ist-alles-peinlich-und-besonders-du-Phase geht wieder vorbei. Für Ihr Kind ist diese extreme Phase wichtig, um sich selbst abzugrenzen. Und wenn Sie mal tief in Ihrem Gedächtnis graben, finden Sie mit Sicherheit Dinge, die Ihnen auch ultrapeinlich an Ihren Eltern waren oder sogar noch sind.

Ein kleines Trostpflaster: Oft finden die Freunde Ihrer Kinder Sie im Vergleich zu deren eigenen Eltern ganz erträglich und in ganz seltenen Fällen sogar ein klitzekleines bisschen cool. Zumindest Ihr Auto oder Ihre Klamotten. Vielleicht.

WARUM SIE »NEVER-EVER-NOT BEST-FRIENDS-FOREVER« MIT IHREM TEENIE SIND

Meine Nachbarin Frau Schmidthenke und ihre Tochter Mareike sehen aus wie Zwillinge. Fast. Frau Schmidthenkes Haut ist minimal gegerbter, sie hat mehr sichtbare Adern an den gebräunten Beinen, und ab und zu sieht man einen kleinen grauen Ansatz im Haar durchblitzen. Aber ansonsten: wie Schwestern oder Freundinnen, die beiden. Sagen sie auch so, oder vielmehr sagt Frau Schmidthenke so: »Meine Tochter ist meine beste Freundin.« Ganz ehrlich: armes Mädchen!

Wenn Eltern behaupten, sie seien die beste Freundin oder der beste Freund ihres Kindes, dann ist das ein Oxymoron, also ein Widerspruch in sich. Ein Ding der Unmöglichkeit. Eltern sind pubertierenden Kindern peinlich. So die unumstößliche Regel. Wie um alles in der Welt sollen Eltern und Kinder also beste Freunde sein? Eben weil sie einfach zu peinlich sind, widerspricht es sich doch von selbst, dass Eltern auch nur ansatzweise zu den Freunden ihrer Kinder zählen könnten. Trotzdem gibt es diese Fälle, dass (besonders) Mütter vollmundig behaupten, ihre Tochter sei ihre allerbeste Freundin, oder Neudeutsch und in Teeniesprech: BFF – Best Friend Forever. Das ist Wunschdenken – und gilt natürlich auch für Väter und Söhne. Befreien Sie sich von diesem Gedanken. Warum? Weil es erstens allein aus Gründen des nötigen Abnabelungsprozesses nicht sein kann und zweitens, weil es einen Wahnsinnsdruck aufs Teenie ausübt. Ein Druck, der völlig unnötig ist.

Nehmen wir mal an, Sie sind für eine Mutter relativ cool. Vielleicht sind Sie auch relativ jung oder sehen zumindest so aus – wie Frau Schmidthenke. Vielleicht schmiert Ihnen sogar ein windiger Verkäufer beim Shoppen mit der Teenie-Tochter Honig ums Maul und fragt, ob Sie wohl Schwestern sind. Nehmen Sie es als Kompliment, dass Sie sich gut gehalten haben, lachen Sie mit Ihrer Tochter und nehmen Sie es bitte nicht ernst. Sie sind trotzdem weder die

Schwester noch die BFF Ihrer Tochter und auch nicht der beste Kumpel Ihres Sohnes. Ihre Rolle ist glasklar festgelegt: Sie sind Mama – oder Papa. Das sagt eigentlich alles, nämlich, dass Sie auf einer anderen Stufe stehen als Ihre Nachkommen.

Sie stehen allein schon auf einer anderen Stufe, weil Sie, solange Ihr Teenager minderjährig ist, für selbigen verantwortlich sind; Ihr Teenager aber nicht für Sie. Sie haben bei wichtigen (und auch bei unwichtigen) Entscheidungen das letzte Wort (ob Ihr letztes Wort erhört oder ignoriert wird, steht auf einem anderen Blatt). Sie haben naturgemäß eine andere Sicht auf Dinge, weil Sie einen anderen Erfahrungsschatz mitbringen. Allein dadurch haben Sie eine andere Herangehensweise als ein pubertierender Mensch, der die meisten Dinge zum ersten Mal macht und seine Welt erst noch entdecken muss, um aus seinen höchst eigenen Erfahrungen sein Weltbild formen zu können.

Ihre Aufgabe ist es, ein Vorbild zu sein. Ja, hoffentlich sind Sie das. Aber: Mit einem Vorbild steht man nicht auf einer Stufe, sonst ist es ja keins, sondern man ist ebenbürtig und muss es nicht mehr anhimmeln oder ihm nacheifern. Außerdem ist es Ihre Aufgabe, bei Fehlverhalten Ihres minderjährigen Sprösslings ihm beizustehen. Umgekehrt aber nicht. Selbst wenn Ihr Teenager wirklich kein Pubsi mehr ist, sondern ein junger volljähriger Erwachsener, sind Sie, hoffentlich, in echten Krisenzeiten ein Fels in der Brandung. Mit Kindern alles auszudiskutieren und ihnen Entscheidungen abzuverlangen, die sie aufgrund ihrer Unerfahrenheit noch gar nicht treffen wollen, ist tatsächlich geradezu Quälerei für sie. Die sind von vielen Entscheidungen einfach überfordert. Und sie reagieren dann entsprechend. Nämlich mit Aggression. Oder Rückzug. Weil sie eine Entscheidung (noch) nicht treffen können.

Mit Freunden teilt man Sorgen und Probleme, man erzählt sich Geheimnisse. Wenn Sie mit Ihren Kindern sämtliche Probleme eins zu eins teilen, bürden Sie ihnen zu viel auf. Denn auch wenn Teenies einiges noch nicht verstehen, fühlen sie sich doch für Sie und auch für ihre Geschwister verantwortlich. Das ist nicht gut. Weil es einfach eine zu schwere Last für einen so jungen Menschen sein kann.

Für Jugendliche (und natürlich auch für Kinder) ist es ziemlich wichtig, dass da Eltern sind, die den Hut aufhaben. Sie sind der sichere Hafen. Das heißt nicht, dass Sie immer autoritär sein müssen oder nicht auch mal Verzweiflung zeigen dürfen. Eltern sind ja auch nur Menschen, und das soll man auch mal zeigen. Aber Ihre Probleme bleiben Ihre Probleme. Ihre Kinder haben in der Pubertät genug eigene zu bewältigen. Suchen Sie sich eigene BFFs, mit denen Sie Ihre Nöte besprechen. Das macht es für alle in der Familie einfacher.

Ich bezweifle im Übrigen auch, dass es Mareike Schmidthenke so viel Spaß macht, 25 Jahre älter geschätzt zu werden. Jedenfalls habe ich noch nie gehört, dass sie gesagt hat, ihre Mutter und sie sehen aus wie Schwestern.

WIE SIE DIE SPRACHE IHRES TEENIES VERSTEHEN – ODER AUCH NICHT

Lisa-Laureen: »Was geht eigentlich bei Celina und Maja?«
Pauline: »Die ham Beef.«
Lisa-Laureen: »Als ob man?«
Pauline: »Ich schwöre! Wegen Jean-Luca.«
Lisa-Laureen: »Wie kann man sich wegen so einem streiten. Das ist so ein Lappen.«
Pauline: »Der is voll weird. Scheiß drauf. Juckt nicht. Samy ist heftig!«
Lisa-Laureen: »OMG, nein!«

Irgendwann ist es so weit, Sie können nur noch die Hälfte von dem verstehen, was Ihr Teenie so von sich gibt. Und das, was Sie hören (oder lesen), lässt Sie gruseln. Von einem korrekten Satzbau mit allen nötigen Satzgliedern sind Teenies weit entfernt. Artikel, Präpositionen, selbst ein obligatorisches Prädikat wird schwungvoll eliminiert. Vom Verschlucken ganzer Wortendungen und Silben ganz zu schweigen. Außerdem muss alles irre schnell gesprochen werden, dass man allein deshalb nichts mehr kapiert. Vor allem darf kein einziges Wort (oder Buchstabe) zu viel verwendet werden. Und last but not least: Jeder Satz ist mit diversen Anglizismen gespickt. Je nachdem, wo Sie wohnen, auch mit irgendwelchen -zismen aus anderen Kulturkreisen. Es geht überhaupt viel um Verkürzungen: Wörter, ja sogar ganze Sätze, werden ersetzt durch Abkürzungen (siehe Abbildung).

Natürlich ist die Diskussion da nicht zu Ende – und fing auch nicht da an. Das Ganze geht meterweise so weiter. Wer soll Sätze aus solchen Abkürzungen verstehen? Da war die Comic-Sprache, die wir als Teenies genutzt haben, ja noch total ausführlich: **kreisch** oder **würg** – geht heute einfacher: einfach Emoticon oder Emoji* einsetzen.

* *Ein Emoticon ist aus Zeichen der Tastatur zusammengesetzt. Eine Emoji ist ein kleines Bild. Die Bedeutungen sind gleich. Es gibt aber viel mehr Emojis als Emoticons.*

Jede Generation hat ihre eigene Sprache. Und das ist auch gut so. Das ein oder andere Wort und heute auch das ein oder andere Akronym retten sich in die nächste Generation, das ein oder andere findet sogar einen Weg in die Sprache der Elterngeneration, weil die Werbung es aufgegriffen hat oder weil Sie mit Ihren Kindern über Messenger-Dienste kommunizieren und so fast zwangsläufig mit einigen Abkürzungen konfrontiert werden und diese als praktisch ansehen. Und selbstverständlich darf auch ein Erwachsener heute das ein oder andere aussagekräftige »Fuck« hier und da platzieren. Das ist ja auch bei uns Erwachsenen quasi schon salonfähig.

Sprache ist ein so wunderbar einfacher Weg, um sich von Eltern abzugrenzen und sie auszuschließen, dass Jugendliche ja fast blöd wären, würden sie diesen Weg nicht nutzen. Außerdem kann man mit Sprache nicht nur wunderbar ab- und ausgrenzen, man kann auch schön provozieren und schockieren. Ich sehe es so: Sprache ist lebendig und bleibt es auch, solange es erfinderische Jugendliche gibt, die sich trauen, sämtliche Regeln ad absurdum zu führen. Ihre Aufgabe ist es, den Teenies dabei ihre Grenzen aufzuzeigen: Die müssen wissen, wann sie wo und wie sprechen sollten. Um sich nicht selbst zu schaden. Jugendliche verstehen das ganz gut und können sehr wohl unterscheiden, wann es angebracht ist, von Peergroup- oder Gossensprache ins Hochdeutsch zu wechseln. Sie müssen nur wissen, wie das geht.

Jugendsprache ist stark regional geprägt. Als eine unserer Töchter irgendwann so 15-jährig im Streit zu mir irgendwas mit »Boah, Alter!« gesagt hat, war ich wirklich – ich sag mal – irritiert. Nach dem Abkühlen der Gemüter wurde mir dann altklug erklärt, dass das überhaupt nichts mit dem Geschlecht zu tun hat und auch gar nicht abwertend gemeint ist. »Alter« bezeichnet sowohl Männlein wie auch Weiblein. Da wo wir wohnen. Bei Ihnen ist es eventuell anders. Und selbstverständlich unterscheidet sich die Sprache der Großstadt-Teenager von denen auf dem Dorf; was nicht nur, aber auch daran liegt, dass hier viel mehr Kulturen aufeinandertreffen als auf dem Land.

Langenscheidt sucht und wählt jedes Jahr das Jugendwort des Jahres. Andere Verlage veröffentlichen Sprachführer, in denen die Jugendsprache erklärt wird. Das ist ganz lustig und durchaus kreativ. Ich bezweifle allerdings stark, dass alle Jugendlichen wirklich so sprechen, allein, weil es wirklich davon abhängt, wo jemand aufwächst. Diese Literatur können Sie natürlich studieren. Wissen ist immer sinnvoll. Aber anwenden dürfen Sie diese Wörter nicht. Die Jugendsprache gehört der Jugend allein. Deshalb erfindet sie ja eine eigene Sprache, eben damit Eltern nicht immer alles verstehen. Und glauben Sie mir, alles wollen Sie auch gar nicht verstehen.

Die wirkliche Jugendsprache bekommen Sie gar nicht zu hören – weil Sie gar nicht dabei sind, wenn sie gesprochen wird. Vielleicht bekommen Sie noch am ehesten was mit, wenn Sie als Lehrerin Pausenaufsicht haben oder sonst wo als Sozialarbeiterin regelmäßig in Jugendgruppen unterwegs sind. Die meisten Jugendlichen maßregeln sich nämlich, wenn sie Eltern in der Nähe vermuten. So was wird im Beisein von Eltern wohl eher nicht gesagt:

Jean-Luca: »Bruder, hast du das Foto von Maja gesehen?«
Samy: »Wo? Snapchat?«
Jean-Luca: »Ja, Bruder, die würd ich direkt flexxen!«
Samy: »Ja man, die ist stabil. Aber Celina ist geiler man.«
Jean-Luca: »Digga halt die Fresse, du bekommst die eh nicht, du Opfer ☺!«

Ihnen gegenüber werden die Teenies eine andere Sprache verwenden, höchstens in großer Wut bekommen Sie einen rudimentären Einblick in den Wortschatz Ihres Schatzis. Oder wenn Ihr Junior gerade von irgendwelchen Bösewichten im virtuellen Raum gekillt wurde. Dann vergessen die sich schnell mal und zeigen, was sie sprachlich so draufhaben.

Sollte es doch zu einem wirklichen Gespräch kommen, mit echten Sätzen, Argumenten, vielleicht sogar Tiefgang, freuen Sie sich, denn so ein echter »Deeptalk« hat besonders in der pubertären Hoch-Zeit Seltenheitswert. Am besten im Kalender ankreuzen oder Sie erzählen es Ihrer BFF, die ebenfalls einen Teenie zu Hause hat – nur andere Teenie-Eltern können den Wert von Deeptalk erkennen und würdigen. Meist ist das, was dem Mund eines Teenies im Beisein der eigenen Eltern entfleucht, nämlich recht einsilbig. Ein, zwei Worte müssen ausreichen, um alles zu sagen: »Nichts«, »Weiß nicht«, »Mir egal«, »Ja, gleich«, Sheesh«, »Cüüs Alter!«, »Kein Sinn!« oder irgendwas Gemurmeltes wie »Mmhpf«, was alles Mögliche heißen kann, je nach Intonation.

KLEINE ÜBERSETZUNGSHILFE

Beef haben:	Streit haben
man:	wird wie »Mann« ausgesprochen; kann sowohl zu Mädchen als auch zu Jungs gesagt werden; wird meistens kleingeschrieben
Lappen:	jemand, der wenig zu sagen hat, kann aber auch abgewandelt gebraucht werden, beispielsweise für Idiot oder Schwächling »Du Lappen!«
weird:	komisch, merkwürdig
juckt nicht:	uninteressant
heftig:	super
OMG:	Oh, mein Gott!
kp:	kein Plan
kb:	kein Bock
same:	geht mir auch so
af:	as fuck, hier im Sinne von »total«

Bruder:	Anrede, Kumpel, Freund
love u bae:	liebe dich; before anyone else (vor allen anderen), bedeutet so viel wie Liebling
too c yaa:	ich dich auch, wir sehen uns
flexxen:	mehrere Bedeutungen; hier Geschlechtsverkehr haben
stabil:	sehr gut
Digga:	Anrede, Alternative für Alter
Opfer:	jemanden abwerten
Deeptalk:	tiefgründiges Gespräch
sheesh, cüüs Alter:	Ausruf des Erstaunens oder auch des Genervtseins; so ähnlich wie »Oh, mein Gott!«
mmhpf:	Kann alles heißen

WIE SIE MIT POSITIVEN ÜBERRASCHUNGEN UMGEHEN

Ein Blumenstrauß, ein blitzsauber poliertes Auto, eine ausgeräumte Spülmaschine, ein Stück Schokolade – ein Mutterherz ist leicht beeinflussbar und geht schon bei kleinsten Aufmerksamkeiten auf wie ein Hefekuchen.

Ab der Pubertät ist es sinnvoll, spontane Überraschungen der eigenen Sprösslinge mit Vorsicht zu betrachten. Zügeln Sie Ihre sofort aufkeimende Freude und den Stolz, denn wenn ein Teenager Sie mit irgendetwas Tollem überrascht, was Sie weder eingefordert noch beauftragt haben, hat das meistens einen Haken, denn ein Teenager bemüht sich nur aus drei Gründen darum, den eigenen Eltern eine Überraschungsfreude zu bereiten:

a.) Er/sie möchte irgendetwas für den eigenen Gebrauch haben, was er/sie sich vom Taschengeld nicht leisten kann oder will.

b.) Er/sie möchte irgendetwas, was Sie eigentlich nicht erlauben.

c). Er/sie hat etwas ziemlich Doofes angestellt, und irgendetwas ist dadurch kaputtgegangen.

Bei A und B können Sie die Überraschung als reine Besänftigungsstrategie einordnen und auf das konsequente Umsetzen der vereinbarten Hausregeln pochen oder sich auf eine mehrstündige Diskussion einlassen (Achtung: anstrengend. Die Chance, dass Sie einknicken, ist groß). Beide Möglichkeiten erfordern Nerven aus Stahl, sind aber sinnvolle Investitionen, die der langfristigen Beziehung zu Ihrem Spross förderlich sind.

Bei C dagegen ist Vorsicht geboten. C macht in der Regel sehr viel Arbeit und erfordert sofortige Aufmerksamkeit Ihrerseits, weil sonst alles noch schlimmer wird. Oder teurer. Oder beides. Kommt C infrage, ist es wichtig, dass Sie absolute Ruhe bewahren, um mit klarem Verstand handlungsbereit zu sein, denn in den meisten Fällen ist den Pubertierenden das Ausmaß der Katastrophe, die sie angerichtet haben, nicht klar.

Das wirklich Interessante an C ist übrigens die Abstrusität der Fälle. Denn die haben in der Regel im Nachgang, sofern alle Beteiligten überleben, großes Potenzial, Jahre später, beispielsweise auf der Hochzeit des Teenagers, zum Besten gegeben zu werden. Also, unbedingt Details notieren zur vollständigen Dokumentation für spätere Heiterkeit. Handy-Schnappschüsse nicht vergessen.

Ich schildere Ihnen mal ein Beispiel für eine ganz normale Abstrusität: Eine mit einer rosa Schleife verbundene Schokolade, auf der ein Post-it mit »Für meine liebe Mama« klebte, fing den Blick meiner Freundin Judith beim Nachhausekommen direkt im Eingangsbereich des Hauses. Das Mutti-Herz hüpfte. Allerdings nur kurz, denn in der nächsten Sekunde stand ihre Tochter Sanna vor ihr und schaute sie mit diesem ganz bestimmten Blick an – Sie kennen ihn, nicht wahr? – und sagte: »Mama, nicht schimpfen, es ist nichts passiert!« Noch bevor ihre Alarmglocken zu schrillen beginnen konnten, denn »nichts passiert« heißt, DASS etwas passiert ist,

übermannte sie ein Hustenreiz und ihre Augen fingen an zu tränen.

Folgendes hatte sich zugetragen: Sanna hatte schulfrei, lag im Bett, hörte ein Geräusch und glaubte, ein Einbrecher sei ins Haus gekommen. Zum Glück fiel ihr ein, dass sich ein Pfefferspray in ihrer Schublade befand. Wie und warum das dort hingekommen war, ist unbekannt. Selbstverständlich muss so ein Spray getestet werden, bevor man sich damit einem Einbrecher entgegenstellen konnte. Ist klar, ne? Haben Sie schon mal Pfefferspray getestet? In einem geschlossenen Raum? Nun, sie knockte sich mit dem Testsprühstoß selbst aus, quälte sich unter Atemnot zu ihrem Handy (Gott sei Dank, nie weit weg), schaffte es, ihren Freund anzurufen, der dachte, sie würde sterben, der deswegen sicherheitshalber den Notruf alarmierte.

Der Rettungssanitäter kam, sah und öffnete das Fenster. Der Tochter ging es schnell wieder gut. Was dann folgte, war eine Stunden andauernde Umkrempelung des gesamten Hauses. Alles musste aus dem Jugendzimmer raus, musste geputzt, gewaschen, beziehungsweise in Tüten versiegelt, das Haus auf Durchzug gestellt werden. Ach ja, vorher mussten Judith und Sanna noch zum Baumarkt, Atemmasken besorgen, sonst wären sie einem Erstickungsanfall zum Opfer gefallen. Selbstverständlich musste die ganze Familie auch zusammengepfercht im einzigen nicht kontaminierten Raum eine gemeinsame Bettstatt errichten. Für zwei Tage.

Passiert C, ist es ratsam, die Verursacher, also die Pubertierenden, das Schlammassel so gut es geht alleine ausbaden zu lassen, damit sie wissen, wie viel Arbeit sie da produziert haben, ganz zu schweigen von dem finanziellen Schaden, den zum Beispiel ein herbeigerufener Krankenwageneinsatz kostet. Hier liegt übrigens auch ein weiterer Knackpunkt: War es richtig, dass der Krankenwagen gerufen wurde, oder war das dumm? Was rät man da seinem Kind? Beim nächsten Mal, wenn du das Gefühl hast, du erstickst, hältst du das bitte aus? Und wenn dann wirklich Schlimmeres passiert? Genau. Also, im Notfall einen Krankenwagen rufen. Bleibt die Frage: Wie erkennt das Kind einen Notfall?

Nach fünf Stunden Schadensbegrenzung waren Judith und Sanna jedenfalls total erschöpft, Keller, Garage, Balkon und Garten standen voll mit Säcken von Klamotten, neben denen man es kaum aushalten konnte, ohne zu husten oder mindestens tränende Augen zu bekommen. Die Sackinhalte wurden in den folgenden Tagen nach und nach durch die Waschmaschine gejagt, in die Reinigung gebracht oder entsorgt. Es war also ein längerfristiger Spaß. Denken Sie daran, je mehr die Verursacher in die Aufräumarbeiten, auch an den Folgetagen, fleißig eingebunden werden, desto eher wird so was wie Vernunft im jugendlichen Gehirn Einzug halten. Rechnen Sie damit, dass die Pubertisten bei der ganzen Aktion patzig und uneinsichtig werden. Das liegt hauptsächlich daran, dass sie mit nassen Putzhandschuhen ihr Handy nicht bedienen können. Bleiben Sie konsequent, denn die Teenager sind sonst in null Komma nichts verschwunden und lassen Sie die ganze elendige Arbeit alleine tun.

Ein Gutes hatte das Ganze übrigens: Wenigstens war Sannas Zimmer endlich mal blitzeblank – bis in die hinterste Ecke.

3. KAPITEL

DUELL DER GIGANTEN: TEENAGER VS. ELTERN

In der Pubertät Ihres Kindes, dieser Grauzone zwischen Kind- und Erwachsensein, ändert sich langsam, aber sicher Ihre Aufgabe als Erziehungsberechtigte. So ein Rollenwechsel ist kein Spaziergang – weder für Sie noch für Ihren wachsenden Teenager. Sie dürfen heftige Auseinandersetzungen, beleidigende Widerworte, Gemotze, sowie dumpfbackige Entscheidungen und trotzige Dickköpfigkeit erwarten. Sollten Sie versuchen, an gewohnter Autorität festzuhalten, werden Sie all das auch an sich selbst entdecken. Doch auch wenn das Jammerspektrum (auf beiden Seiten) groß ist, Sträuben ist zwecklos, alle müssen da durch. Einfacher wird es, wenn Sie sich damit abfinden, dass sich Ihre Rolle neu definiert. Wie also bewahren Sie im Duell einen einigermaßen kühlen Kopf, bleiben mit Ihrem Kind in Kontakt – und behalten ein liebevolles Verhältnis zum stacheligen Etwas, welches da in Ihren heimischen Gefilden wächst und gedeiht?

WIE SIE ÜBERLEBEN, WENN ERZIEHUNG NICHT MEHR FUNKTIONIERT

Ab Beginn der Pubertät mitsamt dem ganzen rebellischen Verhalten können Sie eins vergessen: großartige Erziehungsmanöver. Sie hatten schließlich eine Dekade zur Verfügung, um sich Gedanken um die Erziehung Ihrer Brut zu machen. Sie hatten Zeit, ein geeignetes familien- und sozialtaugliches Konzept entsprechend Ihren Werten zu entwerfen, es umzusetzen und zu erproben, auf entsprechende erzieherische Fehltritte Ihrerseits zu reagieren und gegebenenfalls durch Änderungen an Ihre jeweilige Familiensituation anzupassen. Mit Eintritt in die Pubertät ist Erziehen gelaufen. Ihre Kinder entwickeln jetzt mehr und mehr einen eigenen Kopf und möchten diesen auch durchsetzen. Jetzt ernten Sie die prallen Früchte Ihres mehr oder weniger sorgsamen Langzeitprojektes *Erziehung*.

Jugendliche, die einen progressiven Pädagogik-Kurs in der weiterführenden Schule belegt haben, wissen das. Meistens wissen die auch, was genau bei Ihren Erziehungsversuchen falsch gelaufen ist, und reiben Ihnen das dann mit semi-fundiertem Know-how belegt unter die Nase. Die 16-jährige Annabelle, Tochter meiner Freundin Manuela, bringt es auf den Punkt: »Mama, ich bin schon längst fertig erzogen. Ihr habt allerdings bei mir ziemlich was falsch gemacht. Zum Beispiel bin ich viel zu kurz gestillt worden. Und deshalb bin ich jetzt so anstrengend und unausgeglichen.« Denken Sie also bitte schon heute an morgen!

Okay, wenn Sie also nicht mehr erziehen können, was dann? Auch wenn die Grundpfeiler der Erziehung gesetzt sind, haben Sie noch jede Menge Einfluss. Allerdings nur noch selten direkt. Je näher Sie der pubertären Hochphase, meist so um das 15. Lebensjahr, kommen, desto geschickter sollten Sie vorgehen, um Ihre Jugendlichen erzieherisch zu begleiten. Jugendliche neigen in einem schwindelerregenden Wechsel sowohl zur Selbstüberschätzung als auch zur Selbstunterschätzung. Simple und eigentlich leicht zu verstehende Verbote üben auf Jugendliche unweigerlich den Impuls des Nicht-Befolgens aus. Also müssen Sie subtiler vorgehen. Sie tun dies, indem Sie gut zuhören und dann geschickt Grenzen setzen. Denn Jugendliche brauchen gerade jetzt, in Zeiten völliger Desorientierung, besonders viel Halt und Zuwendung – auch wenn das keiner von denen zugeben möchte. Und Halt bedeutet nun mal auch in gewisser Weise eingrenzen. Ohne Begrenzungen kann man sich ja nirgendwo fest*halten*. Paradoxerweise werden die Jugendlichen diesen Halt mit aller Macht zu sprengen versuchen, allein schon, weil man als Teenager per se die Weisheit mit Löffeln gefressen hat und absolut davon überzeugt ist, alles besser zu wissen.

WIE SIE IHREM TEENAGER TROTZDEM GRENZEN SETZEN

Einem stacheligen Widerborst Grenzen zu setzen ist kein leichtes Unterfangen. Sie können sich darauf verlassen, dass ein irgendwie gearteter Kampf gegen Ihre gesetzten Vorschriften und Erziehungsversuche stattfinden wird. Und zwar unabhängig davon, ob Sie vorher ein sehr liebevolles und einander zugewandtes Verhältnis hatten oder aber sowieso in einer konfliktreichen Beziehung zueinanderstanden. Ein pubertierendes Kind MUSS sich gegen seine Erziehungsberechtigten auflehnen. Es muss sich ausprobieren, um seinen ganz eigenen Platz zu finden und um sich abnabeln zu können. Ihre Aufgabe dabei ist, den vorlauten Wildfängen einen Rückzugsort zu bieten, sie zu stützen und den nötigen Halt zu bieten.

Also stecken Sie Grenzen ab, innerhalb derer Ihr Teenager sich austoben darf. Grenzen sind leider nichts für die Ewigkeit. Im Gegenteil, Grenzen sind einem ständigen wachstumsbedingten Wandel unterworfen und müssen permanent neu ausgehandelt werden.

Manchmal gelten ausgehandelte Regeln nur wenige Wochen, manchmal, wenn Sie Glück haben, auch länger. Wenn Sie Pech haben, sogar nur ein paar Tage. Warum? Der naheliegende erste Grund dafür ist natürlich, dass Jugendliche sich im Laufe ihrer Pubertät stetig weiterentwickeln. Deshalb wird und darf gegen Grenzen Protest eingelegt werden. Im Idealfall wissen Ihre aufgebrachten Pubsis aber, dass sie sich auf Ihren Halt verlassen können. Das macht Rebellieren zu einem sicheren Ort. Der ist wichtig zum Wachsen und Gedeihen.

Was aber können Sie tun, wenn pubertärer Protest unerträglich wird und Sie mit unmöglichem und nicht tolerierbarem Verhalten konfrontiert werden? Geht da erzieherisch noch irgendwas?

- Bevor Sie Jugendliche von Ihren Ideen überzeugen wollen, sollten Sie zunächst mal zuhören. Jugendliche wollen ernst genommen werden. Wenn man sie nicht in die Ecke drängt, sondern wirkliches Interesse zeigt, lösen sich viele Probleme von ganz alleine.
- Jugendliche zwingen wird nicht funktionieren. Sie müssen überzeugen. Das geht nicht ohne Gezeter und auch nicht durch sofortiges Einsehen. Aber es geht mit Konsequenz und Ruhe. Und Liebe.
- Diskutieren Sie, was das Zeug hält. Aber legen Sie Wert auf Argumente. Wenn der Jugendliche bessere hat, geben Sie das zu. Sagen Sie warum, denn nach Einknicken soll es nicht aussehen.
- Wenn Sie eindeutig Fehler gemacht haben, sollten Sie diese zugeben und auch um Verzeihung bitten.
- Sie können die Wenn-dann-Regel einsetzen. (Siehe Kapitel »Wie Sie ein adäquates Druckmittel finden«)
- Bleiben Sie konsequent, überprüfen Sie Regeln. Passen Sie Regeln aber im Laufe der Zeit an.
- Sie können Vertrauensboni verteilen, damit übertragen Sie den Jugendlichen auch Verantwortung – und die wollen die ja haben, auch wenn sie es nicht direkt so formulieren. Stellen Sie Regeln deshalb gemeinsam auf.

In der Theorie also ganz einfach: hinschauen, zuhören, reden, vertrauen. In der Praxis läuft das natürlich deutlich holpriger und mit Rückschlägen. Davon darf man sich nicht entmutigen lassen. Die autoritäre Erziehungskeule lassen Sie besser im Schrank, damit können Sie bei Jugendlichen nur verlieren – und Ihr Kind nicht unbedingt gewinnen. Eine »lose-lose«-Situation sozusagen.

Entscheidend ist einfach, wie gut Sie die Balance hinkriegen zwischen bei sich und konsequent zu bleiben und sinnvolle Kompromisse einzugehen. Die Kunst besteht darin, Grenzen zu setzen und trotzdem ein Vertrauensverhältnis aufzubauen, bei dem Sie peu à peu immer mehr Verantwortung abgeben, bis Ihr Vögelchen selbstsicher das Nest verlassen kann. Nicht ganz einfach, denn Sie müssen parallel dazu das eigene Nervenkostüm im Griff behalten. Mit etwas Disziplin, Empathie, Konsequenz, Flexibilität und ganz viel Liebe für das stachelige Etwas in Ihrem Haushalt, und für sich selbst nicht zu vergessen, klappt das schon.

Sehen Sie Grenzensetzen als sportlich herausforderndes Großereignis und nehmen Sie so viel wie möglich mit Humor. Diskutieren mit Jugendlichen kann sogar sehr viel Spaß machen, wenn man sich drauf einlässt.

Erwarten Sie keine Wunder: Jugendliche neigen zu einer Art Demenz. Heißt für Sie, sie müssen Ihre Brut öfter mal an Dinge erinnern, denn Teenager vergessen sie mitunter von einer Sekunde zur nächsten. Um sich ein ständiges Erinnern etwas zu erleichtern und Ihre Nerven zu schonen: Hängen Sie ein Plakat auf und zeigen ab und an müde drauf oder, noch besser, nutzen Sie die Handysucht des Sprosses aus und richten Sie sich elektronische Erinnerungen ein, die Sie automatisiert an Ihren Teenie schicken.

WIE SIE SICH AUF KONFLIKTE VORBEREITEN

Um sich auf Konflikte mit Teenagern vorzubereiten, muss man erst einmal verstehen, warum in der Pubertät so viele Konflikte zwischen Eltern und Kindern auftauchen. Konflikte entstehen, weil Jugendliche sich gegen Sie abgrenzen müssen. Alles, was Sie sagen und tun, alles, wofür Sie stehen, wird bekämpft. Warum? Weil Sie im Beschützermodus denken, während Ihre Teenies langsam, aber sicher in den Trennungsmodus rutschen. Das passt nicht zusammen. Ihre Kinder wollen etwas Eigenes kreieren, wollen eine ganz und gar eigene Meinung, eine eigene Persönlichkeit entwickeln. Das heißt nicht, dass das, was Sie sagen und wofür Sie stehen, nicht irgendwo im chaotischen Hirn des Jugendlichen abgespeichert wird und nach den ganzen dort stattfindenden Bauarbeiten wiedergefunden wird. Da ist alles da – nur nicht immer abgreifbar. Teenager müssen den Umweg über die Abgrenzung gegen Sie gehen. Eine Freundin sagt es sehr treffend: »Ich bin das Zentrum ihrer Kritik. Immer. Egal, was sie gerade zu kritisieren hat, Gesellschaft, Umweltschutz, Politik, Haare, Fleisch, was weiß ich, es geht immer den Umweg über mich. Sie stellt alles, was ich sage, mache, tue, wirklich einfach alles, permanent infrage.« Es erleichtert das Ertragen der Ablehnung wirklich etwas, wenn man weiß, es ist ganz normal und gehört unbedingt dazu.

Aber es ist nicht nur das Abgrenzen, was uns Eltern an die Substanz geht und so für Konflikte sorgt. Es ist das Gesamtpaket: Da werden fest verabredete Dinge vergessen, man wird belogen; die Teenies sind unzuverlässig, respektlos und auch in vielerlei Hinsicht unfassbar naiv, aber wissen trotzdem alles besser.

Es gibt ein paar sehr klassische Situationen, die in den meisten Familien für Konfliktstoff sorgen. Es ist ganz hilfreich, sich diese möglichen Stressoren frühzeitig vor Augen zu führen und sich zu überlegen, wie man mit bestimmten Themen umgehen möchte. Dann kann man, wenn sie plötzlich auftreten, besser reagieren. Konflikte und Diskussionen können Sie in den folgenden Bereichen erwarten (nicht unbedingt in dieser Reihenfolge):

- Medienkonsum
- Ordnung und Hygieneempfinden
- Ausgehen
- Essverhalten
- Schlafenszeiten
- Schule
- Freunde
- Sexualität
- Legale und illegale Genussmittel

- Faulheit
- Abgrenzung vom Familienleben
- Äußeres Erscheinungsbild

Theoretisch wissen wir, lange bevor unsere Kinder auch nur in die Nähe der Geschlechtsreife kommen, dass Auseinandersetzungen mit ihnen in dieser Zeit vorprogrammiert sind und sie sehr wahrscheinlich heftig ausfallen werden.

Eigentlich wissen wir das nicht nur theoretisch, sondern ganz praktisch. Schließlich waren wir ja alle mal in derselben Situation, wie unsere Teenies jetzt. Merkwürdigerweise verdrängen wir diese Tatsache, sobald wir selbst Eltern sind, und vergessen sie so lange, bis uns die Praxis in Gestalt unserer pubertierenden Kinder einholt. Dann reagieren wir überrascht, empört und auch verunsichert auf Abgrenzungsversuche wie plötzliche Widerworte und freches Benehmen, weil wir nämlich auf der anderen Seite stehen. Und die ist – Überraschung! – ganz anders und ebenfalls ziemlich schwierig. Eventuell empfinden wir ja auch plötzlich etwas Mitleid für unsere Eltern. Wie also bereitet man das eigene Pubertätskonfliktbewältigungspotenzial vor? Ganz ehrlich? Nichts bereitet Sie auf die Kante vor, die Ihnen entgegenschlägt, wenn Ihr Kind sich abrupt von Ihnen abwendet. Es ist kaum möglich, sich innerlich darauf vorzubereiten, dass das Kind einen so dermaßen eigenen Kopf hat. Oder sich so komplett anders entwickelt, als Sie das in Ihrer naiven Jungelternschaft geplant haben. Obwohl man genau das ja wollte und bewusst erzieherisch auf den eigenen Willen des Kindes hingearbeitet hat. Jetzt »entpuppt« sich der eigene Kopf des Jung-Teenies, und man fühlt sich als engagierte Eltern vor den Kopf gestoßen. Das ist doch paradox! Oder?

In den meisten Fällen ist das massive Auflehnen und sogar temporäre Abwenden von den Eltern nicht weiter tragisch, und das Verhältnis wird alsbald wieder besser. Also, ruhig Blut, in ein paar Jährchen haben Sie es überstanden. Damit Sie Konflikte und damit einhergehende Gemeinheiten und Gehässigkeiten und sonstiges unmögliches Verhalten Ihres Teenagers gut überstehen (und Ihr Teenie auch), empfehlen sich vorbereitende Maßnahmen:

- Machen Sie frühzeitig ein paar verbindliche Familienregeln fest.
- Geben Sie Ihren Kindern Aufgaben. Und zwar solche mit einer gewissen Verantwortung. Immer schön altersmäßig staffeln und regelmäßig daran erinnern.
- Erlauben Sie Ihren Kindern, dabei Fehler zu machen. Die sollten sie dann so weit wie möglich selbst ausbügeln. Machen Sie dabei aus einer Mücke keinen Elefanten. Sie brauchen Ihre Kraft für andere Dinge.
- Nehmen Sie Ideen Ihrer Kinder ernst, auch wenn Sie manchmal zuerst vollkommen absurd klingen.

Im Idealfall implementieren und erweitern Sie diese Maßnahmen im Erziehungsalltag in den zehn Jahren BEVOR die Pubertät losgeht. Trotz dieses Wissens ist eine gewisse Empörung und Ratlosigkeit Ihrerseits, wie Sie nun die Situation meistern, normal und zunächst nicht beunruhigend. Sie werden unter Umständen so was wie Versagen empfinden und an Ihrer Eltern-Kompetenz vielleicht sogar zweifeln; mal mehr, mal weniger stark. Tatsächlich kenne ich keine einzige Mutter, die nicht im Vieraugengespräch zugibt, dass sie manchmal nicht weiß, was sie eigentlich wann und wo falsch gemacht hat. Auch das ist völlig normal. Sogar Helikoptermutti No. 1, meine Nachbarin Frau Suhrbier, mit den beiden hochbegabten Muster-Teenagern Lena-Maximiliane und Theo-Cornelius, hat das hinter vorgehaltener Hand schon mal zugegeben. Seien Sie nachsichtig mit Ihrem Teenager – und mit sich selbst – und nehmen Sie nicht alles zu persönlich.

Sie sollten sich selbst immer wieder daran erinnern, dass Sie mit Beginn der Pubertät nicht mehr erziehen, sondern wie ein Sparringspartner das Beste aus Ihrem Kind herauskitzeln und es gleichzeitig schützen.

WIE SIE ES VERMEIDEN, IN DIE TISCHKANTE ZU BEISSEN

Über kurz oder lang wird selbst das süßeste Kind sehr, sehr piksig sein und kann in Folge nur noch mit Kneifzange kontaktiert werden. Das geht Eltern an die Substanz. Spontane Fluchtimpulse Ihrerseits sind normal und Zweifel an der eigenen Erziehungs- beziehungsweise Durchhaltekompetenz bis hin zu dem Gefühl, total versagt zu haben, ebenso. Wem bisher das Gefühl eines nahenden cholerischen Wutanfalls ein Rätsel war, bekommt in der Pubertät des Kindes eine Idee davon, wie es sich anfühlt, wenn man kurz vor der Explosion steht. Vulkanische Wutausbrüche helfen allerdings nicht weiter, ebenso wenig wie ein fassungsloses Kopf-in-den-Sand-Stecken. Das ist nämlich das zweite unangenehme, weil hilflose, Gefühl, das neben dem der Wut im Umgang mit störrischen Jugendlichen auftaucht: eine quälende Ohnmacht, nichts mehr ausrichten zu können. Um besser klarzukommen, lautet deshalb die absolute Mutter aller Regeln: cool bleiben.

Nur, wie bleibt man ruhig und geschmeidig, wenn ein wütender mittelgroßer Giftzwerg vor einem steht und unsinnigste Anforderungen stellt, der noch dazu gegen jegliche Vernunft und Logik komplett beratungsresistent ist? Es ist in der Tat sehr, sehr schwierig. Jedenfalls für mich. Und ich bin ein sehr friedlicher und harmonieliebender Mensch. Eigentlich. Meine Pubertistinnen haben es allerdings regelmäßig geschafft, mich an den Rand des Nervenzusammenbruchs zu drängen. Ich kam mir manchmal wie ein kleiner Derwisch vor, der vor lauter

Verzweiflung nichts mehr konnte, außer wutentbrannt auf und ab zu hüpfen, die Stimme zu erheben und in die nächste Tischkante zu beißen. Es ist vielleicht kein Trost, aber es ergeht fast allen Eltern mehr oder weniger so.

Tatsächlich lohnt sich ein Explodieren gar nicht. Es ändert nichts, außer dass es schlimmstenfalls Ihre Autorität untergräbt. Wenn Sie es schaffen, cool zu bleiben, können Sie mit wesentlich klarerem Blick auf und etwas mehr Verständnis für das verwirrte Geschöpf in Ihrem Heim schauen. Je ruhiger Sie bleiben können – zumindest nach außen hin –, desto erfolgreicher wird das Zusammenleben mit Ihren Teenagern. Cool bleiben garantiert nicht, dass der junge Herr oder die junge Dame vor Ihnen von einer komplett absurden Idee abweicht. Es wirkt aber auf Ihren Puls und Ihr Gemüt. Das wiederum hilft, die Gesamtsituation zu entspannen. Gelassenheit beeindruckt Jugendliche nämlich wesentlich mehr als ein In-die-Luft-Gehen. Bleiben Sie cool, kommen auch die Jugendlichen etwas schneller wieder zur Besinnung oder sind zumindest mal gewillt, mit halbem Ohr zuzuhören. Das ist besser als gar nichts. Ruhig bleiben ist natürlich nur in der Theorie einfach. Wenn in Ihnen ein Vulkan aus Wut oder Sorge lodert, können Sie praktisch Folgendes probieren, um die Fassung zu wahren:

PRIO 1:

Achten Sie auf sich selbst. Sorgen Sie dafür, dass es Ihnen gut geht. Regelmäßige körperliche Ertüchtigung gehört unbedingt dazu. Sportlicher Ausgleich macht nicht nur die Gelenke geschmeidiger, sondern auch das Gemüt. Am besten machen Sie Ausdauersport, je schweißtreibender, desto besser. Wer körperlich ausgepowert ist, kann sich nicht mehr so aufregen. Wenn es kein Sportkurs sein kann, bauen Sie Bewegung in Ihren Alltag ein: Fahren Sie mit dem Rad zur Arbeit, gehen Sie jeden Tag eine stramme Runde um den Block oder kaufen Sie sich ein Springseil. Dann haben Sie mehr

Kraft, sind ausgeglichener und nicht zuletzt glücklicher. Es fällt einem dann einfach leichter, ruhig zu bleiben. Wenn Sie zu Jähzorn neigen (und das werden Sie in der Pubertät Ihres Kindes), empfiehlt sich auch die Kenntnis von tiefer Bauchatmung, um sich schnellstmöglich in einen tiefenentspannten Ruhezustand hineinzuatmen. Tiefe Bauchatmung lernt man zum Beispiel beim Yoga. Sie zu beherrschen, ist wirklich eine sehr lohnenswerte Investition und hilft nicht nur bei Konflikten mit Teenagern, sondern tut dem ganzen Körper gut. Ist Ihnen das zu sportlich, machen Sie einen Gesundheitskurs bei Ihrer Krankenkasse – progressive Muskelentspannung oder so. Ist das alles für Sie esoterischer Quatsch, reaktivieren Sie Ihr Sexleben. Machen Sie einfach irgendwas, was Sie tief atmen lässt und Entspannung verspricht.

PRIO 2:

Planen Sie bei allen Aktivitäten, die Sie in Ihrem Zeitmanagement berücksichtigen müssen, großzügige Puffer ein, denn Kinder, und gerade große Kinder, haben immer dann ein Problem, das SOFORT gelöst werden muss, wenn Ihr Terminplan am vollsten ist. Also großzügig planen. Wenn nichts passiert: Genießen Sie einfach die so gewonnene Zeit für sich. Es stellt sich allerdings die Frage, ob Sie immer und vor allem sofort reagieren müssen. Eventuell kann ihr Pubertist ja auch mal warten, und die Welt dreht sich weiter. Geben Sie hier und da Verantwortung ab. Ihr Teenager möchte schließlich als Großer behandelt werden, also kann er auch etwas mehr Verantwortung in Form von Pflichten tragen. Dafür bekommt er an anderer Stelle mehr Freiheit. Beides offeriert hervorragende Verhandlungsmöglichkeiten.

Nehmen Sie sich bewusst kleine Auszeiten vom Familienalltag, um Kraft zu tanken und Luft abzulassen. Schreiben Sie sich irgendetwas, was Sie zwingt, Haushalt und Job mal zu verlassen, als Termin in einen gut sichtbaren Familienkalender, damit alle wissen, dass Sie dann nicht verfügbar sind. Sobald etwas als fester Termin schriftlich fixiert ist, funktioniert auch die Selbstdisziplin besser und man nimmt die eigenen Bedürfnisse ernster. Handy während dieser Zeiten abschalten nicht vergessen.

PRIO 3:

Verschieben Sie Ihre Explosion: Das heißt, verlassen Sie die akute Situation. Das muss man zugegebenermaßen lernen, und es ist sicher auch eine Typsache, wie gut und schnell man diese Taktik beherrscht. Ein kleiner Kniff, der bei mir gut wirkt, geht so: Ich sage einfach: »Sekunde, ich bin sofort bei dir, ich muss grad dringend mal aufs Klo.« Dieser Kunstgriff erlaubt mir, nachvollziehbar aus der Situation zu gehen. Im stillen Örtchen schließe ich die Augen, atme tief durch, gehe in Gedanken kurz unsere Hausregeln durch und murmele langsam und gleichmäßig mein Mantra vor mich hin:

»Es-ist-nur-eine-Phase-es-ist-nur-eine-Phase-es-ist-nur-eine-Phase-es-ist-nur-eine-Phase—sie-geht-vorbei-vorbei-vorbei-es-ist-nur-eine-Phase-es-ist-nur-eine-Phase- …«

Wenn Sie so ein Mantra vor sich hinmurmeln, vergessen Sie nicht, zwischendurch immer schön tief in den Bauch hineinzuatmen; und den Oberkörper tranceartig und gleichmäßig hin und her bewegen kann auch nicht schaden. So schaukeln Sie sich ganz gut durch Phasen völliger Überforderung.

*

Suchen Sie sich Freunde, Kollegen, denen es ähnlich geht. Wenn Sie sich gegenseitig Ihr Leid klagen können, wird es einfacher zu ertragen.

Noch mal, damit es hängen bleibt: Cool bleiben (und innerlich schmunzeln) ist Ihre stärkste Waffe bei Konflikten mit frechen Pubertisten. Sie sollten das frühzeitig kultivieren. Ihr wichtigster Merksatz lautet:

Je cooler ich in der Hitze des Gefechts bleibe,
desto leichter flutschen wir alle durch die Pubertät.

Das sagt sich leicht, ich weiß. Niemand konnte mich so nah an den Rand der Verzweiflung bringen wie meine wirklich sehr geliebten Kinder. Niemand.

WIE SIE MIT JUGENDLICHEN BESSERWISSERN DISKUTIEREN

Ask a teenager – while they still know everything!

»Fragen Sie einen Teenager, solange er noch alles weiß!« – dieser Spruch hängt gerahmt in der Küche meiner Freundin Karin. Von wem er stammt ist nicht überliefert. Aber wahrscheinlich wird jede Mutter, jeder Vater eines Teenagers ihn ohne mit der Wimper zu zucken unterschreiben. Teenager wissen nicht nur alles, sie wissen es vor allem besser als Sie. Und sie sagen Ihnen auch warum. Ein Beispiel: Meine Freundin Karin möchte Ihrem Sohn bei der Vorbereitung zu einem Bio-Referat über menschliche Ausscheidungsorgane helfen. Ihr Sohn lehnt das ab: »Mama, du kannst das gar nicht wissen. Du hast ja nicht mal Abitur!« Im Gegensatz zu Karin hat ihr Mann aber Abitur, nicht nur das, er ist auch Arzt. Deshalb hat ihr Sohn, als Arztkind, qua genetischer Disposition medizinisches Fachwissen, das Karin als Verwaltungsangestellte natürlich nicht hat – logisch, oder?

Stichhaltige und logische Argumente prallen an einem Teenager ab. Wenn Sie einen kleinen Rebellen oder Klugscheißer zu Hause haben, war der vielleicht auch vor der Pubertät schon anstrengend, aber wenn Sie nicht komplett zu einem laissez-fairen Erziehungsstil tendieren, hatten Sie trotzdem in wichtigen Dingen mehr oder weniger das letzte Wort – vor allem aber recht.

Schon ab der sehr frühen Pubertät ändert sich das grundlegend. Denn nun finden die kleinen Teufelchen Ihre Vorgaben nicht nur blöd und kontern mit Geschrei und Gezeter. Sie fangen an, Verbote und Regeln recht pfiffig und sehr hartnäckig zu hinterfragen und sich besserwisserisch dagegen aufzulehnen. Damit es nicht beim schlichten »Ich bin dagegen« bleibt, brauchen die Jung-Rhetoriker eine Argumentations-Sparringspartnerin in einem geschützten Raum. Und wer wäre besser geeignet, sich im Diskutieren zu üben, als Sie? Mütter und Väter sind schnell verfügbar, regen sich schnell auf und verzeihen meist schnell wieder. Und: Sie knicken auch gerne schnell ein – womit ein kleiner Klugscheißer ohne großartige Argumente die Diskussion »gewonnen« hat. Trotzdem zahlt es sich aus, Diskussionskultur zu pflegen und fleißig zu üben, auch wenn es zu zahlreichen Missverständnissen kommt, die nervenaufreibende Konflikte nach sich ziehen. Was sich theoretisch logisch und nachvollziehbar anhört, ist in der Realität ungleich schwieriger. In der Praxis passieren nämlich in der Diskussion mit einem Teenager zwei Dinge unglücklicherweise gleichzeitig:

1. Sie, als Mutter oder Vater, sind überrascht und nicht selten sogar schockiert vom heftigen Disput. Erstens, was Ihr Teenie will (oder nicht mehr will). Zweitens, die Art und Weise, wie dieser Wunsch vorgetragen wird. Schnell sammelt sich innerhalb von Sekunden ein Konglomerat aus Wut, Angst, Sorge und dem Gefühl, dass der Teenie übertreibt, unsinnig handelt und keine Ahnung von nichts hat und zudem rotzfrech ist. Deshalb schreit alles in Ihnen, noch bevor Ihr Teenie es geschafft hat, Ihnen den Sachverhalt genauer zu erklären: NEIN!

2. Ihr Teenie dagegen hat ein dringendes, eventuell sogar überlebenswichtiges Anliegen, wofür er Ihre Erlaubnis braucht. Wie er sich auch dreht und wendet, Sie hören einfach nicht richtig zu, blockieren immer sofort alles. Sie sind offensichtlich nicht in der Lage, den Sachverhalt zu verstehen, haben einfach keine Ahnung von nichts und sind schon wieder total unchillig. Ihr Teenie hat keinen Plan, wie er Ihnen seinen Wunsch verständlich machen soll. Er schreit deshalb zu jedem Ihrer Aussagen: NEIN!

Sie und Ihr Kind sind durch diese neue Situation innerhalb von Sekundenbruchteilen zu Kontrahenten geworden, die sich verzweifelt, wütend und ratlos gegenüberstehen und sehr wahrscheinlich im Ton immer lauter und unverständlicher werden. Damit haben Sie dann das Gegenteil einer guten Gesprächsgrundlage: nämlich gar keine! Da der Pubertist noch ungeübt ist im richtigen Diskutieren, schießt er über das Ziel hinaus. Sie sollten eigentlich diskutieren können, sind aber emotional vollkommen erledigt, weil immer alles in Streit und Geschrei ausbricht und Sie entsetzt sind von den Frechheiten, die Ihnen entgegenschlagen. Der Teenie ist hartnäckig. Sie fühlen sich provoziert. Der Teenie merkt das und lernt schnell, dass Sie jetzt leichter einknicken. Der ist ja nicht dumm und sieht, dass er durch Provokation schnell eine Reaktion von Ihnen bekommt. Und genau an der wird es liegen, wie die Situation nun weiterläuft und zu einer guten Diskussion wird:

- Üben Sie Zuhören. Sprechen Sie mit Ihren Kindern über deren Probleme, ohne sofort herumzuschreien oder zu verbieten, sondern hören Sie zu. Zwingen Sie sich, die Klappe zu halten. Jugendliche sind nicht immer rhetorische Meisterredner und müssen Dinge manchmal von hinten durch die Brust ins Auge formulieren.
- Akzeptieren Sie, dass Ihr Teenie eine andere Meinung zu diversen Dingen hat. Und dass sie oder er dafür kämpfen möchte, die eigene Sicht der Dinge durchzudrücken.

- Ihre Ziele sind nicht die Ziele Ihres Kindes. Befreien Sie sich davon, dass Ihre Kinder kleine Klone von Ihnen sind. Das werden die allerhöchstens, wenn sie selbst mal Eltern werden. Dann werden sie sich eventuell daran erinnern, dass Sie nicht alles falsch gemacht haben. Aber nur vielleicht.
- Vermeiden Sie, Verbote sofort auszusprechen, ohne die Dinge geprüft zu haben. Denken Sie zumindest kurz an einem stillen Örtchen drüber nach.

Wenn Sie grundsätzlich erst einmal zuhören, was der Teenie von Ihnen will, ist schon viel gewonnen. Zugegebenermaßen sind viele Ansinnen echter Quatsch. Nehmen Sie die trotzdem ernst. Reden Sie mit Ihrem Teenie drüber. Lassen Sie hier und da einen Kompromiss zu. Allerdings nur, wenn von seiner Seite auch stichhaltige Argumente vorgetragen werden. Er muss sich schon etwas Besseres einfallen lassen als ein simples »Ich will aber« oder »Weil ALLE das machen«. Aber je mehr Gespräche Sie mit dem Teenie führen und je mehr er oder sie lernt, seine beziehungsweise ihre Anliegen zu argumentieren, desto interessanter werden die Diskussionen. Außerdem gewinnen Sie bei diesen Gelegenheiten spannende Einblicke in die Welt Ihres Teenies.

Ein Punkt, der übrigens hervorragend geeignet ist, Missverständnisse und damit Wut und Enttäuschung hervorzurufen, ist die Kommunikation von wichtigen und erklärungsbedürftigen Dingen über Textmessages. Emojis können nur bedingt Mimik und Gestik richtig vermitteln. Einerseits werden Dinge falsch verstanden, andererseits wird stundenlang irgendetwas ausdiskutiert, was man Face-to-Face oder per Telefon in zwei Minuten hätte klären können. Oder woraus gar kein Konflikt entstanden wäre. Das ist Teenagern aber oft nicht so bewusst.

Seien Sie jederzeit offen für eine Diskussion. Tatsächlich ist es gar nicht mal so selten, dass die besten Diskussionen dann zu unsäglichen Zeiten stattfinden – dann nämlich, wenn Sie super entspannt oder einfach wahnsinnig müde sind. Also zum Beispiel, wenn Sie gerade den Fernseher ausgeschaltet haben und gähnend mit Ihrer leeren Chipstüte in Richtung Küche wanken und nur noch ins Bett plumpsen möchten. Genau in diesem für Sie ungünstigen Zeitpunkt steht dann Ihr Teenie vor Ihnen, um den Kühlschrank zu plündern: hellwach und in bester Redelaune. Ich empfehle Ihnen dringend, jegliche Müdigkeit wegzuwischen und dann einfach zuzuhören. Morgen früh ist Ihr Teenie nämlich wieder zu wie 'ne Auster, und alle Ihre Fragen ernten maximal ein genervtes »Weiß nicht, Mann« oder auch nur »Mmhpf«.

WIE SIE MIT EINEM »ICH HASSE DICH« UMGEHEN

Natürlich kann auch in Familien mit einer gepflegten Diskussionskultur die Lage kippen, und Ihnen schlägt ungebremste pubertäre Wut entgegnen. Gehen Sie davon aus, dass Sie zum jugendlichen Explosionszeitpunkt ebenfalls schon ordentlich Krawatte haben und wahrscheinlich innerlich ähnlich aufgebracht sind wie die wutentbrannte Furie vor Ihnen. Die Wahrscheinlichkeit, dass Ihnen die eventuell vorhandene winzige Rest-Contenance wie Schnee in der Sonne dahinschmilzt, ist extrem gegeben; und damit die Chance, dass nicht nur Ihr Kind schreit, sondern auch Sie sich verzweifelt und lautstark Luft machen müssen.

Eine Diskussion mit einem Teenager kann sehr schnell aus dem Ruder laufen. Was im Kleinkindalter der berühmte Tobsuchtsanfall war, wird in der Pubertät verbal differenzierter geäußert als einfach nur lautes Schreien und Auf-den-Boden-Werfen. Es gibt allerdings Parallelen: Es wird geschrien, geweint, Türen werden zugeschlagen. Alles möglichst laut, weil alles maximal emotionsgeladen ist. Und dann kommt es: Mitten in der Verbalattacke fällt es, das »Du bist so gemein! Ich hasse dich!«, meist direkt gefolgt von einem theatralischen, fluchtartigen Abgang mit einem lauten Türenknallen als Schlussakkord. Drama, Baby, Drama!

Teenager, die in grenzenloser Wut und Verzweiflung Ihren Erziehungsberechtigten dazu noch Kraftausdrücke entgegenschleudern, sind nicht wirklich außergewöhnlich, sondern Teil des ganz normalen und nötigen Abgrenzungsprozesses. Grundsätzlich ist so ein impulsiver Gefühlsausbruch nicht so dramatisch, wie er sich im ersten Moment anfühlt. Wenn wir unseren Kindern etwas verbieten – ob zu Recht oder zu Unrecht – und sie mit ihren Mitteln nichts an diesem Verbot ändern können, bleibt ihnen erst einmal nichts anderes übrig, als Dampf abzulassen. Weil sie noch so unschuldig impulsiv sind und erst noch lernen müssen, mit kleinen Explosionspuffern zu arbeiten und ihre vielschichtigen Gefühle zu kontrollieren, explodiert es unkontrolliert aus Ihrem Kinde hervor: Sie sind in dem Moment einfach die Wurzel allen Bösen, weil Sie eine Party, ein überteuertes Paar Schuhe oder eine Viertelstunde länger am Computerspiel verbieten, weil Sie spießig und unchillig sind und völlig altertümliche Ansichten vom Leben haben. Ihr Teenager kommt noch nicht gegen Sie an und verzweifelt, weil Sie einfach nichts verstehen. Das ist pure Hilflosigkeit, die Ihren Teenager so wütend macht, schließlich haben Sie das Zepter namens Erziehungsberechtigung noch fest in der Hand, und weil Ihr Teenager dagegen nicht ankommt (oder nicht weiß wie), werden Sie auch mal abgrundtief gehasst. Und genauso wird es Ihnen auch kommuniziert – und natürlich tut es weh, diese geballte Ablehnung aus dem Munde Ihres Lieblings zu hören.

Was können Sie tun, wenn Ihre wütende 13-Jährige Ihnen ein »Du blödes Arschloch, ich hasse dich« oder sogar Schlimmeres entgegenschleudert?

Nun, da die aufgebrachte Teenagerin mit mindestens 98-prozentiger Sicherheit direkt nach der respektlosen Äußerung auf dem Absatz kehrtmachen wird, um lauthals das Zimmer oder sogar das

Haus zu verlassen, empfiehlt es sich, sich an der Tischkante festzuhalten und erst einmal weiterzuatmen. Hinterherlaufen, ebenfalls schimpfen, quasi Auge um Auge – Zahn um Zahn, bringt nur eins: nämlich noch mehr Schreien und wahrscheinlich auch Tränen. Es bringt also weder Sie noch Ihren Teenager irgendwie weiter, außer dass es die Lage verschlimmert und verlängert. Und eventuell schämen Sie sich, dass Sie ebenfalls so eskaliert sind. Dann haben Sie noch ein blödes Gefühl, das Sie belastet. Wenn also Ihr Wüterich beleidigend wird und sofort wegläuft, halten Sie einfach die Klappe und bleiben, wo Sie sind. Bleibt Ihr Wüterich vor Ihnen stehen und schimpft weiter, verkünden Sie so tiefenentspannt, wie Sie können, dass Sie die Diskussion nun abbrechen, aber bestimmt fortfahren, wenn alle sich beruhigt haben. Bis sich alle beruhigt haben, widmen Sie sich irgendetwas anderem: Zeitung, Strickzeug, Katze. Tun Sie wenigstens so. Ich weiß sehr wohl, dass das wesentlich leichter gesagt als getan ist. Machen Sie eine tiefe Bauchatmung und zählen Sie innerlich bis 100. Sie erreichen Ihren Teenager jetzt nicht. Und außerdem sind Sie selbst viel zu aufgebracht, empört, gekränkt und enttäuscht. Das dürfen Sie auch, kurzzeitig. Dann versuchen Sie an was Schönes zu denken und üben Schmunzeln. Und auf keinen Fall sollten Sie die Wut persönlich nehmen.

Es gehört zum Erwachsenenwerden ganz einfach dazu, dass man die Eltern phasenweise nicht nur richtig saublöd findet, sondern Ihnen das auch sagt. In den allermeisten Fällen hasst Ihr Kind Sie ja nicht wirklich. Es ist lediglich total machtlos in der Situation und muss seine Grenzen austesten. Es muss probieren, wie Sie auf so eine derbe Wortwahl reagieren. Knicken Sie ein, lassen Sie sich das gefallen, flippen Sie aus? Lassen Sie sich provozieren – und bekommt Ihr Kind damit ein bisschen Macht über Sie? Oder bleiben Sie cool?

Cool bleiben heißt nicht, dass Sie Gossensprache oder überhaupt respektloses Verhalten durchgehen lassen sollten. Es heißt, dass Sie nicht mit gleichen Mitteln zurückschießen, dass Sie ruhig bleiben und dass Sie, wenn sich alle Gemüter wieder etwas abgekühlt haben, auf Ihr Kind zugehen.

Zeigen Sie, dass man nach einer solchen Eskapade verzeihen und sich trotzdem treu bleiben kann. Zeigen Sie aber auch, dass Sie die Bedürfnisse Ihres Teenies ernst nehmen. Aber eben nicht in jedem Ton. Und dann beginnen Sie die Diskussion noch mal. Gehen Sie ruhig als Friedensangebot einen Kompromiss ein. Zum Beispiel, wenn das Eskalationsthema eine Party war, auf die Ihre 13-Jährige unbedingt bis nach 22 Uhr muss, Sie sie aber um 21 Uhr abholen wollen. Fragen Sie, was sie anbietet, wenn sie eine Stunde länger bleiben darf. Vielleicht haben Sie ja die Leine wirklich zu fest angezogen? Mit einem konkreten Angebot in Richtung ihres Wunsches zeigen Sie, dass Sie sie durchaus ernst nehmen und dass man mit Ihnen reden kann. Machen Sie aber unmissverständlich klar, dass Sie einen solchen Ton und solche Wortwahl nicht dulden. Natürlich sollten Sie mit gutem Beispiel vorangehen und ebenfalls keine Türen schlagen. Um alle Familienmitglieder zu disziplinieren, können Sie einfach dicke Gummidichtungen in die Türrahmen kleben. Türen lassen sich dann nicht mehr gut knallen. Wenn nichts mehr knallt, ist Türenzuschlagen uninteressant als Wutentladungseffekt.

Sie können so einen Ausbruch auch wunderbar nutzen, um in eine gepflegte Diskussion über Respekt und gegenseitige Toleranz einzusteigen. Allein schon mit Ihrem Teenager über die Unterschiede zu streiten ist sicher erhellend. Und wenn Ihr Teenie das beim ersten Mal noch nicht kapiert, beißen Sie halt in die Tischkante und verschieben das Ganze. Es ist wichtig, dass Sie dranbleiben, bis alles geklärt ist. Sorgen Sie unbedingt für ein Folgegespräch. Das ist mitunter nervig, lohnt sich aber auf lange Sicht. Wenn Sie natürlich selbst permanent mit Gossensprache um sich hauen, wird's schwierig. Aber dann stört es Sie ja auch nicht, oder?

Ach ja, etwas Vorsicht ist geboten, wenn Erstpubertät auf Zweitpubertät trifft: Diese Kombi ist naturgemäß eine sehr, sehr explosive Mischung, da beide Parteien komplett im eigenen Hormonchaos gefangen sind. Ein Schüler von mir hat mir das mal offen am Beispiel seiner »hormongesteuerten« Mutter erklärt: »Die hat doch für nichts Verständnis. Wechseljahre, verstehen Sie, Frau Macedo? Der ihre Hormone haben die total im Griff. Mit der kann ein vernünftiger Mensch nicht diskutieren!« Sollten Sie betroffen sein, können Sie und Ihr Teenager, wenn alles offen auf dem Tisch liegt, die nächste Eskalationswelle einfach mit etwas Humor nehmen und sich bei drohenden Kleinkriegen gegenseitig rechtzeitig entwaffnen, indem Sie sich erinnern: »Na, hast du wieder Pubertät?«, »Ja, und du, Wechseljahre?« Und dann chillen Sie einfach eine Runde.

WIE SIE EIN ADÄQUATES DRUCKMITTEL FINDEN

Viele Dinge, die ein Teenager tut, oder NICHT tut, sind so unerträglich, dass auch das sanfteste Elternteil irgendwann gebeutelt und machtlos einknickt. Machen Sie sich klar, dass Ihre Argumente vielleicht stichhaltig sind, aber ungehört am rechthaberischen Großkotz, in den sich Ihr kleines Pubsi verwandelt hat, abprallen: diskutieren zwecklos.

Bevor Sie jetzt resignieren, ob der auf Durchzug stehenden Teenagerohren oder der sehr fadenscheinigen Ausreden, warum etwas nicht getan werden kann, beziehungsweise etwas unbedingt SOFORT getan werden muss, verzichten Sie lieber bewusst auf eine Diskussion und greifen Sie zu der bewährten erzieherischen Erpressung, um störrische Kinder auf den rechten Weg zu bringen: dem »Wenn-Dann«-Druckmittel. Für einen Teenager muss die Methode allerdings ein bisschen abgeändert werden.

Was nämlich bei kleineren Kindern noch recht gut klappt, funktioniert bei Jugendlichen nur suboptimal. Wütend gebrüllte »**Wenn** du nicht SOFORT dein Zimmer aufräumst oder zumindest die verschimmelten Brotränder in den Müll schmeißt, **dann** dürfen Lea-Sophie und Sanna heute Abend hier nicht schlafen, und die Party übermorgen ist auch gestrichen. Und in den Heidepark fahren wir auch nicht!« wird Ihre Teenager zwar ärgern, aber nicht unbedingt zur Umkehr bewegen.

Hier ernten Sie maximal Wut, Türenknallen, Rumschreien. Wenn Sie einen Pubertisten im ausgesprochenen Phlegmatismus-Modus haben, auch gerne ein eher müdes »Mach doch, mir egal«. Je mehr Ihnen nun die Krawatte anschwillt, desto chilliger wird der Phlegmatiker. Er hat ja jetzt vermeintlich gewonnen. Das hilft Ihnen nicht, dem Teenager nicht (der insgeheim natürlich doch getroffen ist), und es löst nicht das Problem, sondern ist einfach nur sehr zermürbend.

Wie also finden Sie ein funktionierendes Druckmittel, wenn ein Einsehen vonseiten des Pubertierenden in keinster Weise ersichtlich ist, Sie aber eine berechtigte Gefahr im geplanten Vorhaben Ihres Teenagers sehen und diesem Einhalt gebieten möchten? Die Antwort ist relativ einfach. Das simple »Wenn-Dann« muss erweitert werden zu einer multiplen Variante. Und zwar möglichst als eine logische, nachvollziehbare Konsequenz. Nicht vergessen, das Teenager-Gehirn ist zwar im Umbruch, aber nichtsdestotrotz in manchen Dingen schon messerscharf.

Offerieren Sie Ihrem Teenager nun mehrere (ideal sind drei) »Wenn-Dann«-Möglichkeiten. Lassen Sie ihn dann selbst entscheiden, welche er wählen möchte. So hat er nämlich eine Option. Und genau das ist der Clou: Teenager möchten gerne möglichst viel selbst entscheiden. Also geben Sie ihnen Entscheidungsmöglichkeiten. Zum Beispiel so:

Nehmen wir mal an, die 14-jährige Laura möchte mit ihren Freundinnen Lea-Sophie und Sanna ins Kino, sollte aber vorher das Bad säubern. Das hat sie »vergessen«, weil sie sich lange schminken und 26 Mal umziehen musste. Ihnen ist ein blitzblankes Bad wichtig, weil morgen Tante Mechthild samt Gatten sowie Nichten und

Neffen zu Besuch kommt. Sie hatten einen langen Arbeitstag und haben überhaupt keine Lust, diese Aufgabe zu übernehmen, zumal sie ja auch eindeutig an Laura vergeben war. Hier gibt es nichts zu diskutieren, sondern Laura bekommt jetzt zwei Optionen:

a.) Sie an Laura: »Du hast versprochen, das Bad vor dem Kino zu putzen. Ich möchte, dass du dein Wort hältst und das genau so machst. Dann gehst du eben später los.« Für Laura ist das problematisch, denn sie würde so die wichtige Werbephase im Kino verpassen – und es wäre außerdem unerträglich peinlich, zu spät in den Kinosaal zu kommen.

b.) Sie an Laura: »Wenn du das Bad jetzt nicht putzt, darfst du morgen nicht ausschlafen, sondern ich wecke dich um acht Uhr, damit es rechtzeitig fertig ist«. (Achtung Glatteis: Bevor Sie so etwas aussprechen, müssen Sie natürlich sicher sein, dass Sie das am nächsten Morgen durchziehen.)

Taktisch ist es klug, Laura zunächst nur zwei Varianten anzubieten und sie selbst eine dritte vorschlagen zu lassen. Kommt sie selbst nicht drauf, helfen Sie etwas nach, indem Sie sie fragen, ob sie auch einen Vorschlag hätte, um das Problem zu lösen. Entscheidender Unterschied zur »Wenn-Dann«-Situation mit einem Kind ist nämlich der, dass ein Teenie selbst Ideen zur Lösung des Konflikts anbieten sollte. Sagen wir mal, Laura schlägt Folgendes vor: »Wenn ich jetzt sofort das Bad putze, könntest du mich dann zum Kino bringen? Und ich helfe dir dann beim Essenkochen morgen.« Wenn das Bringen für Sie okay ist, sagen Sie zu und lassen Sie Laura aus diesen drei Möglichkeiten auswählen. Sie haben dann, egal, wie sie sich entscheidet, einen guten Kompromiss gefunden.

Und ja, es ist in jedem Fall anstrengend für Sie, egal, was Laura wählt, weil Sie bei jeder Entscheidung die Qualitätssicherung der Druckmittel gewährleisten, also die Umsetzung kontrollieren, müssen. Das kostet Sie zwar enorm viel Zeit und Nerven, ist aber entscheidend für den Erfolg. Konsequenz wird sich aber, wenn Sie hier dranbleiben, in jedem Fall auszahlen und die nächste Konfliktsituation enorm erleichtern. Das heißt, wenn Sie eine Reaktion androhen, müssen Taten folgen. Und das dürfen Sie dann nicht vergessen.

Aufpassen müssen Sie allerdings, dass Sie sich mit einem »Wenn-Dann«-Druckmittel nicht ins eigene Fleisch schneiden. Wenn Sie zum Beispiel Ihrer Tochter als Druckmittel das überteuerte Fitnessstudio streichen und sie dann überhaupt keinen Sport mehr macht, Sie aber wollen, DASS die kleine Phlegmatikerin sich wenigstens ab und zu bewegt, haben Sie nur ein Problem gegen ein anderes getauscht, was eventuell diverse neue Probleme nach sich zieht. Deshalb ist es sinnvoll, dass Sie sich möglichst in einer ruhigen Minute mal überlegen, welche Druckmittel Sie parat haben sollten. Das könnten Übernachtungen von oder bei Freunden, ein lang ersehntes Event oder Chauffeurdienste für Strecken sein, die jeder gesunde Mensch bequem mit dem Fahrrad fahren kann. Frischluft ist ja auch gut, um erhitzte Gemüter wieder abzukühlen. Und wenn Sie, keine Lust auf Fahrdienste haben, sagen Sie nicht einfach, Sie hätten keine Zeit, sondern Sie hätten keine Lust. Das wird Ihre Teenies überraschen – allerdings nur, wenn Sie konsequent hart bleiben, idealerweise mit einem höchst gelangweilten Blick.

4. KAPITEL

TEENAGER @ HOME

Das Zuhause ist für die meisten Jugendlichen ein zwiespältiger Ort. Einerseits ist es natürlich ein Nest (hoffentlich ein sicheres), andererseits aber auch der Ort, der das Zentrum der Abnabelung bildet, wo Konflikte nicht nur massiv entstehen, sondern auch mit voller Kraft ausgetragen werden. Zuhause ist also beides: Rückzugsort und Kampfplatz. Wobei sie jetzt nicht in der einen Ecke, quasi als amtierende Herrscherin über das Königreich »Home«, und in der anderen Ecke ihr nach Freiheit strebender Teenager sitzen sollten. Aus der Ecke müssen Sie raus. Ihre neue Rolle ist eher die eines Sparringspartners. Also Boxhandschuhe schon mal sorgfältig polstern, denn ein Boxring mit wollwollendem Sparringspartner ist eine ausgezeichnete Arena, um sich gut aufs Leben einzustimmen.

WIE SIE GEGEN RENITENZ BEI HÄUSLICHEN VERPFLICHTUNGEN VORGEHEN

Man hat sich fest vorgenommen, es niemals zu sagen, ja, niemals zu denken – und tut beides irgendwann völlig entkräftet und gleichzeitig voller Weißglut dann doch: Man sagt den bösen Satz: »Solange du deine Füße unter meinen Tisch stellst, …« vielleicht nicht wortwörtlich, aber irgendetwas in dieser Art. Und anschließend schämt man sich, dass man genau in die gleiche Kerbe haut, wie die eigenen Eltern es getan haben. Der Grund für den elterlichen Ausbruch hat in den meisten mir bekannten Fällen ein und dieselbe Ursache: eine fiese Renitenz gegen jegliche Verantwortungsübernahme im Haushalt, ach was, im Leben.

Die meisten Jugendlichen haben ein ungesundes Halbwissen, wenn es darum geht, ihren Lebensraum angemessen zu pflegen.

Das hat in der Regel zwei mögliche Ursachen. Die eine ist schnell erklärt: Wenn Ihr Teenie als ein Ehrengast im »Hotel Mama« wie die Made im Speck lebt, weiß sie oder er vielleicht tatsächlich nicht, wie so profane Dinge wie Klo putzen, Essen zubereiten, Wäsche zusammenfalten oder wegräumen funktionieren, weil sie oder er das noch nie gemacht hat. Oder noch nie richtig machen musste. Mit Verlaub: Da sind Sie selbst schuld.

Der häufigere Grund ist aber, dass egal, wie motiviert Jugendliche in eine Aufgabe starten, sie zwischendrin bei der Ausführung einer Konzentrationsschwäche erliegen – meistens ausgelöst durch einen charakteristischen Klingelton auf dem stets bereitliegenden Handy. Ein Beispiel: Maja möchte etwas für die ganze Familie kochen. Ihre Mutter ist hocherfreut, aber skeptisch, denn in der Regel bedeutet das für sie oder ihren Gatten eine enorme Zusatzarbeit. Aber sie denkt auch, so ein freiwilliger Einsatz ist selten und lobenswert. Also, machen lassen. Maja, hoch motiviert, denkt sich ein aufwendiges Menü aus: Vanillepudding. Sie schafft es, trotz massiven Handyeinsatzes, die Küche in einem akzeptablen Zustand zu hinterlassen und der herbeigerufenen Familie das fertige Produkt formschön in passenden Schälchen zu kredenzen. (Das ist in der Tat keine Selbstverständlichkeit. Der Durchschnittsjugendliche legt in dieser Hinsicht keinen Wert auf Ästhetik; Topf und Löffel müssen genügen. Teller – und dekorativer Tischschmuck sowieso – sind überbewertet.) Glücklicherweise ist es die Köchin selbst, die als Erste den Löffel in den Mund schiebt – und sofort wieder ausspuckt: Sie hat Zucker mit Salz verwechselt. Salz, wie auch Zucker, ist in der Küche von Majas Familie leicht identifizierbar, denn beides hat ein gut lesbares Etikett. Eventuell wäre es doch nicht so schlecht gewesen, die Zubereitung des Menüs ohne Handy-Ablenkung in Angriff zu nehmen? Auf die Antwort müssen Teenies aber von selbst kommen, denn Ihre Meinung oder Hilfestellung ist unerwünscht. Es ist also erwartbar, dass die Fehlerquote auch bei der nächsten Mahlzubereitung entsprechend hoch sein wird. So lange, bis Maja davon selbst genervt ist – oder jemand eine pfiffige App bereitstellt, die das Problem löst.

Trotz derartiger Missstände und einer hohen Fehlerquote halte ich es für wichtig, dass Jugendliche konsequent an eine eigene Beteiligung im Haushalt herangeführt werden. Nicht, weil es Sie so enorm entlastet. Das tut es in den seltensten Fällen. Sondern weil es den Jugendlichen Verantwortung überträgt, weil sie – je mehr Erfahrung sie sammeln – sicherer und selbstständig werden (und Sie dann irgendwann tatsächlich entlasten). Und vom Lerneffekt mal abgesehen, Sie sind nicht die Putzfrau der gesamten Familie. Familie heißt Familie, weil alle etwas beitragen. Jeder so, wie er oder sie kann. Das sieht übrigens auch Vater Staat so. Jugendliche – und überhaupt Kinder im Allgemeinen – sind per Gesetz* verpflichtet, ihren Anteil an Arbeit im Haushalt zu leisten. Wie genau das aussieht, darüber hält der Gesetzgeber sich allerdings bedeckt. Es ist eher eine schwammige Empfehlung, die breit ausgelegt werden kann. Die Umsetzung des Gesetzes funktioniert allerdings in den meisten Familien eher suboptimal. Daran sind aber nur Sie alleine schuld. Wer sich ein »Hotel Mama« einrichtet und kräftig daran arbeitet, darin alle Dienstleistungsberufe selbst auszuüben, muss sich nicht wundern. Besonders in Zeiten, in denen die Erziehung quasi abgeschlossen ist.

Im Idealfall haben Sie ihr Pubsi schon seit dem Kindergartenalter langsam an ein Miteinander im Haushalt herangeführt. Wenn nicht, haben Sie nur zwei Möglichkeiten. Entweder es bleibt so, wie es ist, oder aber Sie ändern das Konzept. Sofort. Rechnen Sie damit, dass dies einen langen Atem verlangt. Wenn Sie das schaffen, und konsequent nicht einknicken, um Dinge schneller selbst zu

---

* *Bürgerliches Gesetzbuch (BGB) §1619 – Dienstleistungen in Haus und Geschäft: Das Kind ist, solange es dem elterlichen Hausstand angehört und von den Eltern erzogen oder unterhalten wird, verpflichtet, in einer seinen Kräften und seiner Lebensstellung entsprechenden Weise den Eltern in ihrem Hauswesen und Geschäft Dienste zu leisten.*

erledigen, haben Sie gute Chancen. Sie müssen es allerdings auch aushalten, dass Aufgaben, die Sie vergeben haben, anders umgesetzt werden, als Sie sie erledigen würden. Erwarten Sie keine Perfektion!

Wir haben das bei uns so gelöst: Ich habe mal eine Excel-Tabelle erstellt, in der ich alle Dinge, die man im Haushalt so machen kann, aufgelistet habe. Es ist eine verdammt lange Liste und ziemlich erschlagend, wenn man sie meterlang ausdruckt. Das habe ich getan und – bewaffnet mit der beeindruckend langen und damit überzeugenden Liste – die Familie an den Tisch gebeten und ihr verkündet, dass ich das einfach nicht alleine schaffen könne. Dann haben wir die Aufgaben an alle in der Familie verteilt. Wer was macht, haben wir gemeinsam entschieden. Ich lebe damit, dass Dinge nicht so ausgeführt werden, wie ich es selbst tun würde. Aber diese Dinge liegen nicht mehr in meinem Verantwortungsbereich, und ich muss mich nicht groß darum kümmern – und deshalb meckere ich nicht rum und lasse gerne fünfe gerade sein.

Sollten Sie in der glücklichen Lage sein, und Ihnen und Ihrer ganzen Familie wird die leidige Reinemacherei von entsprechendem bezahlten Personal abgenommen, empfiehlt es sich trotzdem, die Jugendlichen ein Mindestmaß an Eigenverantwortlichkeit für ihre eigenen Räume zu übergeben. Es macht sie insgesamt pflegeleichter. Die Räume nicht unbedingt, aber die Jugendlichen selbst.

WIE SIE DINGE WIEDERFINDEN

Spätestens seit unsere Kinder Tupperschälchen in Kita oder Schule mitnehmen, verlieren sie selbige in regelmäßigen Abständen. Die Plastikbehälter verschwinden genauso wie Mützen, Schals, Spielzeugautos und manchmal auch Jacken. Sie kennen das.

Eltern sind also daran gewöhnt, dass Dinge auf mysteriöse Weise abhandenkommen. Es scheint völlig normal zu sein, denn ich kenne keine Familie, in der es anders ist. Da von den anderen Kindern der anderen Eltern ebenfalls Dinge verschwinden, die dann irgendwie in Ihrem Haushalt auftauchen, aber keiner mehr weiß, wie sie dahin gekommen sind oder wem sie gehören könnten, sich auch irritierenderweise keiner auf Anfrage meldet, gleicht sich das bei allen Familien irgendwie wieder aus.

In der Pubertät nimmt dieses Verschwinden von Dingen allerdings eine neue Dimension ein – und zwar deshalb, weil plötzlich nicht mehr nur persönliche Dinge der Kinder oder Allgemeingut aus der Küche in Form der besagten Kunststoffschälchen (oder wahlweise Teelöffel) verschwinden. Nein, jetzt verschwinden Ihre ganz persönlichen Dinge. Und zwar immer genau dann, wenn Sie sie am meisten brauchen. Die Gründe sind immer die gleichen: Die Teenies haben entweder ihre eigenen Exemplare verloren, beziehungsweise sie haben vergessen, wo sie sie hingelegt haben, oder (wenn es sich um etwas Essbares handelt) sie hatten Hunger.

Unsere Kinder sind weiblich, also verschwand bei uns gerne alles, was man unter dem Oberbegriff »Kosmetikartikel« zusammenfassen kann. Ein Beispiel: Ich stand in der Dusche, hatte mich gerade einmal abgebraust und griff wie gewohnt zum Platz, wo das Duschgel IMMER steht – und da war: nichts. Gleiches galt fürs Shampoo. Das hieß, wieder aus der Dusche raus, abtrocknen, Treppe hochrennen, Duschgel im anderen Bad suchen, nicht finden, wieder runter, im Vorratsschrank irgendwas anderes Seifentaugliches suchen, wieder unter die Dusche – dann schon mit ordentlich Krawatte – fertig duschen und dann feststellen, dass die Bodylotion ebenfalls nicht mehr am Platz war.

Statt Bodylotion können Sie hier auch Nagelschere, Haarbürste, Pinzette, etc. einsetzen – was Sie halt so brauchen im Bad, beziehungsweise nun Ihre Tochter. Glauben Sie nicht, das wäre nur so ein Mädchen-Ding und Söhne würden Sie verschonen. Jungs sorgen selbstverständlich ebenfalls dafür, dass Dinge auf mysteriöse Weise abhandenkommen. Im Bekanntenkreis verschwinden auf diese

Weise aus dem Bad und Schlafzimmer der Eltern Deo, Rasierer, Socken, vereinzelt auch Hemden und sogar Schuhe.

Es sind übrigens nicht nur die kleinen Alltagsgegenstände, die einem das Leben erleichtern, die beide Geschlechter gerne dringend brauchen und die so auf Nimmerwiedersehen verschwinden. Genauso gerne lösen sich essbare Elemente aus dem Kühlschrank in Luft auf, die man zum Beispiel für ein spezielles Essen eingeplant hatte. Oder besonders begehrte Lebensmittel werden markiert, sodass sie für andere Familienmitglieder (gerne Geschwister) unattraktiv werden: Saftflaschen werden geöffnet und abgeleckt. Joghurt wird ausgelöffelt, wieder ordentlich verschlossen und leer zurückgestellt. In Wurst wird mit dem Finger reingepikt, und Käse wird angetatscht. Deutlich sichtbare Fingerabdrücke sind dabei gewollt.

Bei all diesen verlorenen, abhandengekommenen oder aufgegessenen Dingen haben Sie nur zwei Möglichkeiten, die Sache in den Griff zu bekommen:

1. Sie können sich einen Vorrat an allen Dingen anlegen, die regelmäßig verschwinden. Den verschließen Sie sorgsam und tragen den Schlüssel stets am Körper, sodass nur Sie Zugriff haben.
2. Sie zahlen es den Teenies heim.

Nummer 1 kann man versuchen, ist aber nicht alltagstauglich. Nummer 2 dagegen funktioniert sehr gut. Nur wenn Teenager am eignen Leib spüren, wie doof das ist, wenn man auf bestimmte Dinge an einem bestimmten Platz vertraut, dann aber ins Leere greift, wird Besserung eintreten. Rechnen Sie mit ordentlich Motzerei. Zum Beispiel, wenn Ihre Tochter morgen noch schnell vor der Schule die Augenbrauen in Form legen will, aber leider die Pinzette unauffindbar ist, und die Augenbrauen nicht entsprechend frisiert werden können, oder verstecken Sie einfach mal das Glätteisen und sagen, Sie hätten es gestern bei Ihrer Freundin vergessen. Und seien Sie geduldig. Es klappt natürlich nicht auf Anhieb, aber es wird relativ schnell besser, und Sie brauchen dann gar nicht zu schimpfen. Das Einzige, was Sie tun müssen, ist, wie so oft, konsequent zu sein.

Eine andere Methode ist, den Übeltäter auszutricksen. Meine Freundin Simone hat mit so einem Trick für eine schöne erheiternde Familienanekdote gesorgt: Für besondere Momente hatte sie im Wohnzimmerschrank eine Kilo-Tüte Schokokugeln versteckt (hinter Schälchen, die selten benutzt werden). Dieser »geheime« Schokoladenvorrat der Familie wurde ständig auf mysteriöse Weise dezimiert. Um den Übeltäter zu überführen, entfernte sie einen Großteil der Kugeln, klemmte stattdessen eine Schale mit Senf in den frei gewordenen Platz. Die Tüte wurde wieder sicher hinter das Geschirr geparkt. Der Dieb konnte also wie gewohnt mit der Hand über das Geschirr und quasi blind in die Tüte greifen. Es dauerte keine 24 Stunden, da ertönte ein gellender Aufschrei aus dem Wohnzimmer, und ihre 15-jährige Tochter Helena kam mit gelb verschmierter Hand, angewidertem Gesichtsausdruck und einem vorwurfsvollen »MAMA!« in die Küche gerannt: Ha, erwischt! Der Effekt: Bei Süßigkeitenbedarf wird nun vorher gefragt. Jedenfalls meistens.

Hier eine Liste der am häufigsten verschwindenden Teile, die Mädchen sich im Teenageralter von ihren Müttern »ausleihen«, weil sie ihre eigenen Exemplare »verlieren«, von denen Sie besser einen gut versteckten Ersatz parat haben sollten:

- Haarbänder (Der Herrgott allein weiß, wie viele Haarbänder unser Haushalt schon verschluckt hat.)
- Pinzetten
- Wimperntusche
- Shampoo, Duschgel oder dergleichen aus dem Bereich Dusche
- Handykabel
- Kopfhörer
- Socken (Wir haben, glaube ich, nur noch Einzelsocken, außer mein Mann, der hat Paare; allerdings nur, weil seine Socken zu groß für die Mädchenfüße sind und wir keinen Sohn haben.)
- Süßigkeiten

- T-Shirts (»Ich dachte, du brauchst das nicht mehr.«)
- Glätteisen (wird beispielsweise gerne bei Übernachtungen vergessen)

In einem Jungenhaushalt fehlen Vätern:
- Handy- und LAN-Kabel
- Kopfhörer
- T-Shirts
- Socken
- Jogginghosen (tauchen oft bei befreundeten Mädchen wieder auf)
- Rasierapparat oder Rasierschaum

Es gab in den 1980er-Jahren mal so einen Gimmick, einen Schlüsselanhänger, der, wenn man pfiff, einen Signalton abgab. So ein Teil würde ich am liebsten an all diesen kleinen Alltagshelfern in unserem Haushalt anbringen. Andererseits wären hier dann wahrscheinlich alle schon entweder taub oder irre vom ständigen Gebimmel.

WIE SIE EINE ART GRUNDORDNUNG IM PERSÖNLICHEN PUBERTISTEN-HABITAT HERSTELLEN

Während Sie es vielleicht noch schaffen, in den allgemeinen Räumen Ihres Zuhauses gegen die Verwüstungen Ihres Teenagers anzuräumen, sind im persönlichen Pubertisten-Habitat meist Hopfen und Malz verloren. Prozentual gesehen gibt es sicherlich nur eine verschwindend geringe Anzahl an Jugendlichen, die ein picobello aufgeräumtes Zimmer bewohnen und die diesen Zustand freiwillig und ohne Aufforderung eines Erziehungsberechtigten herstellen und länger als drei Stunden aufrechterhalten können. Es gibt sie, ja, aber selten, und wenn, dann sind es eher männliche Exemplare. (Das liegt wahrscheinlich erstens daran, dass Jungen weniger wild durcheinander Dinge sammeln, sondern sich auf wenige Themengebiete beschränken. Und zum anderen tendieren Mütter leider auch heutzutage noch dazu, eher den Herren der Schöpfung hinterherzuräumen als den Damen.) Sollten Sie ein Exemplar zu Hause haben, welches ein Musterbeispiel an Ordnung und Sauberkeit ist, überspringen Sie dieses Kapitel am besten. Sie kennen dann die Herausforderungen, die ein Jugendzimmer bereithalten kann, aller Wahrscheinlichkeit nicht – oder halten sie für übertrieben (was sie nicht sind, wie Ihnen leidgeprüfte Mütter und Väter sicher gerne bestätigen werden).

Persönliche Feldstudien in diversen Haushalten mir bekannter Jugendlicher beweisen jedenfalls, dass die Mehrzahl aller Elf- bis 19-Jährigen ein chaotisches Habitat bevorzugen. Dieses besteht in der Regel aus einem undefinierbaren Konglomerat aus sauberen und dreckigen Klamotten, die auf, in und unter sämtlichen im Zimmer sich befindenden Möbeln ineinander verknäult sind. Dazwischen finden sich vertrocknete Butterbrotkanten und geöffnete Chipstüten, ein Sammelsurium an verschiedenen halb ausgetrunkenen PET-Flaschen, vollgekritzelte Schulbücher, verknickte Arbeitsblätter und schulische Elternbriefe mit bereits abgelaufenen Terminen, die niemals den Weg zu einem Elternteil gefunden haben, sowie Elektrogeräte samt dazugehöriger Netzteile. Diverser Schnickschnack, den kein Mensch braucht und der oft durch niemanden zu identifizieren ist, auch nicht durch die Jugendlichen selbst, vervollständigt das Bild. Ach ja, und natürlich können Sie mindestens ein halbes Dutzend Ihrer Teelöffel irgendwo zwischen all den bunten Sachen entdecken.

Die Pubertisten scheint das Chaos nicht zu stören. Meiner Meinung nach liegt das schlicht und ergreifend daran, dass das jugendliche Gehirn so wahnsinnig schnell abgelenkt ist. Also, dass das Gehirn in der Lage ist, bestimmte Dinge von einer Minute zur anderen beiseite zu schieben und zu vergessen. Ja, nicht nur zu vergessen, sondern auch nicht mehr zu sehen oder zu riechen. Sogar die motorische Geschmeidigkeit ist von diesem effektiven Ausblendmechanismus betroffen, denn die Chaoten fallen selten über ihre Taten. Es ist, als ob der ganze Körper das Chaos verinnerlicht hat und der Jugendliche sich darin bewegt wie ein Schlafwandler im Mondschein: sicher und ohne weiter drüber nachzudenken – quasi wie von selbst.

Was also können Sie tun? Das Einfachste wäre, dass Sie die komplette Pflege des pubertistischen Habitats komplett in die Hände Ihres Teenagers legen, sobald Sie merken, dass Ihr Teenie anfängt, auf Privatsphäre zu pochen. Dann ist Ihr Teenie selbst für sein Zimmer verantwortlich, und Sie brauchen sich nicht weiter drum zu kümmern, sondern schließen einfach die Zimmertür (sofern dies möglich ist). Mag Ihr Sprössling im Chaos leben, lassen Sie ihn in seinem eigenen Gestank so lange vor sich hin rotten, bis er oder sie es selbst nicht mehr aushält oder sich Nachbarn über die Pestilenz beschweren. Wenn Sie nun aber die – berechtigte – Angst haben, bei Untätigkeit Ihrerseits ein grundlegendes Schimmelproblem zu züchten, oder Sie befürchten, dass sich über kurz oder lang neue Haustiere bei Ihnen einnisten, stellen Sie ein paar Regeln auf. Wichtig ist, dass es nur wenige und einfache (!) Regeln sind. Die Betonung liegt auf *einfach*, denn ein Teenie-Hirn ist nicht auf Regeln befolgen eingestellt, weswegen selbige sehr klar, sehr verständlich und nur von geringem Umfang sein dürfen. Und, gehen Sie Kompromisse ein. Zum Beispiel so:

- Stellen Sie klar, was Sie als Mindestsauberkeit erwarten. Seien Sie dabei nicht zu pedantisch, sondern operieren Sie nach dem Prinzip *Mut zur Lücke*. Es geht hier um ein Minimum an Ordnung und Sauberkeit, nicht um die Herstellung eines keimfreien OP-Saals. Luft nach oben muss sein, sonst sind Jugendliche sofort überfordert und das Projekt *Regelmäßiges Aufräumen* ist zum Scheitern verurteilt. Vereinbaren Sie gemeinsam einen Turnus, in dem eine Grundreinigung stattfinden muss. Nicht von Ihnen, sondern vom Pubertisten selbst, allenfalls unter Ihrer

Anleitung. Das Ganze erfassen Sie schriftlich, zum Beispiel in einer Familien-To-do-Excel-Liste (siehe Seite 85). Da steht dann vielleicht so was: Zwei Mal im Jahr muss das Fenster im Jugendzimmer geputzt werden, also alle sechs Monate, einmal in der Woche muss der Fußboden gesaugt werden, und so weiter. Das entspricht eventuell nicht Ihrem Sauberkeitsempfinden. Reicht aber dicke, um die Haussubstanz zu bewahren. Was ansonsten im Staub dazwischenliegt, ist dann aber Sache des Sprösslings, außer Lebensmittel. Die dürfen nur ins Jugendzimmer, wenn sie anschließend nicht dort wohnen bleiben, vor sich hin schimmeln und anschließend alleine aus dem Zimmer wieder hinauswandern. Das heißt, sie dürfen dort nicht verwahrt werden, schon mal gar nicht offen und halb angegessen. Alle Lebensmittel beziehungsweise deren Reste und/oder Verpackungen müssen also mitsamt ihren Behältern wie Tassen, Flaschen, Tellern oder Tüten und kleinen Löffeln alleine und selbstständig wieder in die Küche getragen und dort an den dafür vorgesehenen Orten verstaut werden. Argumente, man wisse nicht, wohin die Dinge gehören, lassen sich schnell aus der Welt schaffen, indem Sie sich einfach einen Labeler besorgen und Schränke und Schubladen damit bekleben (lassen). Ansonsten werden die Dinge vielleicht zurück in die Küche gebracht, aber auf der Arbeitsfläche stehen gelassen, damit sie dann von Ihnen weggeräumt werden.

- Stellen Sie ein zeitliches Ultimatum, bis wann die Mindestsauberkeit erreicht sein muss. Bei grober Verunreinigung bitte ein entsprechend großes Zeitfenster einplanen.
- Bieten Sie Hilfe an (wird in der Regel nicht angenommen). Bei grober und gesundheitsgefährdender Verunreinigung müssen Sie allerdings eventuell drauf bestehen. Zum Beispiel, wenn Sie einen erstickenden Fäulnisgeruch ungeklärter Ursache wahrnehmen. Es könnte sich um Wochen alte im Schrank gelagerte Schulbrote handeln. (Erwarten Sie keine Antwort auf ein *Warum* die so gesammelt werden. Der Teenager weiß es nicht).

Regeln sollten immer vorher benannt und vor allem schriftlich festgehalten werden, nur so können auch Sanktionen erfolgreich erteilt werden. Sonst sagt Ihr Teenie »ja« und »amen« zu allem und vergisst es sofort wieder. Vergessen Sie nicht, dass Regeln auch kontrolliert werden müssen. Und auch das ist ein Grund, warum Sie am besten nur sehr wenige Regeln aufstellen; Kontrollieren ist nämlich zeitintensiv – für Sie. Wer will das schon gerne machen?

Wichtig ist, dass Ihr Teenager möglichst viel selbst erledigt. Ist zum Beispiel saubere Wäsche gewünscht, muss die Dreckwäsche zumindest vorher in den Wäschekorb gelegt werden. Vom Teenager. Suchen Sie bitte die Dreckwäsche nicht selbst zusammen. Teenager sind motorisch absolut dazu in der Lage, schmutzige Wäsche in einen Wäschekorb zu werfen. Nicht nur das, sie können saubere Wäsche aus der Maschine rausnehmen, sie aufhängen, wieder abhängen, zusammenlegen und, wenn Sie es Ihnen zeigen, auch bügeln. Allerdings sollten Sie den Sprösslingen es selbst überlassen, ob sie mit gebügelten Sachen rumlaufen möchten oder nicht. Auch Wäsche nach Farben zu sortieren ist kein Hexenwerk, oder die Fähigkeit, einen Blick auf ein Etikett zu werfen, darf man von Teenagern gleich welchen Alters erwarten. Lesen lernt man ja in der Grundschule.

Wenn Sie das alles übernehmen, lernt Ihr Teenager nicht, selber Verantwortung für eigene Handlungen oder eben eigenes Nicht-Handeln zu übernehmen. Außerdem tun Sie sich selbst keinen Gefallen, weil Sie sich nur unnötig aufregen. Das macht graue Haare und Falten. Kümmern Sie sich in der Zeit lieber um angenehmere Dinge – lesen Sie ein Buch, setzen Sie sich in den Garten – und kontrollieren Sie hinterher, ob die Aufräum-Teilaufgabe erledigt wurde. Und wenn keine Dreckwäsche vor die Waschmaschine wandert, gibt es halt keine frische. Es ist im Prinzip sehr einfach. Sie müssen nur konsequent bleiben. Ein eigenes Reich wird übrigens wertvoller, wenn man auch die Verantwortung für selbiges hat.

Spätestens wenn das Kind sich ernsthaft verliebt hat, wird sich das Problem »dreckiges, unbetretbares, stinkendes Zimmer« zumindest zeitweise verringern oder sogar ganz auflösen. Erstaunlicherweise werden selbst hartgesottene Chaoten, sobald sie einem eigenen Haushalt vorstehen, nicht selten zu putzwütigen Reinlichkeitsfanatikern. Ich erinnere mich übrigens noch dunkel, dass ich selbst meiner damals geplagten Mutter gerne mit einem Zitat von Albert Einstein gekontert habe: »Das Genie beherrscht das Chaos.« Heute bin ich pedantischer, als meine Mutter es je war.

WIE SIE EINE VERSCHLOSSENE KINDERZIMMERTÜR ÜBERLEBEN

Es kommt irgendwann der Zeitpunkt, da dürfen Sie nicht mehr einfach so ins Zimmer Ihres Kindes gehen. Auch nicht, um dort nur mal eben ordentlich gestapelte Wäsche zu deponieren oder zu lüften.

Jegliches spontane Eindringen in das persönliche Reich eines Teenagers wird als unerwünschter Übergriff gesehen. Und ganz unrecht hat Ihr Teenager damit nicht. Denn auch Kinder, egal wie alt, haben ein Recht auf Privatsphäre. Nur: Sind die Kinder noch klein, legen sie eher wenig Wert darauf, sondern haben im Gegenteil die Eltern, manchmal sogar Geschwister, gerne um sich. Mit der Pubertät ändert sich das. Ein Teenie braucht Zeit und Raum für sich. Der muss in Ruhe Gedanken ordnen, seinen Körper entdecken, mit Freunden über das Smartphone kommunizieren und Selfies posten. Oder einfach nur sehr viele Löcher in die Luft starren. Warum, ist erst einmal zweitrangig. Wichtig ist, dass Teenager den kleinen und großen Geheimnissen alleine frönen wollen. Erziehungsberechtigte nerven dabei nur und haben deshalb mit jedem Wachstumsschub weniger uneingeschränkten Zutritt. Nicht selten werden Sie unverhohlen darauf hingewiesen: »Eltern müssen draußen bleiben«, »Zickenzone« oder so. Es ist jedenfalls sehr normal, dass ein Jugendzimmer festungsartig verteidigt wird, je älter das Pubsi wird.

Es sind aber nicht nur Geheimnisse, die einen Teenager sein Zimmer verteidigen lassen. Die Teenies wollen einfach über etwas Eigenes bestimmen: wie die innenarchitektonische Gestaltung aussieht, was Ordnung heißt und, am wichtigsten, wer das Reich betreten darf, wann und wie lange. Sie wollen selbst entscheiden dürfen, wann die Tür zugemacht wird und wann nicht. Überhaupt ist das eigene Zimmer (sofern man eins hat) der einzige Raum, in dem die Teenies eine Chance auf ein eigenes Regiment haben, in dem sie tun und lassen können, was sie wollen und wie sie es wollen. Fast. Innerhalb bestimmter Grenzen, die Sie am besten gemeinsam mit Ihren Teenies festlegen.

Eine zugesperrte Tür heißt nicht automatisch, dass etwas Schreckliches dort vor sich geht. Es heißt zunächst und ganz harmlos erst einmal, dass man selbst und ganz alleine entscheidet, wann man seine Ruhe haben möchte. Ganz besonders vor neugierigen Familienmitgliedern. Das sollten Sie respektieren. Sie möchten ja auch nicht gestört werden, wenn Sie sich mit Ihrem Gatten ins Schlafzimmer zurückziehen. Dort soll auch niemand reinstürmen, sondern klopfen und auf Einlass warten. Genau das möchte Ihr Teenie auch. Es wird erwartet, dass Sie erkennen, was eine verschlossene Tür bedeutet: nämlich, dass da jemand in Ruhe gelassen werden möchte.

Lassen Sie Ihrem Teenager Privatsphäre. Klären Sie, wann Sie in Abwesenheit das Zimmer betreten dürfen. Damit klärt sich dann auch, ob Sie Wäsche aufs Bett legen dürfen. Und wenn die Wäsche, die Sie mühevoll gebügelt haben, auch nach Wochen noch nicht weggeräumt wird, geben Sie das Thema Wäsche einfach komplett ab.

Muss sich Ihr Teenie ein Zimmer mit einem jüngeren Geschwisterkind teilen, ist das meist der Super-GAU, weil gerade kleine Kinder es schwer haben, die vom Teenie gewünschten Grenzen zu akzeptieren. Unterstützen Sie Ihr großes Kind dabei, sich innerhalb dieser Begrenztheit etwas Privatsphäre einzurichten. Vielleicht kann es einen abschließbaren Schrank oder so bekommen, in dem ein Tagebuch mit geheimen Gedanken versteckt werden kann. Private Zonen sind wichtig zur Identitätsfindung. Auch wenn alles harmlos ist, man möchte einfach was Eigenes, etwas, was niemanden etwas angeht. Tatsächlich steht das auch in der UN-Kinderrechtskonvention*. Natürlich ist man als Mutter neugierig, was so im Kopf des Kindes vorgeht, gerade bei Teenies, die sich mehr und mehr abwenden. Aber in Schreibtischschubladen wühlen, in Kleiderschränken unter Pulloverstapeln gucken und das Handy heimlich checken, kommt nicht gut. Fänden Sie doch auch nicht toll, oder? Solange alles andere unauffällig ist, gibt es keinen Grund, die Privatsphäre heimlich zu durchbrechen. Viele Dinge möchte man vielleicht auch gar nicht wissen.

Es gibt allerdings Ausnahmen. Solange Ihr Kind minderjährig ist, haben Sie per Gesetz** die Aufsichtspflicht. Das heißt, Sie sollten

---

* *Artikel 16 der UN-Kinderrechtskonvention: (1) Kein Kind darf willkürlichen oder rechtswidrigen Eingriffen in sein Privatleben, seine Familie, seine Wohnung oder seinen Schriftverkehr oder rechtswidrigen Beeinträchtigungen seiner Ehre und seines Rufes ausgesetzt werden. (2) Das Kind hat Anspruch auf rechtlichen Schutz gegen solche Eingriffe oder Beeinträchtigungen.*

** *Bürgerliches Gesetzbuch (BGB) § 1631 – Inhalt und Grenzen der Personensorge: (1) Die Personensorge umfasst insbesondere die Pflicht und das Recht, das Kind zu pflegen, zu erziehen, zu beaufsichtigen und seinen Aufenthalt zu bestimmen.*

nicht nur, Sie müssen einschreiten, wenn Sie das Wohl Ihres Kindes gefährdet sehen. Nur wann ist die Grenze erreicht? Wann muss man einschreiten? Leider gibt es dafür keine konkrete Handlungsanweisung. Es ist manchmal einfach ein sehr schmaler Grat zwischen dem Respekt der Privatsphäre und einem fürsorglichen Eingreifen, um das Kind zu schützen. Reden Ihre Kinder sowieso schon wenig bis gar nicht über ihre Probleme, wird es dann noch schwieriger. Jugendliche ziehen sich gerne zurück, auch wenn sie als Kinder sehr offen und zugänglich waren. Deshalb ist es meistens besser, bei einem konkreten Verdacht sehr klar zu kommunizieren und notfalls eine Zimmerdurchsuchung als Ultima Ratio direkt mit dem Teenager zusammen zu unternehmen. Muss es Ihrer Meinung nach zu einer Inspektion kommen, ist es ganz wichtig, dass Sie einen Grund benennen, warum Sie das Zimmer oder das Handy mal etwas genauer ansehen möchten: »Ich mache mir wirklich Sorgen um dich im Moment. Außerdem riecht es aus deinem Zimmer wirklich komisch. Deshalb möchte ich, dass wir zusammen einen Blick in deinen Schrank werfen. Und zwar jetzt.« Die »Inspektion« sollte überraschend kommen und nicht lange angekündigt sein. Machen Sie das in der Pubertät aber nur bei einem triftigen Verdacht, den Sie begründen können. Erinnern Sie sich an Ihre Pubertät und wie peinlich Ihnen alles war. Sie waren auch froh um jeden Quadratzentimeter Privatsphäre. Vielleicht ist Ihr Kind ja auch so unordentlich, dass Sie gar nicht suchen müssen, weil Zigaretten aus der Tasche gepurzelt sind, ein Tagebuchblatt offen herumliegt oder so.

Und was, wenn Sie was finden? Wie gehen Sie damit um, wenn Sie etwas Bedenkliches gefunden haben? Wenn Sie heimlich in den Sachen wühlen, wird es Ihnen schwerfallen, das plausibel zu erklären. Teenager sind sehr sensibel, was Vertrauen angeht. Erwischt man sie auf dem falschen Fuß, kann das Verhältnis massiv leiden. Und gerade wenn Sie etwas finden, was Ihnen den Schweiß auf die Stirn treibt, wäre es ja wichtig, dass Ihr Kind Vertrauen zu Ihnen hat. Deshalb – spielen Sie mit offenen Karten. Und wenn Sie nichts

Besorgniserregendes finden, denken Sie daran, sich zu entschuldigen und auch Danke zu sagen für das Vertrauen. Sie haben dann nämlich trotzdem einen Anlass, über das Besorgniserregende zu sprechen und zu signalisieren, dass selbst wenn Sie etwas gefunden hätten, Ihr Kind immer zu Ihnen kommen kann.

Sie werden ein abgeschlossenes Zimmer irgendwie überleben. Solange Sie noch ab und zu Geräusche aus dem Zimmer hören, die auf ein gesundes Leben schließen lassen, ist alles okay. Die meisten Jugendzimmertüren können sowieso nicht verschlossen werden. Ganz einfach, weil die Schlüssel schon Jahre vorher irgendwo im Chaos verschwunden sind. Der Bruder einer Freundin ist irgendwann in den Keller gezogen, weil es ansonsten in ihrem Elternhaus keinen Raum gab, in dem er ungestört sein konnte. Dort saß er tagein, tagaus vor einem Atari (das war früher ein wahnsinnig cooler Computer, kennt kein Mensch mehr heute), stopfte Chips in sich hinein und kam nach ein paar Jahren als erwachsener Mann wieder raus.

WIE SIE DAS ESSVERHALTEN IHRES TEENIES ÜBERLEBEN

Essen – oder nicht essen – scheint in jeder Familie mit Teenagern ein fundamentales und durchaus recht konfliktgeladenes Thema zu sein. Einige der jugendlichen Exemplare werden noch mäkeliger, als sie es als kleine Kinder schon waren; und manchmal mögen sie bestimmte Dinge auch plötzlich nicht mehr, weil sich tatsächlich ihr Geschmacksempfinden ändert, so wie sich alles an ihnen verändert. Andere dagegen werden äußerst experimentierfreudig.

Der Kühlschrank im Allgemeinen wird zu einer Art magischer Ort: Egal, welcher Essensstil bevorzugt wird – auf jeden Fall zieht es einen Teenager, sobald er oder sie die Küche, ja das Haus betritt, als Allererstes zum Kühlschrank. Ein Teenie braucht scheinbar Gewissheit darüber, was sich an Essbarem im Haus befindet. Das Ganze hat wohl den Sinn, Lieblingslebensmittel wie Joghurt, Saft oder auch Wurst entweder sofort zu verspeisen oder aber durch Markieren als alleiniges Eigentum des Teenies zu kennzeichnen, damit andere Familienmitglieder, insbesondere Geschwister, nichts davon abbekommen. Liegen gelassene Wurstränder und Brotecken auf der Küchenablage sind die stummen Zeugen solcher Kühlschrank-Inspektionen.

Viele Jugendliche, besonders die männlichen Exemplare, können erstaunliche Mengen an Essen vertilgen, was sie dann quasi über Nacht enorm wachsen lässt. Apropos Nacht: Bei eigentlich allen Teenagern besteht ein gesteigerter abendlicher Naschzwang. Diese Tatsache können Sie strategisch für sich nutzen, wenn Ihnen beispielsweise ein wichtiges Thema auf dem Herzen brennt. Nachtaktive Jugendliche auf der Suche nach Naschereien sind nämlich gerne mal in Plauderlaune. Die Chancen, Gesprächsbereitschaft vorzufinden, sind jedenfalls in der Nähe eines gut gefüllten Kühlschranks günstig – auch für sensible Themen. Probieren Sie es einfach mal aus: Platzieren Sie Lieblingsspeisen des Teenies dafür gut sichtbar im Kühlschrankregal, und warten Sie einfach ab, bis Ihr Teenie dorthin schlurft. Stoßen Sie dann wie zufällig dazu. Jetzt mit Fingerspitzengefühl langsam und zuerst über ein eher banales Thema zum eigentlichen kommen. Wirkt Wunder!

Regelmäßige Mahlzeiten zusammen mit Eltern und Geschwistern dagegen werden zunehmend unattraktiver. Teenager haben dafür auch zunehmend weniger Zeit. Morgens haben sie zum Beispiel sehr viel im Bad zu tun, da bleibt wenig Zeit für ein ausgiebiges Frühstück. Abends möchten sie lieber ihre Freunde treffen, als mit Ihnen in trauter Runde am Tisch zu sitzen. Außerdem nerven Ihre Kommentare zum pubertären Essverhalten, oder der Döner an der Ecke schmeckt besser als das, was Sie auf den Tisch bringen: zu gesund, zu fett, schmeckt nicht – einfach nur aus Prinzip. Manchmal steckt auch ein sehr ernster Gedanke hinter einer Nahrungsmittelverweigerung: Zum Beispiel möchte der Teenie kein Fleisch aus Massentierhaltung oder keine Paprika aus Spanien mehr essen. Wichtigster Grund ist aber, dass Teenies am liebsten in ihrer Peergroup und vor allem draußen essen wollen. Aber Obacht: Draußen heißt nicht, dass die mit Ihnen picknicken wollen. Draußen heißt, sich mit Freunden in der Stadt einen Döner zu kaufen, den dann in der Fußgängerzone zu essen und dabei Leute anzugucken. Trotzdem, die regelmäßige Familienmahlzeit ist wichtig, allein damit Sie mal von Angesicht zu Angesicht kommunizieren und nicht nur per Textmessage.

In der Regel tendieren Jugendliche zu einem eher einseitigen, meist Kohlenhydrat-lastigen Essen mit gelegentlichen Phasen, in denen sie sich über das, was sie essen, von Ihnen abgrenzen möchten. Ein klassisches Beispiel ist die vegetarische oder vegane Phase, die viele Teenies durchlaufen (sofern bei Ihnen ansonsten auch tierische Produkte auf den Tisch kommen. Isst Ihre Familie normalerweise vegan, kommt nun eventuell der Wunsch nach einem saftigen Rumpsteak auf). Ich kenne mehrere Teenies, die von einem auf den anderen Tag verkündet haben, dass sie kein Fleisch mehr essen möchten. Das Vorhaben hält in den meisten Fällen, bis die ersten Bratwürste auf dem Grill liegen, aber manchmal eben auch für immer. Solange sich die Teenies nicht gesundheitlich gefährden, finde ich solche Testphasen tatsächlich eher spannend als bedenklich. Erstens, denke ich, sind Geschmäcker verschieden, und zweitens mag ich kulinarische Experimente. Und sich grundsätzlich mit der Art des Essens und woher es kommt zu beschäftigen, halte ich für einen absolut unterstützenswerten An-

satz. Viele pubertäre Essensgewohnheiten, seien sie auf den ersten Blick auch noch so merkwürdig, bewegen sich im Bereich des Normalen, auch wenn uns Erwachsenen schon bei der Vorstellung schlecht wird – oder wir sofort vier Kilo mehr auf den Hüften hätten, würden wir nur annähernd dem gleichen Konsumverhalten folgen.

Damit Sie wissen, was ich meine, beschreibe ich Ihnen mal, wie die Lieblingsspeisepläne unserer Töchter zwischenzeitlich mal aussahen.

Von der einen so:

- Morgens: entweder nichts oder Cornflakes in Milch. Trinken wird überbewertet.
- In der Schule: Schokocroissants von einem Schulfreund geschnorrt (der hat angeblich IMMER zwei dabei), weil die liebevoll von der Mutter geschmierte Stulle auf der Küchenablage vergessen wurde
- Mittags: Pfannkuchen mit Nutella
- Nachmittags: Chips
- Abends: Pfannkuchen und Chips.

Der Speiseplan der anderen Tochter eher so:

- Morgens: entweder nichts oder Smoothie aus Bio-Sellerie und Bio-Grünkohl, einem Tropfen kalt gepresstes Öl und für den Geschmack eine Himbeere, dazu grünen Tee, exakt zwei Minuten gezogen (wichtig), eine Vitamintablette.
- In der Schule: von der Mutter liebevoll geschmierte Stulle aus selbst gebackenem glutenfreien Brot mit Bio-Brotaufstrich aus Roter Bete und Sonnenblumenkernen.
- Mittags: Feldsalat-Smoothie mit einer Himbeere für den Geschmack
- Nachmittags: Apfel und Smoothie aus irgendwas mit Banane
- Abends: glutenfreier Hirse-Bratling, Reis und – natürlich – Chips.

Kleinster gemeinsamer Nenner: Chips. Chips sind bei Teenagern DAS Grundnahrungsmittel Nr. 1.

Damit können Sie immer punkten, am besten halten Sie unterschiedliche Sorten im Vorrat bereit, damit machen Sie sich auch bei Besucherkids sehr beliebt.

Das Essverhalten unserer Mädchen fand ich zwischenzeitlich irgendwas zwischen total nervig bis unterirdisch grenzwertig. Trotzdem habe ich mich selbst ermahnt, sie in Maßen gewähren zu lassen. Wichtig war mir ein »ja« auf alle der folgenden Fragen:

- Sind sie selten krank?
- Sind sie körperlich fit?
- Kommen sie mindestens einigermaßen mit in der Schule, beziehungsweise gehen sie regelmäßig und ohne Angst hin?
- Sind sie fröhlich, haben sie Freunde, deren Eltern mir mitteilen, dass deren Teenies ähnlich bizarre Essgewohnheiten haben und ebenfalls immer zuerst in den Kühlschrank gucken?
- Essen sie meistens einmal am Tag mit uns, und zwar das, was auf dem Tisch steht, wenn auch natürlich nicht kommentarlos? (Wurde mit zunehmendem Alter wertschätzender als nur ein »Schmeckt kacke!«. Also so: »Meiner persönlichen Meinung nach schmeckt Rote Beete nicht ganz so gut.« Immerhin.)
- Und am wichtigsten, sind sie mit uns in Kontakt, das heißt erzählen sie uns die Dinge, die sie so bewegen, auch die, die ihnen Sorgen bereiten?

Was aber, wenn das Essverhalten wirklich besorgniserregend wird? Wenn:

- das Essen nur noch von einem Tellerrand zum nächsten geschoben wird;
- Sie die Waagen im Bad und in der Küche entfernen und es einen Mordskrach deswegen gibt;
- ein Teenie nach oder während des Essens länger im Bad verschwindet;

- sehr viel Gewicht zugenommen wird;
- sehr viel Gewicht abgenommen wird und Ihr Teenager sich trotzdem sehr fett findet.

Viele Jugendliche sind unzufrieden mit ihrem Körper. Andere haben seelische Probleme und kompensieren das mit Nahrung beziehungsweise der Verweigerung derselben. Manche hungern einem Ideal hinterher. Scham, Vergleichen mit anderen, Schuldgefühle, Vermeidungshaltung, Trost – alles Mögliche kann ein gestörtes Essverhalten auslösen.

Binge-Eating, also das wahllose Reinstopfen von Essen und das anschließende Auskotzen, ist eine Krankheit, die nicht nur die Seele betrifft, sondern auch massive Schäden am Körper anrichtet. Genauso wie das andere Extrem, die Anorexie, Magersucht. Meistens sind Mädchen betroffen, aber nicht nur.

Was können Sie tun? Versuchen Sie dahinterzukommen, wo der Schuh drückt. Essensverweigerung beziehungsweise die obsessive Beschäftigung mit Essen: Beides ist nicht normal und erfordert deshalb Ihre Reaktion. Essen hat die Funktion, uns am Leben zu halten; Essen ist Genuss und Geselligkeit. Essen ist schön. Wenn Sie feststellen, dass es das für Ihr Kind nicht (mehr) ist, gehen Sie auf die Suche nach dem Warum: Was ist Ihrem Kind passiert? Ist etwas im Leben Ihres Teenies passiert, was so eine tiefe Krise ausgelöst hat? Ist Hungern eine Art Anerkennungssuche geworden? Wen hat sich Ihr Teenie zum Vorbild genommen und warum? Und gucken Sie auch bei sich selbst. Was haben Sie für eine Haltung? Essen Sie gemäß einem schrägen Ideal? Mögen Sie Ihren Körper?

Und sobald Sie merken, dass Sie nicht weiterkommen, immer nur vor eine Mauer rennen, sollten Sie sich professionelle Unterstützung suchen. Erste Anlaufstelle ist sicher Ihre Hausarzt- oder (noch) die Kinderarztpraxis. Obacht: Teenies zwischen 14 und 16 gelten als »einsichtsfähig« und dürfen deshalb alleine zur ärztlichen Untersuchung. Bis Ihr Teenie volljährig ist, braucht es aber trotzdem bei gravierenden ärztlichen Eingriffen die Zustimmung der Eltern, und sie dürfen sich auch über die Diagnose erkundigen. Rechtlich kollidieren hier nämlich zwei Gesetze: nämlich einmal das Persönlichkeitsrecht Ihres Kindes und zum zweiten Ihr Sorge- und Erziehungsrecht.

WIE SIE DAS PUBERTÄRE SCHLAFVERHALTEN ERTRAGEN

Das Thema »Kinder und Schlafen« beschäftigt uns Eltern eigentlich schon, seit sie auf der Welt sind, oder? Mütter vielleicht noch früher, weil das ungeborene Baby im Bauch gerne dann fröhlich aktiv wurde, sobald man sich in eine ruhige waagerechte Position begeben hatte und dann selbst nicht schlafen konnte. Irgendwas geht und ging da jedenfalls immer: Als Neugeborene schlafen sie nicht durch, haben sie das gelernt, kommt die nächste Herausforderung: Sie ersetzen jahrelang zuverlässig den Wecker. Dann stehen sie zu einer vollkommen unchristlichen Zeit – fünf Uhr morgens oder so – hellwach an der Bettkante und erwarten, bespaßt oder gefüttert zu werden. Abends brauchen sie endlose Gutenachtgeschichten und so weiter und so fort. Sie kennen das. Wenn Sie Glück haben, können Sie irgendwann ein, zwei Jahre ein einigermaßen funktionierendes Abendritual genießen, bevor die Pubertät Ihnen eine neue Episode der *never-ending* Serie »Mein Kind, sein Schlafverhalten und ich« präsentiert.

Die Pubertät hat da nämlich noch was zu bieten. Ein weiteres untrügliches Zeichen für die beginnende Pubertät ist ein mitunter stark verändertes Schlafverhalten. Die Teenager wollen nicht mehr vor 22 oder sogar 24 Uhr schlafen gehen und werden auch nicht müde. Jedenfalls nicht zu einer Zeit, die sinnvoll wäre, damit sie am nächsten Morgen ausgeschlafen aufstehen und ausgeruht zur Schule gehen können. Sogar ehemals notorische Frühaufsteher sind als Teenager kaum noch aus den Federn zu bekommen. Weil man die ja abends auch nicht früher ins Bett rein bekommt. Halt, so stimmt es nicht: rein bekommt man sie ganz einfach – die chillige Position des Liegens ist natürlich ein pubertäres Standardverhalten. Deshalb revidiere ich: Auf dem Bett liegen sie gerne, aber nicht, um während der Woche zu einer vernünftigen Zeit einzuschlafen, sondern um auf ein Handy zu starren.

Die Verteidigung »Ich kann aber nicht schlafen!« hört sich zwar nach Trotzhaltung an und kann Eltern in den Wahnsinn treiben, aber es steckt da mehr als ein Fünkchen Wahrheit drin. Es ist kein absichtlich geführter Machtkampf. Teenager können das tatsächlich zeitweise nicht. Die haben einfach das Problem, dass ihre Hormone nicht mitspielen. Entwicklungspsychologisch bedingt wird das Schlafhormon Melatonin während der Pubertät viel später ausschüttet. Und ohne diesen Botenstoff werden Jugendliche einfach nicht müde, beziehungsweise erst zwei Stunden oder so später*. Manche drehen sogar noch mal richtig auf. Und natürlich sind sie dann am nächsten Morgen zu kaputt, um aufzustehen, weil sie noch im Tiefschlaf sind und die sechs bis sieben Stunden Schlaf, die sie dann bekommen haben, zu wenig sind. Viel zu wenig. Frühe Schulanfangszeiten sind deshalb nicht nur totaler Blödsinn, sondern fast schon eine Art Folter. Aber die behördlichen Mühlen mahlen langsam, und es wird sicher noch sehr, sehr lange dauern, bis die Regelschulen einen Konsens über einen Unterrichtsbeginn hingetüftelt bekommen, der mit einem pubertierenden Gehirn kompatibel ist.

Von Freitag auf Samstag und von Samstag auf Sonntag können Teenager locker 14 Stunden am Stück durchschlafen. Teenager schlafen so quasi vor – um wieder fit zu werden für die kommende Woche. Irgendwie müssen die ja den Akku wieder aufladen. Spätestens sobald Feierngehen angesagt ist, haben Sie dann kaum eine

---

* *Das pubertierende Gehirn – Wie Kinder erwachsen werden, Eveline Crone, Droemer, 2011*

Chance, Jugendliche am Wochenende überhaupt vor 14 Uhr aus ihrem Zimmer herauszulocken. Höchstens wichtige Turniere oder Wettkämpfe können es schaffen, einen Teenager freiwillig aus dem Bett zu bekommen.

Lassen Sie Ihren Teenager also am Wochenende ruhig ausschlafen. Ansonsten können Sie nicht viel tun, außer vielleicht dieses: Sie sollten für ausreichend Bewegung sorgen. Dazu zählen nicht nur die 1,5 Stunden Fußballtraining, zu dem Sie Ihr Kerlchen hinkutschieren, sondern tatsächlich auch tägliche Bewegung wie Laufen oder Fahrrad fahren an der frischen Luft. Wenn Sie für Ihre Kinder ständig den Taxi- und Kurierdienst übernehmen, leisten Sie denen nicht nur einen Bärendienst, sondern schneiden sich ins eigene Fleisch. Beachten Sie außerdem, dass ein junger Mensch bei Weitem nicht so schnell auspowert, wie Sie es tun. Superanstrengender Sport am sehr späten Abend ist allerdings nicht besonders schlafförderlich. Dann braucht der Körper noch eine ganze Weile, um wieder runterzukommen.

Genauso wichtig wie Bewegung ist die Reglementierung der abendlichen Screen-Nutzung, solange Sie können. Besser wäre es, den Teenies ein Buch in die Hand zu drücken. Das ist nicht immer erfolgreich, oder nur ein paar Jahre lang, bis das Smartphone die spannenderen Dialoge liefert. Aber versuchen sollten Sie es. Denn die Augen abends auf ein Buch zu richten ist einschläfernder, als auf einen von hinten beleuchteten Monitor zu blicken.

Das gilt nicht nur fürs Smartphone, sondern für alle Bildschirme, also auch den Fernsehbildschirm. Belichtete Monitore lassen uns länger wach bleiben. Jugendliche Augen halten da besonders lange durch und merken gar nicht, wie sie müder werden. Außerdem ist das, was sie sehen, ja auch nicht gerade einschläfernd, sondern aufregend. Deshalb sollten Sie, solange es irgendwie geht, sämtliche Displays aus dem Jugendzimmer verbannen. Falls das nicht funktioniert (und es wird nicht lange funktionieren), können Sie noch Ihr WLAN mit zeitlicher Einschränkung einrichten und

das Teenie-Handy deaktivieren (siehe auch Kapitel *Wie Sie die Nutzung von smarten Gadgets kontrollieren*). Davon mal abgesehen, ist es tatsächlich möglich, dass Jugendliche einige Stunden ohne Handynutzung überleben. Es schadet in keiner Weise, wenn sie die neuesten Neuigkeiten erst am nächsten Morgen nachlesen können. Generationen von Menschen haben ohne nächtliche Chatfunktion überlebt und sind nicht frühzeitig dadurch gestorben. Man muss aber fairerweise zugeben, dass sie dann eben was anderes gemacht haben: Tagebuch oder Liebesbriefe geschrieben. Das Argument, das Handy müsste im Jugendzimmer übernachten, weil das Ding auch der Wecker ist, ist keins. Einen Wecker ohne Smart-Funktion bekommen Sie für unter zehn Euro – und er funktioniert wunderbar. Es ist ganz einfach: Die Chance, dass ein Handy benutzt wird, wenn es in einem Jugendzimmer übernachtet, liegt bei 100 Prozent. Das ist so sicher wie das Amen in der Kirche.

Regen Sie sich über das Schlafverhalten nicht auf. Es ist eine Phase. Sie geht vorbei. Wenn Sie merken, dass Ihr Teenie anfängt, freiwillig abends zu einer vernünftigen Zeit ins Bett zu gehen, um zu schlafen und nicht um bequemer irgendetwas am Handy zu machen, könnte das durchaus eins der ersten Zeichen sein, dass die Pubertät sich dem Ende zuneigt.

WELCHE TECHNISCHE GRUNDAUSRÜSTUNG IHR HAUSHALT BRAUCHT

Die beiden wichtigsten Dinge im Leben eines Teenagers sind ein schnelles WLAN und ein Smartphone. Ein Leben ohne: undenkbar! Ohne diesen Zugang zur virtuellen Welt droht Ihrem Kind unweigerlich eine soziale Isolation: keine Freunde, kein Leben mehr. Smartphone und WLAN bilden zusammen quasi die Nabelschnur zur Welt – genauso obligatorisch wie Sauerstoff, wenn nicht sogar noch elementarer. Ohne funktionierende Symbiose zwischen den beiden jedenfalls überlebt ein Jugendlicher allenfalls wenige Minuten.

Spaß beiseite, aber tatsächlich kleben Smartphone und Teenager spätestens ab der 6. Klasse, also etwa ab dem elften Lebensjahr, fest zusammen. Teilweise auch schon früher, je nachdem, wie lange Sie dem permanenten Quengeln standhalten können. Knicken Sie ein, müssen Sie sich sofort der nächsten Hürde stellen: das richtige Handy. Denn bei vielen Jugendlichen darf es nicht einfach irgendein Smartphone sein. Es muss ein bestimmtes Betriebssystem, ein bestimmtes Modell sein, in einer bestimmten Farbe. Dies alles ist wichtig, weil das Smartphone in *Selfies* vorm Spiegel prominent im Bild sichtbar sein muss. Der digitale Klotz ist nämlich nicht nur das kommunikative Tor zur Welt. Es ist gleichzeitig ein wichtiges Statussymbol innerhalb der Peergroup. Deshalb sollte Ihr Teenager im Idealfall auch immer das möglichst neueste Modell besitzen. Am besten, Sie kaufen ihm alle paar Jahre ein neues; Sie erben dann sein abgegrabbeltes Vorgänger-Modell und brauchen es auf.

Aber wir Eltern sind ja selbst schuld. Viele Eltern rechtfertigen den frühen Besitz eines eigenen Mobiltelefons ihres Kindes mit der Aussage: »Ich möchte mein Kind jederzeit erreichen können.« Dafür würde aber ein Senioren-Handy, das nichts kann außer telefonieren, absolut ausreichen. Es ist außerdem viel robuster als irgendein hauchdünnes iPhone oder so und deshalb prima geeignet für Menschen, die öfter mal was verlieren oder fallen lassen. Leider tendiert der Attraktivitätsfaktor – auch für Eltern – gen null. Denn die moderne Eltern-Teenager-Kommunikation findet zeitweise mehr oder weniger über irgendwelche Messenger-Dienste statt – und dafür braucht man ein Smartphone. Als Erziehungsberechtigte brauchen Sie es außerdem, weil nicht nur die Kommunikation mit dem Teenie über WhatsApp und Konsorten läuft, auch alle mir bekannten (Eltern-)Klassengruppen tauschen sich so aus, Datenschutz hin oder her. Sonst kriegen Sie ja nichts mehr mit.

Zurück zum Teenie-Handy. Sie wissen natürlich, wie teuer das Gerät war, und Sie haben es sich vielleicht vom Munde abgespart, um Ihr Kind vor der sozialen Isolation zu bewahren. Ihr Teenie allerdings hat (noch) keinerlei wirkliches Bewusstsein dafür, wie lange es dauert, bis sich so ein Gerät erwirtschaftet hat. Die meisten gehen deshalb nicht so besonders pfleglich damit um; die machen sich einfach keine Gedanken. Die Folge davon ist, dass die Haltbarkeit eines Teenager-Handys sehr begrenzt ist. Zum Teil liegt das einfach daran, dass Handys auf bestimmte Art und Weise transportiert werden. Gerne allzeit bereit in der Hand oder in der Hosentasche. Da muss es immer ein bisschen rausgucken, damit jeder die Marke gut erkennen kann. Natürlich kann es mal passieren, dass man sich auf das Handy draufsetzt, oder es irgendwie aus der Tasche fällt. Teenager-Handys erkennt man deshalb auch daran, dass die Displays in der Regel zerschmettert sind. Bei Mädchen übrigens deutlich häufiger als bei Jungen. Warum das so ist, ist leicht erklärt: Zum einen liegt es daran, dass Mädchen öfter in halbverdrehten Posen Selfies machen und gleichzeitig noch eine Handtasche oder diverse andere Dinge auf ihre zwei Hände aufteilen müssen und das Handy dabei aus der Hand rutscht. Zum anderen, weil die Smartphones zu groß sind für ihre Hosentaschen und es einfach da rausfällt. Manchmal fällt es dann auch nicht auf den Steinboden und zerschlägt das Display, sondern plumpst aus der Gesäßtasche direkt in die Toilette und erleidet einen Wasserschaden.

Neben dem Smartphone gibt es ein zweites, sehr wichtiges Gerät, das in Ihren Haushalt gehört: das Smart-TV mit Internetzugang und Netflix-Abo. Smart muss der Fernseher sein, damit Ihr Teenie angesagte Serien empfangen kann. Kabel-TV und Satellitenschüssel alleine reichen nicht aus. Wir hatten sogar mal eine Zeit lang nur öffentlich-rechtliche Kanäle – bis wir zugunsten der Gesundheit unseres Nervenkostüms eingeknickt sind und dann, wie alle anderen Menschen auch, Privatfernsehen empfangen konnten. Richtig coole Serien gibt es übrigens überhaupt nur per Abo und Zusatz-App. Idealerweise ist das Smart-TV möglichst großformatig und möglichst im Jugendzimmer platziert. Letzteres zögern Sie am besten solange Sie können hinaus.

Weitere sehr wichtige elektronische Gadgets, die Ihren Haushalt Teenager-gerecht gestalten:

- Eine PlayStation oder eine Xbox, beide stehen besonders bei den Herren der Schöpfung hoch im Kurs. Oder ein Nintendo Switch, ein praktischer Hybrid aus stationärer Konsole und Controller, den kann man praktischerweise abnehmen und als *Handheld* immer dabeihaben und so zu Hause angefangene Spiele unterwegs weiterspielen. (Ist das nicht ein herrliches doppeldeutiges Wort: *Handheld* englisch ausgesprochen, ein Fachbegriff für eine Bedieninstanz, die in einer Hand gehalten wird; deutsch ausgesprochen, ist es eine der treffendsten Bezeichnungen für einen Teenager).
- Zu den ganz wichtigen technischen *Must-haves* zählt auch ein Glätteisen, besonders, aber nicht nur, bei den jungen Damen.
- Kopfhörer sind natürlich ebenfalls Teil der Grundausstattung eines Teenager-Haushalts. Wenn Sie Ihren Teenager »zwingen«, uncoole

Kopfhörer zu tragen, müssen Sie damit rechnen, dass diese oft zu ersetzen sind. Sie verschwinden dann gerne auf mysteriöse Weise auf Nimmerwiedersehen, ähnlich wie Socken. Oder Kopfhörer erleiden einen vorzeitigen Kabelbruch, weil sie zerknüllt in Hosentaschen oder verknotet in übergroße Handtaschen gestopft werden. Eine Investition in große Over-Ear-Bluetooth-Kopfhörer kann sich da lohnen. Die sind zwar deutlich teurer, allein weil hier sehr auf Marke geachtet wird, aber sie werden deutlich seltener verloren.
- Und natürlich braucht ein Teenager einen Computer – aber das versteht sich ja von selbst.

Weiter geht's mit den technischen Anforderungen in Ihrem Haushalt, die nicht zwingend erforderlich, aber die, sobald Sie Jugendliche beherbergen, gewünscht sind. Als da wären: mobile Lautsprecher (damit man die ganze Umgebung mit schlechter Musik beschallen kann) und handliche, taschentaugliche Powerbanks zur Handy-Akku-Unterstützung. Außerdem elektrische Rollladen als ein Nice-to-have, damit eine Verdunklung des Jugendzimmers ohne große Anstrengung aus der Waagerechten heraus geleistet werden kann, und eine Mikrowelle runden die perfekte pubertistische elektronische und elektrische Haushaltsgrundausstattung ab. So ausgerüstet, steht kaum noch was im Wege für die nachmittägliche und abendliche Belagerung Ihres Haushalts durch die Teenager-Clique.

WIE SIE DIE NUTZUNG VON SMARTEN GADGETS KONTROLLIEREN

Spätestens, wenn Sie eingeknickt sind und Ihr Teenager ein Smartphone sein Eigen nennen darf, müssen Sie sich mit der Nutzung und vor allem der Kontrolle der schlauen Gadgets, die nun Ihr Kind fest im Griff haben, auseinandersetzen.

Zunächst mal: Das Handy, genauso wie der PC und auch das Smart-TV, kurz alles, was online unterwegs sein kann oder halbwegs ein intelligentes System ist, ist für Ihr Kind ein ganz normaler Gebrauchsgegenstand. Jeder Mensch in seinem Umfeld hat so was; wie ein Kühlschrank, quasi. Die jetzigen Teenies kennen smarte Gadgets seit der Geburt. Deshalb brauchen sie niemals eine Gebrauchsanweisung, sondern gehen intuitiv damit um. Im Gegensatz zu den meisten Eltern, die schon stolz sind, wenn sie mit steifem Zeigefinger die richtige Emoji in ihre WhatsApp-Message gesetzt kriegen. Trotzdem, oder vielleicht gerade, weil Teenies sogenannte *Digital Natives* sind, sind sie sich der Gefahren der bunten vernetzten Welt nicht bewusst. Da sind sie ganz eindeutig eher *Digital Naives*. Damit das nicht so bleibt, sind Sie nun gefragt. Ob Sie wollen oder nicht, Sie müssen sich unbedingt mit ein paar Funktionsweisen und Schutzmechanismen auseinandersetzen und Ihren Teenie, was Medien angeht, begleiten. Solange er das zulässt.

Solange Ihr Teenager noch nicht den Gipfel der Pubertät erreicht hat, lässt sich ein digitaler Babysitter gut präparieren und einsetzen, um seinen Medienkonsum etwas zu steuern. Mit digitalen Babysittern können Sie zum Beispiel regeln, welche Apps auf dem Smartphone, dem Pad, was auch immer, von wann bis wann benutzt werden dürfen, welche Seiten überhaupt angesurft, welche Spiele gespielt werden können und wie lange Pubsi sich mit ihnen vergnügen darf, ob Sie In-App-Käufe zulassen wollen (keine gute Idee), welche Altersbeschränkungen für Filme und ob Werbeblocker aktiviert sein sollen und noch so manches mehr. Die unterschiedlichen Apps bieten verschiedene Funktionen, und man sollte sich ein, zwei, durchaus auch drei anschauen und dann auswählen, welche am besten zur Familie passt. Die kostenpflichtigen sind dabei nicht unbedingt besser geeignet als die Freeware. Einfach mal nach *digitaler Babysitter* im Internet suchen und am besten zusammen mit den Kids verschiedene ausprobieren. Dann können Sie problematische Dinge gleich thematisieren und diskutieren.

Je pubertärer Ihre Kinder allerdings werden, desto zunehmend schwieriger wird es, sie medial an die Kandare zu nehmen. Und weil Sie zunehmend die Kontrolle darüber verlieren, was Ihre Kinder wann sehen, ist es unerlässlich, sich nicht alleine auf eine gute Einrichtung und Steuerung der smarten Gadgets zu verlassen. Je älter Kinder werden, desto raffinierter und erfinderischer sind sie nämlich auch, solche Schutzbarrieren auszutricksen. Wie schon erwähnt, gehen die furchtlos und selbstverständlich mit den Geräten um. Sie können davon ausgehen, hat EIN Teenager aus der Clique herausgefunden, dass sich zum Beispiel eine Videosperre kinderleicht umgehen lässt, indem man das Video als *Picture-in-Picture* anschaut, dürften es alle aus der Peergroup wissen. Einige Freunde haben vielleicht auch einen 24/7-Zugang zum Internet, und es gibt vielleicht auch solche in der Clique, die nicht nur wissen, was das *Darknet* ist, sondern die auch schon mal »drin« waren.

Wichtiger als jede Verschlüsselung und jedes Verbieten ist deshalb, dass Ihre Kinder mit den Geräten umzugehen lernen. Sie sind Teil ihrer Welt, wie anderes, was Eltern als gefährlich erachten: scharfe Messer, tiefe Brunnenschächte und böse Menschen. Den richtigen Umgang damit lernen sie nur, wenn Sie es ihnen zeigen und ihnen ein Bewusstsein für die damit verbundenen Gefahren klarmachen. Sie müssen sie vor Fallstricken wie Abzocke, Datenklau, Cybermobbing, verstörende Videos von Pornografie, Folter und den ganzen schmutzigen Rest nicht nur warnen, sondern ihnen erklären, was sie tun sollen, wenn ihnen etwas Verstörendes dort begegnet.

Sie können bedauerlicherweise Ihr Kind nicht davor bewahren, dass ihm irgendeiner seiner 2.438 Instagram- und Snapchat-Friends eine Horror-Challenge (»wenn du das und das nicht tust, werde ich dich nachts besuchen oder deine Mutter wird sterben, du hast 24 Stunden Zeit«), ein Hardcore-Porno-Video oder ein Video zusendet, in dem ein Mensch geköpft wird. (Nein, das habe ich mir leider nicht ausgedacht, sondern ich habe es auf nicht nur einem Teenager-Handy gesehen).

Ihr Teenie muss auch verstehen, dass, wenn es bei irgendetwas Peinlichem gefilmt wird, dieses Video ruck, zuck auf jedem Teenie-Handy der Stadt zu sehen sein kann. Und dass es wenig bringt, wenn nur seine besten Freunde das Video löschen. Und manchmal ist ein Teenager auch einfach so naiv, dass man es kaum glauben möchte: Frau Suhrbiers Lena-Maximiliane hat sich online unsterblich in einen Jungen verliebt. Der machte ihr Hoffnungen, forderte aber erst einmal ein paar Nacktfotos von ihr – und veröffentlichte sie, sodass nun eigentlich alle aus ihrer Klasse ein Nacktbild von ihr haben.

Es ist verständlich, dass man dem Kind am liebsten das Smartphone aus der Hand reißen und es zumindest regelmäßig inspizieren und kontrollieren möchte. Letzteres sollten Sie auch tun, aber nicht heimlich, sondern immer im Beisein des Teenies. Sonst fühlt sich Ihr kleiner Mensch zu Recht betrogen, und Sie können sicher sein, dass Ihnen nun freiwillig nichts mehr erzählt wird – und Sie dann im Fall der Fälle nichts von einem wirklichen Übergriff erfahren, weil Sanktionen gefürchtet werden.

Finden Sie etwas Suspektes, klären Sie das gleich an Ort und Stelle mit Ihrem Teenie. Nicht unter Androhung von Strafe, sondern mit einem Angebot von Hilfe und Unterstützung. Ist es sehr irritierend, holen Sie andere Mütter und Väter ins Boot. Und wenn es ganz schlimm wird, erweitern Sie den Kreis: Lehrer, Social-Media-Scouts in der Schule oder durchaus auch die Polizei.

Man kann einen Jugendlichen nicht komplett vom Internet und allen Gefahren, die es birgt, abschneiden. Es sei denn, Sie ziehen irgendwohin, wo Highspeed-Internet ein Fremdwort ist – und selbst das ist keine Garantie. Bleiben sie besser im Gespräch – und dann lockern Sie peu à peu die Babysitterregulierung.

Trotz allem, den meisten Teenagern wird es ziemlich schwerfallen, nicht 24/7 am Handy zu kleben – und sie werden unerbittlich für jede Minute kämpfen. Was also können Sie tun, um die Handynutzung einigermaßen im Griff zu haben?

- Richten Sie einen digitalen Babysitter ein. Zumindest fü ten Jahre, in denen das Kind ein eigenes Handy hat. Du zeitliche Beschränkung lernt es, Pausen zu akzeptieren u auf andere Dinge zu fokussieren.
- Stellen Sie gemeinsam Regeln zur Nutzung auf. Regeln sind nicht in Stein gemeißelt. Also anpassen in regelmäßigen Abständen. Mit dem Teenie zusammen.
- Richten Sie Handy-freie Zonen ein. Der Esstisch und das gemeinsame Abendessen bieten sich dafür an. Überlebenswichtige Gespräche mit der besten Freundin müssen warten können, allerdings müssen Sie mit gutem Beispiel vorangehen. Handy-freie Zonen und Zeiten gelten auch für Sie. Vielleicht richten Sie sich einen abendlichen Handy-»Parkplatz« ein? Dazu installieren Sie alle Ladestationen weit weg vom abendlichen Geschehen, im Flur oder so, und alle Handys, auch Ihre, kommen abends da hin. Versuchen kann man das, ob Sie das durchhalten, ist eine andere Frage.
- Reduzieren Sie die Kostenfalle. Nutzen Sie Prepaidkarten, die haben den Vorteil, wenn sie alle sind, sind sie alle. Und lassen Sie kostenpflichtige Nummern von Drittanbietern sperren. Das können Sie direkt über Ihren Mobilfunk- und Festnetzanbieter machen.
- Und last but not least: Lassen Sie sich zeigen, was Ihre Teenies so fasziniert: am Videospiel, an YouTube-Videos. Lassen Sie sich ein Ballerspiel erklären. Spielen Sie mit, damit Sie mitreden können.

Generell sollten Sie in gewissen Abständen die Medienkompetenz Ihrer jugendlichen Alleswisser überprüfen. Hierfür gibt es auch Tests* im Internet, die Sie zusammen mit Ihrem Teenager durch-

---

* *Unter dem Stichwort »Medienkompetenz« findet man schnell Tests, die sich aber meistens an etwas jüngere Teenager richten. Ein Beispiel ist www.teachtoday.de/Testen/1582_Ueberblick.htm*

führen können. Am besten, solange der noch kein eigenes Handy zur Verfügung hat oder dieses noch ziemlich reglementiert ist, dann sind Jugendliche wesentlich bereiter, sich zusammen mit Ihnen da hinzusetzen, immer in der Hoffnung, danach mehr oder länger zu dürfen. Ist die Hochpubertät erst erreicht, wird so eine Aktion mehr als schwierig. Aber Sie wissen ja, steter Tropfen formt den Stein. Und auch Sie lernen ja einiges dabei. Zum Beispiel, dass man Kettenbriefe nicht weiterschickt, wie man ein richtig gutes Passwort findet, welche Emojis eigentlich was bedeuten, und sehr viel mehr.

Wenn Sie zu den Glücklichen im digitalen Entwicklungsland Deutschland gehören, die in einer Gegend leben, in denen ein einigermaßen schnelles Internet zur Verfügung steht, empfehle ich Ihnen, neben Ihrem eigentlichen WLAN ein Gast-WLAN einzurichten. Hier können Sie dann sehr einfach bestimmen, ab wann und wie lange Ihr Teenie das WLAN nutzen kann, während Ihr WLAN weiterhin 24 Stunden pro Tag zur Verfügung steht. Im Gast-WLAN können Sie dann die Einstellung so wählen, dass für Ihre Kinder zum Beispiel die Downloadmenge begrenzt wird, sich bestimmte Seiten nicht öffnen lassen oder bestimmte Geräte, die in Ihrem Haushalt mit dem WLAN verbunden sind, nur von Ihnen gesteuert werden können und nicht von Ihren Kindern oder deren Freunden, denen Ihr Kind das WLAN-Passwort verraten hat. Ein Gast-WLAN können Sie ganz einfach über Ihr Router-Menü einrichten. Wenn Sie sich damit nicht auskennen, weil Ihre technische Kompetenz bereits ausgeschöpft ist, wenn Sie WhatsApp auf Ihrem Smartphone bedienen, sind Sie gut beraten, sich Ihr Netzwerk kostenpflichtig von einem Profi einrichten und erklären zu lassen. Ich halte es für eine lohnende Investition. Vergessen Sie nicht, Passwörter pfiffig zu wählen. Jugendliche sind kleine Bluthunde, wenn es darum geht, Ihren eigenen Vorteil auszukundschaften. Und einen vierstelligen Code zu knacken, zum Beispiel für eine FSK-Einschränkung an Ihrem TV-Gerät, ist jetzt für einen technikaffinen Teenie keine wirkliche Herausforderung. Außerdem haben Sie mit einem zweiten WLAN, das zeitlich begrenzt zur Verfügung steht, zumindest noch eine Art Restkontrolle über die Nutzung, wenn schon keine digitalen Babysitter mehr akzeptiert werden.

WIE SIE DAMIT KLARKOMMEN, WIE TEENAGER MEDIEN NUTZEN

Was machen Teenager eigentlich die ganze Zeit an ihrem blöden Handy (oder am Tablet oder am Computer oder an der Spielekonsole ...)?

Einfache Antwort: alles! Sie treffen online Ihre Freunde, hören Musik, tauschen ihre Hausaufgaben aus (was wir ja früher noch umständlich und beengt auf dem Schulklo machen mussten). Sie spielen Spiele, alleine und zu mehreren. Sie sammeln Freunde und Likes und tunen so ihre soziale Stellung. Die leben da. Online.

Um zu erfahren, was genau Ihr spezielles Teenie dort am liebsten macht, müssen Sie in seine Welt eintauchen. Das geht am besten (und ehrlichsten), indem Sie wirkliches Interesse zeigen und es sich zeigen lassen. Das wird Ihr Teenie aber nur freiwillig tun, wenn Sie sich wirklich darauf einlassen – und Ihr Ton macht da auch ganz viel Musik. Die Welt, die sich Ihnen dann öffnet, kann Ihnen den Schrecken nehmen, ihn aber auch ordentlich erhöhen. Aber immerhin können Sie dem Feind dann ins Auge sehen.

Zum Beispiel Computerspiele: für viele Eltern, die damit so gar nichts am Hut haben, ein rotes Tuch und per se böse. Da wird dann gerne alles unter dem Begriff *Ballerspiel* zusammengefasst: »Leon sitzt den ganzen Tag vor diesem blöden Ding und ballert. Was der da genau macht, versteh ich nicht.« Aber nicht jedes Computerspiel ist ein Teufelswerk, bei dem es allein darum geht, möglichst viele Menschen ins Nirwana zu befördern. Solche Spiele gibt es auch, ja. Aber nicht nur. Neben Ego-Shootern gibt es Adventure-Games,

Strategiespiele, Sportspiele, (Online-)Rollenspiele, Wirtschaftssimulationen, Lernspiele, Casual Games, Spiele, die die Handlung eines Films weiterführen, und natürlich ganz viele andere. Bei einigen braucht man einen schnellen Daumen, bei anderen ein pfiffiges Hirn, das strategisch denken kann. Einige Spiele sind witzig, einige haben durchaus tolle Lerneffekte, und ja, es gibt auch welche, die sind bedenklich und gehören nicht in minderjährige Hände. Man muss schon genau hingucken, für was der Teenager sich interessiert.

Komplett verhindern, dass Ihr Teenie auch Spiele spielt, die nicht für seine Altersklasse gedacht sind, können Sie nicht. Wo ein Wille ist, da ist, wie meistens, ein Weg. Dieser heißt dann zum Beispiel älterer Bruder oder *bester-Kumpel-mit-coolen-Eltern*, die nicht so streng sind wie Sie. Überhaupt spielt man nicht zwangsläufig alleine im dunklen Kämmerlein. Es gibt auch Treffen in echt zu Wettkämpfen mit vielen Unbekannten oder, im Kleinen, wenn Sie eine ausreichende Internetverbindung haben, auch eine WLAN-Party bei Ihnen zu Hause. Alles, was Sie dafür brauchen, ist neben einer stabilen und schnellen Internetverbindung ein guter Draht zu einem zuverlässigen Pizza-Lieferservice. Alles Weitere wie Laptops und Headsets bringen die Freunde Ihres Teenagers selbst mit. Sie müssen sich um nichts kümmern – außer vielleicht ausreichend Chipstüten und Softdrinks in Reserve zu haben.

Haben Sie keine Lust mehr auf ein Haus voller lauter Teenager, brauchen Sie eigentlich nur Ihr WLAN zeitlich zu beschränken – und schon haben Sie Ihre Ruhe. Hat sich erst einmal herumgesprochen, dass in Ihrem Haus das WLAN reguliert wird, werden Sie vielleicht für Ihre Konsequenz und Ihr offensichtlich herausragendes Nervenkostüm von anderen Eltern bewundert, aber attraktiv für Freunde Ihres Kindes ist Ihr Heim dann nicht mehr. Ihr eigenes Kind sehen Sie dann allerdings auch nur noch selten, denn das sitzt dann bei den Freunden, deren Eltern größeres Verständnis für eine Teenager-gerechte Grundausstattung haben. Dass Ihr Kind dann auch kaum noch Übernachtungsgäste hat, versteht sich von selbst.

Wenn Sie Ihren Teenie so weit haben, dass er Ihnen ein Stück seiner Welt erklärt, setzen Sie sich bitte mit einem dicken Fell neben ihn: Rechnen Sie damit, dass Ihr Teenie maximal genervt sein wird durch Ihre Inkompetenz im Verstehen des technischen Geräts und Ihrer inakzeptablen Daumengeschwindigkeit. Kontern Sie heftiges Augenrollen und rücksichtslose Einsilbigkeit mit engelsgleicher Gelassenheit und Güte. Wenn Sie nicht von vorneherein über die Unsinnigkeit meckern, werden Sie viel erfahren. Und nehmen Sie Chips mit.

WIE SIE EIN »LANGWEILIG!« ERTRAGEN

»Mir ist langweilig!« ist ein seit Generationen fest verankerter Satz im Sprachgebrauch von jungen Menschen. Obwohl, fehlt den heutigen Teenies nicht ein bisschen Langeweile-Zeit? Wer nämlich ein *Handheld* ist, langweilt sich doch nicht, oder? Und Handhelden sind sie ja alle, unsere Teenager.

Langeweile haben hat nämlich nichts mit der Tätigkeit *Chillen* zu tun. Chillen bedeutet, irgendwo liegend irgendetwas mit dem Handy in der Hand zu machen. Langeweile bedeutet, man weiß nichts mit sich anzufangen und muss sich Gedanken machen, wie man diese Ödnis in den Griff bekommt. Langeweile ist also gut für den Kopf. Natürlich kann man Langeweile auch mit einem Handy bewältigen. Aber die Gefahr besteht, damit den kreativen Prozess zu schmälern, weil man sich so wunderbar in YouTube-Videos, Chats oder Spielen verlieren kann. Was anderes ist es natürlich, wenn man aus lauter Langeweile ein tolles Video dreht, es dann schneidet, und so weiter – aber dann macht man sich ja auch Gedanken und lässt sich nicht berieseln.

Eine Entkopplung des Pubertisten vom Smartphone ist natürlich schwierig. Keine Frage. Was kann man noch anbieten? Spieleabend mit den Erziehungsberechtigten? Langweilig. Radtour? Langweilig. Ins Museum fahren? Extrem langweilig. Zur Lieblingstante Mechthild aufs Land fahren? Auf keinen Fall. Egal, wie sehr Sie sich ins Zeug legen, dem Teenie etwas an gemeinsamer Freizeitgestaltung zu bieten, Begeisterung zu bekommen ist schwer.

Nun, manchmal muss man Teenies ein bisschen zu ihrem Glück zwingen und eine intensive Null-Bock-Phase geschickt unterbrechen. Denn die merken oft erst, wenn sie sich auf etwas vermeintlich Uncooles eingelassen haben, dass das auch Spaß machen kann. Deshalb ist es oft gar nicht schlecht, wenn Sie auch einfach mal drauf bestehen, dass Ihr fauler Teenager jetzt den Hintern vom Sofa erhebt und zu Tante Mechthild mitkommt. Es kann nämlich auch sein, dass ein Teenie einfach nur behauptet, dass er etwas langweilig findet; aus Faulheit, weil er ein Video zu Ende gucken möchte oder so. Manchmal sind Teenies aber einfach auch schwer zu begeistern, völlig egal, was für eine aufwendige und teure Wochenendgestaltung Sie ausgetüftelt haben, um den Teenie-Hintern vom Sofa zu bekommen. Nehmen Sie das nicht persönlich, wenn Ihr Teenager das dann trotzdem langweilig fand. Undankbarkeit ist ein weiteres Indiz dafür, dass er oder sie in der Pubertät ist. Alles völlig normal. Dankbarkeit und Wertschätzung für Ihre Leistungen dürfen Sie frühestens ein paar Jahre nach der Pubertät erwarten. Vielleicht hören Sie dann so was wie: »Boah, wisst ihr noch, als wir bei Tante Mechthild waren und nachts diese Wanderung gemacht haben? Das war sooo cool!«

Unabhängig von bösen Smartphones fehlt generell echte Langeweile. Die ist ein rares Gut geworden: Unsere Teenies haben meistens eine total verplante Woche, mit zig Terminen von Schule über Sport, Musik und sonstigen Aktivitäten – das ist anstrengend und Stress pur. Dazwischen gibt es Entspannung nur in Form von Chillen. Also mit Social-Media-Stress. Aber richtig schön langweilen, kennen unsere Teenies das eigentlich noch? Oder können die ohne Programm rund um die Uhr schon nicht mehr?

Bedenken Sie, Sie sind kein Lieferservice. Sie müssen nicht ständig ein Beschäftigungsprogramm anbieten. Im Gegenteil, sich langweilen ist eine durch und durch gesunde Sache. Meistens. Etwas Besseres können Sie Ihrem Teenie kaum antun, um sich selbst besser kennenzulernen, eigene Kreativitätspotenziale zu entdecken und im Idealfall für eine schöne Erinnerung zu sorgen. Oder einfach mal etwas durchzudenken, ohne es sofort mit der Welt zu diskutieren. Bilder, Meinungen, Gefühle für oder gegen jemanden oder etwas. Alles sofort online. Weiß es einer, wissen es alle – wenn's blöd läuft; und die Gefühle der Teenies sind online ziemlich ungeschützt.

Die besten Sachen hat der Mensch schließlich entweder aus der Not oder aus tiefer Langeweile erfunden. Allerdings gab es damals auch noch keine Massivablenker wie Handys. Gerade deshalb sollte man Handyzeiten im Blick haben, damit die Teenies von alleine drauf kommen, dass Langeweile gut ist und etwas entschleunigt.

Tatsächlich ist es möglich, dass Jugendliche ohne WLAN und ohne Handy überleben können, wenn auch anfangs nur unter erheblichem Murren. Wenn Sie die Möglichkeit haben, empfehle ich Ihnen dringend, ein, zwei Wochen Urlaub mit Ihren Heranwachsenden an einem Ort, an dem die virtuelle Erreichbarkeit gen null tendiert. Diese sind allerdings kaum noch zu finden. Oft gibt es aber Orte, an denen das WLAN zumindest nur eingeschränkt funktioniert. Diese haben den Vorteil, dass Sie dann auch im Ausland jederzeit wissen, wo Ihre Kinder sich befinden: nämlich da, wo alle Jugendlichen auf einem Haufen stehen und kollektiv auf ihr Handy starren. Ist kein WLAN verfügbar, arrangieren sich aber tatsächlich auch komplett-handysüchtige Teenies und werden zu handzahmen Mitmenschen, die in ganzen Sätzen sprechen können und sich in familientauglichen Aktivitäten integrieren können. Nutzen Sie diese Zeit, sie ist schnell vorbei.

Im Prinzip ist ein »Mir ist so langweilig« so ähnlich wie »Mein Bauch tut weh« im Vorschulalter. Das Pubsi weiß nicht so genau, was es gerade mit sich anfangen soll. Sagen Sie einfach: »Ja, dann denk mal nach.« Und dann tun Sie einfach so, als ob Sie gerade was sehr Wichtiges und überhaupt nicht Langweiliges zu tun haben.

5. KAPITEL

TEENAGER AUF DER SUCHE NACH SICH SELBST

Wer bin ich eigentlich?« ist eine, wenn nicht gar DIE zentrale Frage von pubertierenden Menschen. Je eigenständiger unser Kind wird, desto mehr entwickelt es auch einen eigenen Geschmack – nicht immer zu seinem Vorteil, nicht immer nach unserer Vorstellung; manchmal ja auch wirklich sehr seltsam und äußerst gewöhnungsbedürftig. Kräftig unterstützt und vor allem beeinflusst wird die Identitätsfindung durch Freunde, die Peergroup, durch Stars und Sternchen – und natürlich durch die omnipräsenten Influencer in den sozialen Medien.

WIE SIE DIE FREUNDE IHRES TEENAGERS ERTRAGEN

Teenager und ihre Freunde, eine knallharte Front, vor der Sie jetzt nur eins können: kapitulieren! Bis zu einem gewissen Alter haben Sie durch die von Ihnen organisierten Baby- und Mütterkreise die nahezu 100-prozentige Kontrolle über den Freundeskreis Ihres Kindes: Pubsis Freunde sind die Kinder Ihrer Freunde. Ab der Kita lässt dann Ihr Einfluss auf die Auswahl der Freunde mit jedem Jahr ein kleines bisschen nach, bis Sie irgendwann, spätestens (!) ab dem 16. Lebensjahr, die Kontrolle komplett verlieren.

Fakt ist, in der Pubertät werden Freunde für Ihre Kinder immer wichtiger. Sie haben deutlichen Einfluss auf Geschmack, Vorlieben und Interessen Ihres Teenies. Diese Menschen, die Ihr Kind sich da ausgesucht hat und »Freunde« nennt, sind allerdings für Sie nicht zwangsläufig Individuen, denen Sie gerne mal kurz Ihre Handtasche zum Festhalten geben würden. Ganz im Gegenteil.

Schon im frühen Anfangsstadium der Pubertät macht es sich schleichend, aber unaufhaltsam – und durchaus schmerzhaft – bemerkbar: Sie sind nicht mehr Pubsis Lieblingsmensch. Sie werden nur noch selten bis gar nicht in den Arm genommen, es landen keine feuchten Schmatzer mehr auf ihren Wangen, und es wird nur noch in Ausnahmefällen gemütlich auf dem Sofa gekuschelt. Auch das Mitteilungsbedürfnis nimmt rapide ab – erzählt wird Ihnen meistens wenig bis gar nichts. Normale Gespräche beschränken sich auf einen kurzen Wortwechsel, bei dem nicht viel mehr rumkommt als »nichts«, »mmhpf« und vielleicht noch »tschö, bis später«. Haken Sie nach, ernten Sie ein »Das verstehst du nicht!«. Ihre Meinung ist nicht mehr gefragt. Eigentlich ist sie sogar komplett unerwünscht, weil …, na ja, wir Eltern haben einfach keine Ahnung. Viel wichtiger ist nun, was Paul denkt, sagt, meint und welche Sneaker-Marke er cool oder peinlich findet; wie Lea-Sophie ihre Haare trägt, ob sie mit Laura aus der 8c *best friends* ist oder nicht und ob Lea-Sophie es eine gute Idee findet, Marvin auf Snapchat zu folgen, oder man besser mittels eines *Fake-Accounts* erst herausfinden sollte, ob er eine Freundin hat, bevor man ihn mit dem eigenen Profil *stalkt*.

Liebesentzug gibt dem Mutterherz (und dem Vaterherz) einen Stich und kratzt am Ego. Vor allem aber lässt es Ihren Beschützerinstinkt anwachsen, denn dort, wo Sie außen vor sind, haben Sie keine Kontrolle mehr und können Ihr Kind nicht mehr wie Ihren Augapfel schützen. Und wo einer Mutter die Zügel aus der Hand gleiten, wächst naturgemäß die Sorge, ob die Menschen, die sich Ihr Teenager als Freunde aussucht, wohl die richtigen für ihn oder sie sind.

Die Chance ist immer da, dass Ihr Teenie das ein oder andere menschliche Exemplar aufgabelt, das Sie nicht nur ziemlich unsympathisch finden, sondern das Ihnen ernsthaft schlaflose Nächte bereitet. Da Ihr Teenie irgendwann die Nachmittagsgestaltung komplett ohne Ihre Anwesenheit bestreiten möchte, kriegen Sie leider die meisten Individuen gar nicht mehr mit. Ganz zu schweigen von den vielen Hundert Social-Media-Freunden, mit denen Ihre Tochter oder Ihr Sohn Kontakt hat und *best friends* ist:

Teenie: »Tschöö, bin weg.«
Mama: »Wo fährst du hin?«
Teenie: »Pia-Lou.«
Mama: »Wer ist das denn? Den Namen hab' ich ja noch nie gehört.«
Teenie: »Ist 'ne Freundin von mir. Kenn ich schon ewig.«
Mama: »Ah, woher?«
Teenie: »Wir folgen uns auf Snapchat. Alle sind mit der befreundet. Die ist total *popular*.«

Fast dürfen Sie froh sein, wenn Sie jetzt den Chauffeursdienst übernehmen dürfen – dann wissen Sie wenigstens, wo Pia-Lou wohnt.

Versuche, den Kontakt zu Freunden zu unterbinden, können leicht nach hinten losgehen. Eine Grundeigenschaft der Pubertät ist ja, je mehr Sie gegen irgendetwas – oder irgendwen – wettern, desto potenziell interessanter wird es, er oder sie. Natürlich gibt es Jugendliche, die bis zu einem gewissen Alter noch auf ihre Eltern hören und sofort jeglichen Kontakt abbrechen. In der Regel aber reizt das Verbotene die Pubertisten, und Verbieten ist meist auch zwecklos, weil Sie dann ganz einfach angelogen werden. Sie müssen wesentlich subtiler vorgehen, als zu bestimmen »Ich verbiete dir den Umgang mit Paul, der raucht und sitzt den ganzen Tag vor der Playstation«. Das macht Paul eher besonders attraktiv. Heimliche Dinge zu unternehmen, die bei Ihnen zu Hause nicht erlaubt oder reglementiert sind, ist doppelt spannend. Eventuell kann sich Ihr Teenie sogar in den Augen des »Freundes« profilieren?

Was können Sie tun? Die halbe Miete ist gewonnen, wenn Ihr Teenager eine feste Clique hat, deren Mitglieder Sie ab und zu auch mal zu Gesicht bekommen – und die Ihnen nicht komplett suspekt sind. Im Idealfall kennen Sie die Eltern und sind sogar mit denen befreundet und ziehen schon seit dem Kindergarten gemeinsam am selben Erziehungsstrang. Das ist, wie gesagt, ein Idealfall. Je größer die Stadt, in der Sie leben, oder je weiter entfernt Ihr Dorf von der weiterführenden Schule ist, desto unwahrscheinlicher, dass

Sie alle kennen, mit denen Ihr Kind zwischen Haustür, U-Bahn und Schulflur Umgang pflegt.

Also bleibt Ihnen nur eins: Sorgen Sie dafür, dass Ihr Kind Ihnen suspekte Zeitgenossen wie Paul oder Pia-Lou mal vorstellt. Wenn Sie denen mal ins Gesicht sehen können, nimmt das viel vom Schrecken, weil Sie dann wissen, mit wem Sie es zu tun haben. Vielleicht sind Paul und Pia-Lou gar nicht so übel, wie Sie vermuten? Vielleicht existieren Sie aber auch gar nicht. Bestärken Sie also Ihren Teenager, sich Freunde nach Hause einzuladen, damit Sie sie begutachten können. Das formulieren Sie aber bitte nicht so, denn dann werden Sie Paul oder Pia-Lou eher nicht kennenlernen. Bei einem teenagertauglichen Abendessen – Pizza mit reichlich Chips oder so – das es dann ganz zufällig gibt, können Sie sich ganz unauffällig ein eigenes Bild machen.

Was machen Sie, wenn sich Ihre Befürchtungen bestätigen? Dann bleiben Sie freundlich und nett, ohne den »Freund« direkt anzugreifen. Stellen Sie dezente Fragen, aber nicht zu viele, sonst ist es gleich wieder peinlich. Wenn Sie es geschickt anstellen, demaskiert sich ein wirklich übler Charakter von alleine, und Ihr Teenie kapiert das hoffentlich auch. Auf jeden Fall aber können Sie leichter die Ihnen auf der Seele liegenden Themen ansprechen: Rauchen, Playstation, alleine nachts rumlaufen, zu viel Schminke, zu wenig Respekt, und so weiter. Außerdem, wenn Sie Ihrem Kind dann beiläufig (!) erklären, warum Sie Paul nicht mögen, und das dann am besten anhand seiner eigenen Aussagen festmachen können, wird Ihr Teenie vielleicht dagegenhalten. Sie können aber davon ausgehen, dass Ihre Worte trotzdem ankommen. Sie müssen nur erst etwas gären.

Sollte Paul wirklich ein besorgniserregender Zeitgenosse sein, hätten Sie, solange ihr Teenie noch minderjährig ist, als Ultima Ratio ein handfestes Kontaktverbot in petto. Theoretisch. Bis zur Volljährigkeit dürften Sie so streng durchgreifen. Zu viel versprechen sollten Sie sich aber von einem Verbot nicht. Wie wollen Sie das auch anstellen? Den Teenager zu Verwandten aufs Land schicken? Oder auf ein Eliteinternat weit, weit weg, mit Mauern drum herum? Einen wochenlangen Hausarrest verhängen? Vielleicht hilft es, ist aber unwahrscheinlich. In der Regel wird ein Teenager sich seine Freunde immer selbst aussuchen und gegen ein solches Verbot rebellieren. Lautstark oder heimlich, still und leise. Vergöttert Ihr Kind diese Person, haben Sie vorerst die A-Karte gezogen. Ihr Kind muss auch, was Menschen angeht, eigene Erfahrungen machen. Besser und erfolgversprechender als ein kategorisches Kontaktverbot ist es, wenn Sie sehr gut begründen können, warum Sie Ihrem Teenager ans Herz legen, bei Paul vorsichtig zu sein. Bleiben Sie am Ball und sprechen Sie offen mit Ihrem Teenie, und ohne permanentes Kritisieren.

Das Thema »kategorische Verbote« halte ich generell für ziemlich zwecklos, weil Sie nicht eine 24/7-Überwachung Ihres Teenagers gewährleisten können, was Sie müssten, um eine ungeliebte Freundschaft zwischen Ihrem Teenie und einem ungesunden Kontakt zu verhindern. Im Prinzip ist es so, als würden Sie Ihrem Dackel verbieten, aufs Sofa zu hüpfen. Es klappt einigermaßen, solange Sie danebenstehen. Sind Sie außer Sichtweite, sind die flauschigen Kissen übermächtig. Mit Jugendlichen ist es ähnlich. Vernunft können Sie da nicht erwarten. Noch nicht. Vernunft kommt durch Erkenntnis. Und Erkenntnis kommt durch Erfahrung, nicht durch ein Verbot. Sie können nur unterstützen und auffangen, und versuchen, Ihrem Teenager die richtige Richtung schmackhaft zu machen. Wobei Sie sich auch selbst kritisch hinterfragen sollten: Was ist denn richtig? Und: Ist nur richtig, was Sie denken?

Im Übrigen kommen die meisten Jugendlichen irgendwann von alleine drauf, was eine richtige Freundin oder ein richtiger Freund und wer mit Vorsicht zu genießen ist. Die lernen, dass man schwarze Schafe überall findet – auch im Markenpullover-Pelz im Elite-Internat versteckt, auf dem Land bei den Verwandten. Es gibt Sie in jeder Hautfarbe und mit jedem Geldbeutel. Sie müssen es nur alleine lernen. Bis dahin werden Sie das mehr oder weniger aushalten müssen. Und nicht nur das, Sie müssen auch eventuelle Streitigkeiten zwischen den *best friends* aushalten. Mädchen sind da wirkliche Biester. Das Perfide ist, dass sie nicht nur zickig den Menschen gegenüber sind, die sie nicht mögen. Sie sind es auch ihren Freundinnen gegenüber. Und zwar in einem schwindelerregenden Wechsel. Jungs sind auch anstrengend, aber anders. Brutaler nach vorneweg.

Falsche Freunde, zu viele Freunde, gar keine Freunde. Es ist immer falsch. Auch wenn der Teenager gar keine Lust auf Freunde hat, sondern lieber allein chillt und sich nach der Schule am liebsten in sein Zimmer verzieht und liest. Dann muss ja was nicht stimmen. Es ist einfach normal, dass vor allem wir Mütter uns immer zu viele Sorgen machen. Insofern hat ein Teenager es einfach schwer, den Eltern was recht zu machen.

WIE SIE »ALLE« UND »KEINER« INTERPRETIEREN

ALLE aus der Klasse unserer Töchter hatten immer ein iPhone. Das neueste Modell versteht sich, allenfalls das direkte Vorgängermodell. Außerdem haben ALLE überteuerte australische Lammfellschuhe an den Füßen oder alternativ irgendwas von Nike. Nein, stopp, nicht irgendwas, sondern ganz bestimmte Nikes. Die haben wirkliche ALLE – und deshalb braucht Ihr Teenager die unbedingt auch. Mit 14 durften auch ALLE bis nach 22 Uhr an einem Mittwoch auf der Geburtstagsparty von Klassen-Hipster Marvin bleiben. Die Liste der Dinge, die ALLE durften, nur unser Teenie nicht, war sehr, sehr lang.

Alternativ wurde auch gerne der Umkehrfall angewendet, um uns unter Druck zu setzen: KEINER. KEINER musste jemals die Spülmaschine aus- oder einräumen. KEINER musste im Garten hel-

fen und Unkraut aus den Steinplatten kratzen. KEINER machte die Jacke bei minus 5 Grad zu, weil das ja auch so was von total uncool gewesen wäre. KEINER musste schon um 22 Uhr an einem Mittwoch zu Hause sein. ALLE anderen Eltern wussten das, nur wir nicht: »Ihr seid so gemein! Ich hasse euch!«

Die Phänomene »ALLE« und »KEINER« sind keine Alleinstellungsmerkmale der Pubertät, sondern Eltern werden frühzeitig, durchaus schon im Vorschulalter, damit konfrontiert und in den Wahnsinn getrieben. Kennen Sie, ja?! Sicherlich gehören Sie auch zu den Eltern, die Ihren Kindern NICHTS erlauben oder sie immer zu schrecklichen, uncoolen und krass unnötigen Dingen zwingen, die sonst KEINER aus der Peergroup Ihrer Kinder machen muss. Wir haben unsere Teenies sogar zum Wandern »gezwungen«, obwohl KEINER aus der Klasse so etwas Langweiliges mit den Eltern machen musste. Und stellen Sie sich vor, wie peinlich das war, wenn wir tatsächlich auf einer dieser Wanderungen ein Elternpaar mit einem Mitschüler unserer Töchter getroffen haben und dann auch noch stehen geblieben sind, um mit denen zu REDEN!

Mit dieser Erfahrung im Rücken hat man dann spätestens bei Anbruch der Pubertät gelernt, dass man »ALLE« oder »KEINER« keinesfalls wörtlich nehmen darf. Trotzdem zeigt sich ab Anbruch der Pubertät eine gewisse Steigerung in der ALLE-KEINER-Debatte. Teenager können nämlich ihre Wünsche besser artikulieren und argumentieren. Man kommt stark ins Grübeln, obwohl man mit dem Phänomen seit Jahren gut vertraut ist und es zu ignorieren gelernt hat. Manchmal reicht uns weichherzigen Eltern ja auch schon die Tatsache, dass die Teenies dann was mit uns machen, wenn wir ihnen die überteuerte Hose kaufen. Da verwechseln wir wohl Geldausgeben mit Qualitytime, weil wir so gerne einfach mal wieder was machen möchten mit unseren Kindern, dass wir zu allem bereit sind. Also verbringen wir mit ihnen Zeit in einer überteuerten Boutique, in der wir es aufgrund der Scheißmusik, die da läuft, kaum aushalten. Sagen dürfen wir nichts, nur das Portemonnaie zücken. Wir sind dann kurz die *liebe Mami*, um dann in Sekundenbruchteilen wieder zu einer peinlichen Erziehungsberechtigten zu mutieren, wenn das Töchterchen uns dann, nach erfolgreichem Einkauf sanft, aber bestimmt in Richtung U-Bahn schiebt, weil sie noch mit ihren Freundinnen ein bisschen ohne peinliche Erziehungsberechtigte in der Stadt chillen und die neue Jacke ein bisschen spazieren führen möchte.

Ein weiterer Grund für eine Steigerung des ALLE-KEINER-Themas liegt auch einfach darin, dass dem Kind zusehends alles peinlich ist. Eine stärkere Gruppenzugehörigkeit und ein damit verbundenes Verschwinden in der Masse beziehungsweise der Peergroup ist ein natürliches und quasi arterhaltendes Verhalten: »Das macht KEINER! Voll peinlich!«

Jahrelange endlose ALLE-KEINER-Diskussionen zermürben. Kein Wunder, dass wir Erziehungsberechtigte uns infrage stellen, wenn es wieder heißt: »Aber ALLE dürfen so lange raus! Mama, es ist wirklich wichtig!« Lassen Sie sich nicht verunsichern. Selbst Fragen wie »Vielleicht bin ich doch zu streng oder zu uncool« kann man blitzschnell beantworten (lassen). Schnappen Sie sich die Klassenliste, wenn Sie eine haben (manche Schulen geben keine mehr raus wegen der DSGVO*), und rufen Sie eine vermeintlich

* *Seit Inkrafttreten der Datenschutzgrundverordnung (DSGVO) im Mai 2018 gehen in Klassenzimmern nicht mehr einfach so irgendwelche Listen mit Adressen und Telefonnummern usw. der Eltern rum. Jedenfalls nicht mehr selbstverständlich, da Eltern dem widersprechen können.*

alles erlaubende Mutter ebenjener alles-dürfenden, alles-habenden und nichts-müssenden Jugendlichen an. Oder noch besser, stellen Sie die Frage in die WhatsApp-Elternklassengruppe. Allein, um die Kontaktdaten von anderen Eltern zu haben, lohnt sich übrigens eine Teilnahme an einem Elternabend. Meistens erreichen Sie mindestens eine Handvoll anderer Eltern, die froh sind, dass sich EINE getraut hat, total uncool zu sein und nachzuhaken. Also, nicht kirre machen lassen. In den allermeisten Fällen dürfen die anderen Jugendlichen auch nicht mehr als Ihr Teenie.

WIE SIE DEN KONSUMWAHN IHRES KINDES IN DEN GRIFF BEKOMMEN

»Mama, kannst du mir mal einen Euro geben? Oder leihen? Gebe ich dir morgen wieder.« Ein Euro jeden zweiten Tag sind gleich satte 15 Euro extra pro Monat. Wenn man nur 15 Euro im Monat Taschengeld bekommt, ist das eine verdammt gute Finanzstrategie, denn das Leihen können Sie eigentlich vergessen. Je mehr Stress Sie haben und je kleiner der Betrag, der »ausgeliehen« wird, desto größer die Chance, dass er von Ihnen vergessen wird. Das ist schade. Sie könnten das Ausleihen nämlich wunderbar nutzen und ganz nebenbei ein bisschen Interesse für anwendungsorientierte Mathematik wecken.

Kein Mensch kommt ja als Wirtschaftsprüfer oder Finanzgenie auf die Welt, sondern muss den Umgang mit Geld beziehungsweise dem Nichtvorhandensein von selbigem, ob nun in Scheinen und Münzen oder in abstrakter Form als Plastikkarte oder virtuell auf dem Handy-Account, erst lernen. Das ist mitunter ein recht schwieriges und vor allem auch für Sie ein durchaus kostspieliges Unterfangen. Aber das Thema Geld ist ein wichtiges, und es ist für Ihr Kind nur von Vorteil, wenn es sich frühzeitig gut damit auskennt, welchen Wert eigenes Geld hat. Zum Beispiel, wie viele Tage man sich einen Euro leihen müsste, um sich ein neues Smartphone leisten zu können. Und vor allem, wie lange es dauern würde, müsste man jeden geliehenen Euro zurückzahlen. Es kann also nicht schaden, den Umgang mit Geld frühzeitig zu lernen.

Das haben sich auch schon Generationen vor uns gedacht und das sogenannte *Taschengeld* erfunden. Und damit es amtlich wird, gleich einen sogenannten Taschengeldparagrafen* dazu. Dieser besagt, wie der Name schon vermuten lässt, dass Taschengeld ein Geldbetrag ist, den man »auf Tasche« hat und den man ausgeben kann, wofür man möchte und wo man geht und steht. Wie viel Geld ein Kind in welchem Alter als Taschengeld zu Verfügung gestellt bekommen sollte, dafür gibt es vom Jugendamt tatsächlich Orientierungstabellen, die man leicht im Internet finden kann. Die sind auch ganz nützlich als Annäherungswert, wenn Sie in der glücklichen Lage sind, sich keine Gedanken um den schnöden Mammon machen zu müssen.

Jugendliche neigen dazu, sich von ihrem eigenen Geld Schwachsinn zu kaufen. Das sollten Sie erdulden. Vater Staat sieht übrigens Kinder ab sieben Jahren als eingeschränkt geschäftsfähig an. Sofern also kein anderes Gesetz greift, darf Ihr Teenager sich dann kaufen, was er möchte.

Wenn Ihre Tochter also ihr gesamtes Taschengeld dafür verwenden möchte, sich Süßigkeiten zu kaufen oder um sich 4,5 cm lange Plastikfingernägel aufkleben zu lassen, wird zunächst mal Ihr Einverständnis stillschweigend vorausgesetzt. Solange es nichts Gefährliches ist, kann man das alles durchgehen lassen. Denn wenn Sie verbieten und vorschreiben, können Sie das Taschengeld auch

---

* *Bürgerliches Gesetzbuch (BGB) § 110 – Bewirken der Leistung mit eigenen Mitteln: Ein von dem Minderjährigen ohne Zustimmung des gesetzlichen Vertreters geschlossener Vertrag gilt als von Anfang an wirksam, wenn der Minderjährige die vertragsmäßige Leistung mit Mitteln bewirkt, die ihm zu diesem Zweck oder zu freier Verfügung von dem Vertreter oder mit dessen Zustimmung von einem Dritten überlassen worden sind.*

gleich zum Budgetgeld zählen oder selbst verwalten. Anders sieht es aus, wenn Ihr Teenager für den Verkauf Daten angeben muss und sogar einen Vertrag eingeht. Das können Sie als sein Vertreter rückgängig machen*.

Das Taschengeld steht also im Gegensatz zum sogenannten *Budgetgeld*, das nämlich zweckgebunden ist. Das heißt, Budgetgeld soll nur für eine bestimmte Sache ausgegeben werden – zum Beispiel für Klamotten, Fahrten oder Mensaessen. Budgetgeld vom Teenie irgendwann selbst verwalten zu lassen sollten Sie ab einem bestimmten Alter mal wagen, weil die Teenies dann recht gut lernen, sich ihr Geld selbst einzuteilen. Dann können sie entweder eine überteuerte, aber schwer angesagte Hose einer bestimmten Marke kaufen oder zwei bis drei Hosen einer populären Handelskette. Etwas Geduld mitbringen und einfach mal machen lassen. Sie können davon ausgehen, dass Ihr Teenie es nicht immer zweckgemäß ausgeben wird. Wenn Sie das ertragen, was dann gekauft wird, und Sie konsequent bleiben und dem Teenie dann nicht aushelfen, wenn alles verschleudert wurde, lernen Teenies was fürs Leben.

Ansonsten empfehle ich: Zahlen Sie Taschengeld regelmäßig und unabhängig davon aus, ob es gerade einen Streit gegeben hat oder nicht. Taschengeld sollte kein Druckmittel sein. Sie bekommen Ihr Gehalt ja auch unabhängig davon, ob Sie gerade was falsch gemacht haben oder Dienst nach Vorschrift schieben. Vereinbartes Taschen-

---

* *Bürgerliches Gesetzbuch (BGB) § 108 – Vertragsschluss ohne Einwilligung:*
(1) Schließt der Minderjährige einen Vertrag ohne die erforderliche Einwilligung des gesetzlichen Vertreters, so hängt die Wirksamkeit des Vertrags von der Genehmigung des Vertreters ab.
(2) Fordert der andere Teil den Vertreter zur Erklärung über die Genehmigung auf, so kann die Erklärung nur ihm gegenüber erfolgen; eine vor der Aufforderung dem Minderjährigen gegenüber erklärte Genehmigung oder Verweigerung der Genehmigung wird unwirksam. Die Genehmigung kann nur bis zum Ablauf von zwei Wochen nach dem Empfang der Aufforderung erklärt werden; wird sie nicht erklärt, so gilt sie als verweigert.
(3) Ist der Minderjährige unbeschränkt geschäftsfähig geworden, so tritt seine Genehmigung an die Stelle der Genehmigung des Vertreters.

geld wegnehmen geht allein auch deshalb nicht, weil Pubertisten ja lernen sollen, mit eigenem Geld umzugehen: sparen, einteilen, belohnen und so weiter. Wenn das Taschengeld, also quasi das »Einkommen«, nicht mehr berechenbar ist, ist das eine sehr unnötige Erschwerung. Streichen Sie lieber was anderes.

WIE SIE MIT DEM STYLE IHRES KINDES KLARKOMMEN

Auf der Suche nach sich selbst ist es natürlich klar, dass man sich viele Gedanken um die Präsentation des Selbst macht. Kleidung, Frisur, Make-up oder keines – alles ist Ausdruck von Persönlichkeit, Lebensgefühl oder zeigt einfach Zugehörigkeit zu einer bestimmten Gruppe. Außerdem ist die äußere Hülle wichtig, um das zarte Innere darunter gut zu schützen. Je nachdem, wie man die äußere Gestaltung wählt, kann man sich entscheiden, ob man in der Menge untergehen oder ob man lieber möglichst weit aus ihr hervorstechen möchte. Der *Look*, beziehungsweise was er repräsentiert, kann Selbstvertrauen geben, abgrenzen oder provozieren und schockieren. Man kann sich über das Aussehen ausprobieren und sich auch einfach von Tag zu Tag neu erfinden. Selbst wenn es einem egal ist, wie man aussieht – ist auch das ja eine Entscheidung und damit ein Statement.

Die ganze Style-Entwicklung kann überaus spannend werden – manchmal natürlich auch für Entsetzen oder Erheiterung sorgen. Versuchen Sie das mit Fassung zu tragen, wenn Ihr Teenager eines Tages komplett verwandelt zum Frühstückstisch geschlurft kommt. (Freuen Sie sich lieber, dass er überhaupt aufgestanden ist, um mit Ihnen zu frühstücken.)

Früher, als wir Eltern Teenies waren, gehörte unsere Mode uns, den Teenagern. Sie war unser Werk, die Mode. Unsere Art, uns von den Erwachsenen abzugrenzen. Egal, zu welcher Richtung wir tendierten: Punks, Popper, Waver, Goths, Ökos, Rastafaris, Emos. Wir sahen immer deutlich anders aus als unsere Eltern. Heutzutage ist das viel schwieriger für Teenager. Viele Eltern sehen stylemäßig ja fast genauso aus wie Ihre Teenager – zumindest auf den ersten Blick. Da müssen wir fast schon aufpassen, dass sich unsere Teenager nicht ständig an unserem Schrank bedienen. Bei einzelnen Stücken versteht sich. Zum Style gehört ja auch, wie etwas kombiniert wird und wie man es trägt. Das »wie« nennt man *Attitude*, ist ganz wichtig und heutzutage eigentlich das Unterscheidungskriterium, ob man ein echter Teenager ist oder eben ein verkappter (gleich peinlicher) Berufsjugendlicher, also eine Mutter oder ein Vater.

Wirkliche Style-Aufreger kann uns die heutige Jugend nicht mehr bieten. Wir, die wir unsere Jugend in den 80er- und 90er-Jahren verbracht haben, kennen alles. Was uns schockt, ist vielleicht noch, wenn unsere Teenies eben genau das nicht tun, wenn sie also eher in der Mainstream-Masse untergehen. Eltern, die früher Punk, Goth, Waver oder so waren (oder es noch sind), stößt es vielleicht auf, wenn ihre Teenies eine ungeahnte, extreme Spießigkeit entwickeln oder in die Kerbe *extremes Markenbewusstsein* schlagen. Besonders coole Eltern (also Eltern, die sich selbst für besonders cool halten) haben dann kleine geschniegelte und parfümierte Tussis mit manikürten *False Nails*, falschen Wimpern, die bevorzugt Klamotten aus leicht brennbaren Stoffen tragen, die aber dafür (beneidenswert) schrittsicher auf gefährlich hohen Hacken und mit viel von besagter *Attitude* in der hochgestylten Augenbraue zeigen, was sie bei *Germany's Next Top Model* gelernt haben. Gruselig!

Na ja, über Geschmack lässt sich trefflich streiten – oder eben auch nicht. Was der eine gut findet, findet die andere unsäglich. Manchmal frage ich mich, wer wohl wem peinlicher ist: dem angepikten Pubertisten die Eltern oder umgekehrt. Letztens habe ich mir Schuhe gekauft, um die ich schon lange herumgeschlichen bin.

Meine Tochter meinte dazu nur: »Da würde ich lieber nackt gehen!« So, aha.

Ich finde maximales Gewährenlassen ist beim Style angesagt. Sowieso – und besonders solange man sich aus beruflichen Gründen noch nicht an irgendwelche Berufsbekleidung oder Vorschriften halten muss – sollte man sich austoben dürfen. Einschränkungen kommen früh genug. Egal, wie optisch unerträglich die Selbstfindungs-Stylingversuche sind, ich sehe nur bei zwei Faktoren Handlungsbedarf:

1. bei Klamotten, die mehr Haut zeigen, als sie verdecken,
2. wenn der Kleidungsstil des Teenies eine klare verfassungswidrige Tendenz erkennen lässt.

Bei Klamotten, die mehr Haut zeigen, als sie verdecken, darf man das den Teenies, meistens Mädchen, auch durchaus mal etwas deutlicher darlegen, warum das problematisch ist. Es geht nicht darum, denen zu sagen: »Du bist selbst schuld, wenn was passiert, so wie du rumläufst.« Es geht darum, denen ein BEWUSSTSEIN für ihre Wirkung zu vermitteln – mit der sie dann bitte selbstbewusst, aber eben wissend umgehen sollen. Diese hochgestylten Damen merken nämlich, DASS sie eine gewisse Wirkung erzielen, sie kommen sich dabei auch sehr erwachsen vor, aber sie sind es nicht. Und die Gefahr, der sie sich aussetzen, so durch die Gegend zu rennen, ohne die Wirkung zumindest zu kennen, der sind sie sich definitiv nicht bewusst. Darüber muss man mit denen sprechen.

Wenn Sie meinen, am Kleidungsstil Ihres Kindes eine klare verfassungswidrige Tendenz zu erkennen, sollten Sie sich zunächst anhand der Markenlabels im Internet informieren, ob es sich tatsächlich um einschlägige Marken handelt – sofern nicht sowieso schon durch eindeutige Symbolik klar ist, wo der Hase entlangläuft. Dann fragen Sie nach, ob Ihr Sohn oder Ihre Tochter weiß, was er oder sie da spazieren trägt und welche Botschaft damit gesendet wird. Wenn Sie nur auf taube Ohren stoßen, zögern Sie nicht, sich Unterstützung bei einer Beratungsstelle zu suchen. Hier ist es sehr wichtig, dass Sie in Ihrer Verzweiflung das fehlgeleitete Töchterchen oder Söhnchen nicht noch weiter von sich wegschieben, wenn Sie Rede und Antwort von selbigen erwarten.

Ansonsten trauen sich nur noch wenige Teenager, anders zu sein als die Masse. Social Media hat die Jugendlichen voll im Griff. Hochgestylte Influencer, die vorgeben, was man gefälligst am Kopf, Körper und Gesicht zu tragen hat, liefern gleich ein Tutorial dazu, wie man es tragen soll und vor allem mit welchen Produkten. Im Allgemeinen wird der Markt beherrscht von wenigen Marken, die alle haben wollen. Was tun, wenn der Style Ihres Teenies deutlich zu teuer wird für Ihren Geldbeutel? Stellen Sie Ihr Kind vor die Wahl: Ein Markenpulli versus vier No-Names. Wenn das für den Spross okay ist, warum nicht. Vielleicht haben Sie ja auch die Möglichkeit, zu einem Outlet zu kommen. Oder aber der Spross erhält die Markenklamotten secondhand. Oder Ihr Teenie sucht sich einen Schülerjob.

WIE SIE DIE KOSMETISCHE SELBSTFINDUNGSPHASE ÜBERSTEHEN

Zum Gesamtlook – und damit der Identität – gehört neben der Klamotte natürlich auch die Gestaltung des Gesichts. Auch hier wird fleißig mit Looks experimentiert. Da wird stundenlang gegelt, aufpoliert, gestriegelt, übermalt, rasiert und gezupft. Neben denjenigen, die sich ausgiebig den Möglichkeiten der kosmetischen Camouflage verschrieben haben, gibt es natürlich auch hier eine Gegenbewegung: Diejenigen, die das alles irgendwie gar nicht interessiert oder es sogar ablehnen, und sogar die, die man phasenweise quasi in die Dusche reinschubsen muss: »Hände waschen? Wieso? Die werden doch sowieso wieder dreckig!« Aber keine Sorge, sobald auch bei denen ein eindeutiges Interesse an Mitschülerinnen (oder Mitschülern) aufkeimt, wird auch bei ihnen das Bad zentraler Aufenthaltsort. Zu glauben, dass sich nur Mädchen mit dieser Art, also der kosmetischen, Selbstfindung beschäftigen, ist ein Irrglaube. Auch bei den Herren der Schöpfung muss irgendwann jedes Haar sitzen – oder eliminiert werden.

Mädchen möchten meistens schon recht früh mit Mascara, Eyeliner und Make-up experimentieren; wann das losgeht, ist sehr unterschiedlich, wie alle Start- und Endphasen der Pubertät. Bei den meisten ungefähr um das zwölfte Lebensjahr. Bei einigen bleibt es bei einem dezenten Ausprobieren. Andere hängen irgendwann süchtig an den Lippen selbst ernannter Beautyqueens und abonnieren deren Kanäle auf YouTube, Insta & Co. Diese Damen haben in kürzester Zeit ein Sammelsurium an Utensilien und Cremes und Tübchen, die in einem ausgeklügelten System auf die Haut wandern und die jeder Visagistin Konkurrenz macht. Sie glauben gar nicht, wie viele verschiedene Pinsel bei einem natürlichen *Basic*-Look zum Einsatz kommen müssen. Allein die Pflege der Augenbrauen kann eine ganze Schublade füllen. Auch einige Jungs experimentieren heute selbstverständlich mit Make-up. Oder verbringen intensive Zeit mit Kamm und Pinzette, um ihre Gesichts- und sonstige Behaarung zu pflegen und in Form zu schneiden.

Wenn alles sitzt, wird ein Selfie geschossen, damit die Welt auch was davon hat. »Hallo, meine Lieben, willkommen auf meinem Kanal!« Wer sich trotz stundenlangem Pflegetutorial immer noch nicht Snapchat-konform genug findet, installiert eine App, um sich Nasen schmaler und Augen größer zu ziehen, damit das Gesicht im

Selfie entsprechend dem jeweiligen Online-Idol gleicht. Oder man klebt sich mithilfe der App einen schwirrenden Vogelschwarm um den Kopf, verwandelt sich von einem Mädchen in einen Jungen, setzt sich eine dicke Brille auf, die man in echt niemals tragen würde, und so weiter. Aufpassen sollte man hier, dass die Damen und Herren nicht jeglichen Realitätssinn verlieren. Der starke Fokus auf Äußerlichkeiten ist bei den meisten Jugendlichen vorhanden. Wenn er der einzige wird, sollten Sie mal genauer nachfragen, wo die Unsicherheiten liegen und wie Sie unterstützen können. Das Leben besteht ja nicht nur aus Wimpernlängen.

*

Aber natürlich eignet sich Kosmetik auch wirklich gut dazu, unerwünschte Dinge zu verdecken – gerade, wenn man sowieso mit so vielen äußerlichen Änderungen zu kämpfen hat. Die sind ja manchmal auch wirklich sehr schmerzhaft, nicht nur im übertragenen Sinne: Da wird aus babyweicher makelloser Haut über Nacht ein schmerzendes Trümmerfeld, das Kind mag nicht mehr essen, weil die schiefen Zähne wehtun von der gerade erst nachgespannten Zahnspange. Haare werden in null Komma nix durch den innerkörperlichen Hormoncocktail fettig, und die Haut glänzt von gelblichen Pickelkratern. Das ist unangenehm und nicht schön anzusehen. Nicht nur das Kind leidet, wenn Veränderungen und Korrekturen am pubertären Körper passieren. Es schmerzt auch uns Eltern, denn man leidet ja immer mit, das Kind so ungelenk und leidend zu sehen.

Gerade Pickel sind sehr unangenehm, weil einfach so sichtbar. Wenn Ihr Teenie akneartige Pusteln im Gesicht bekommt, sagt es sich immer so leicht: »Aber nicht ausdrücken, ja!?« Wie oft haben Sie sich in dem Alter selbst daran gehalten, wenn Sie morgens mit gelblichen Kratern auf Stirn und Nasenflügel wach geworden sind?

Wenn ganze Flächen befallen sind und man die Diagnose *Akne* auch blind fällen könnte, empfiehlt sich der Gang zum Hautarzt, und zwar so früh wie möglich – und anschließend gleich ein paar Termine bei einem Kosmetikinstitut festmachen. Die säubern fachgerecht und haben vor allem eine ganz andere Autorität bei der Ermahnung: »Nicht ausdrücken!« Früh erkannt und gut behandelt, hat Ihr Teenie jedenfalls eine gute Chance, die Haut pustelfrei zu bekommen. Wenn die Teenies erst anfangen, an ihrer Akne herumzuquetschen und sie mit selbstzusammengebrauten »Geheimtipps« aus der Trick-17-Kiste einer selbst ernannten Gesundheitsexpertin auf YouTube zu bekämpfen, sind narbenreiche Erinnerungen an die Teeniezeit durchaus möglich – und im wahrsten Sinne des Wortes prägend.

Aber auch wenn keine Pickel abgedeckt werden müssen, das Experimentieren mit Cremes und Seifen ist Teil der Identitätsfindung, des Zugehörens zu einer Clique und Abgrenzung von Ihnen natürlich.

Genauso wie bestimmte Klamottenstile sind Make-up, Haar-Gel und Co. ein Ausdruck und Finden der eigenen Persönlichkeit. Regenbogen-Einhorn-Haare, Punk-Iro, Dreadlocks, Manga-Style? Wann, wenn nicht jetzt!

Es schmerzt allerdings auch uns Eltern, die mehr oder weniger geglückten Kaschierungsversuche zu ertragen. Allein die Zeit, die das Badezimmer okkupiert ist und man es selber in dieser Zeit nicht mehr betreten darf. Wenn Sie nur ein Badezimmer haben, haben Sie verloren. Eventuell sollten Sie dann doch dem Wunsch »Schminktisch« nachgeben. Dann können Sie wieder ungehindert auf die Toilette. Wenn nicht, die akute Experimentalphase *Viel-hilft-viel* gibt sich nach ein oder zwei Jahren.

WIE SIE AUF EIN »MAMA, ICH BRAUCHE EIN BAUCHNABELPIERCING« REAGIEREN

Es gibt sehr viele Dinge, die ein junger Mensch UNBEDINGT und vor allem Dingen SOFORT braucht. In vielen Fällen haben diese Wünsche ein relativ kurzes Haltbarkeitsdatum. Das soll heißen, sie stehen nur eine begrenzte Zeit lang auf der Wunschliste: ein halbes Jahr, einen Monat, drei Tage. Geschmacklich tut sich da eine Menge zwischen 13 und 19 Jahren. Im Fall von Klamotten, Frisuren oder auch Zimmereinrichtungen ist so eine Geschmackswandlung – je nach Geldbeutel – relativ easy verkraftbar und manchmal durchaus unterstützenswert. Das Kind soll sich ja weiterentwickeln. Sie müssen es nicht mögen, aber der Schaden, Ihrem Kind grüne Haare oder ein Graffito an den eigenen Zimmerwänden zu erlauben, hält sich in Grenzen. Über so etwas lohnt keine Aufregung. Im Gegenteil, meistens sind gerade ausgeprägte Geschmacksverwirrungen guter Stoff für spätere Anekdoten. Vergessen Sie also nicht, fleißig Beweisfotos zu sammeln.

Anders verhält es sich, wenn ein Wunsch im wahrsten Sinne des Wortes lang anhaltend ist: Irgendwie gearteter permanenter Körperschmuck liest man auch schon auf den Wunschzetteln von Elfjährigen.

Da stehen wir als Erziehungsberechtigte vor einer definitiv anderen Hausnummer. Denn wenn der Geschmack sich in ein paar Jahren oder Monaten oder sogar Wochen ändert und so eine Modifikation nicht mehr rückgängig gemacht werden kann, ist wer schuld? Richtig: Schuld an dem schlecht tätowierten, aber prominent platzierten und großformatigen Einhornkopf, der auf dem Oberschenkel Ihrer Tochter leuchtet, wären dann natürlich Sie! »Mama, warum hast du das erlaubt!« Dass Sie eine Tätowierung damals natürlich nicht erlaubt, sondern sogar ausdrücklich verboten haben und der Teenie dann trotzdem mit einer nach Hause gekommen ist, wurde vergessen. Vielleicht kriegen Sie ein schickes Körperbildchen auch erst ein Dreivierteljahr später im gemeinsamen Badeurlaub mit. Tja. War die Nadel erst in der Haut, ist eh alles zu spät. Freuen Sie sich, wenn es der Oberschenkel ist. Nicht über jedes Tattoo kann man im Notfall ein Hosenbein ziehen oder ein Pflaster kleben.

Tattoos und Piercings sind ja wunderbar dazu geeignet, um die eigene Individualität auszudrücken, Zugehörigkeit zu einer bestimmten Gruppe zu demonstrieren oder um Freunde zu beeindrucken. Und natürlich sind sie auch interessant, weil Eltern dagegen sind – auch wenn sie selbst tätowiert und gepierct sind. Oder sind Tattoos und Piercings gar keine wirkliche Rebellion mehr, weil jeder biedere Bankangestellte privat ein Rocker mit entsprechender Bebilderung auf der Haut ist und jede Kassiererin mindestens drei Piercings irgendwo zwischen Augenbraue und Knie vorzuweisen hat? Wahrscheinlich ist es heute fast rebellischer, sich nirgendwo tätowieren oder stechen zu lassen. Aber das weiß Ihr Teenie, der unbedingt Bilder und Löcher am und im Körper haben möchte, nicht. Der sieht nur, dass seine Idole von YouTube, Instagram und Fußballplatz farbenfrohe Botschaften auf der Haut und glänzendes Metall in die Kamera halten. Je erfolgreicher sie sind, desto großflächiger die Bilder. Der Gedanke, es könnte da ein Zusammenhang bestehen, ist nicht ganz abwegig.

Es ist gesetzlich nicht glasklar geregelt, ab wann man eine bleibende Modifikation auf der Haut tragen darf. Fest steht aber, dass das Stechen eines Tattoos genauso wie das Setzen eines Piercings eine mutwillige Körperverletzung ist. Weil sie das ist, muss man ihr schriftlich zustimmen und geht dazu einen ganz normalen Vertrag ein. Unterschreiben darf so eine Einwilligung, wer eine gewisse geistige Reife hat. Reife, wie wir ja wissen, weisen unsere vor sich hin pubertierenden Kinder definitiv nur phasenweise auf, wenn überhaupt. Normalerweise braucht ein Minderjähriger deshalb die Einwilligung der Eltern. Aber auch die kann umgangen werden. Kann, wohlgemerkt.

Weil man sich bei der Ausführung einer körperlichen Modifikation an Jugendlichen aber auf ein juristisch tiefgraues Terrain begibt, lässt sich ein seriöses Tattoo-Studio den Ausweis zeigen und sticht grundsätzlich nur in volljährige Haut. Die Deutsche Gesellschaft für Piercing ist da toleranter und pikst auch schon, wenn die Kinder gerade über 14 Jahre sind, allerdings nur, wenn Sie sie begleiten, und nicht in jedes Körperteil. In der Regel ist die Narbe, die von einem Nasenpiercing bliebe, deutlich kleiner, als wenn Sie versuchen ein handtellergroßes Luca-Hänni-Konterfei vom Unterarm zu lasern.

Gehen wir mal davon aus, dass seriöse Studios verantwortlich mit ihrer jugendlichen Klientel umgehen, was ist mit den unseriösen? Oder wenn der Sohn sich auf der Klassenfahrt ins benachbarte Ausland vom ersparten Taschengeld einen dämlichen Spruch auf den Oberarm tätowieren lässt? Wen sollen Sie dann verklagen? Und Recht hin oder her: Wie Sie ja aus eigener Erfahrung wissen, sind Jugendliche nur schwer von Individualisierungskonzepten abzubringen. Notfalls sticht in schönster Punktradition der große Bruder von Klassenkamerad Jean-Luca den Ring durch den Bauchnabel, oder Ihr Teenie legt selbst Hand an. Tätowieren ist vom Prinzip her kein Hexenwerk und gut mit Haushaltsmitteln zu bewerkstelligen. Ob das dann ästhetisch längerfristig vertretbar ist, ist eine andere Frage. Zum Selbsttätowieren gibt es übrigens nette Anleitungen im Internet, wie man sich ganz einfach mit Nadel, Faden, Bleistift und Farbe bunte Bilder in die Haut ritzt. Das Ganze hat nicht nur einen eigenen Namen: Es ist ein kleiner Trend. Vorlagen und Stich-für-Stich-Anleitungen finden Sie unter dem Suchbegriff *Stick n'Poke* auf YouTube.

Was können Sie tun, wenn die Quengelei kein Ende nimmt?

- Nehmen Sie den Wunsch ernst. Zeigen Sie sich aufgeschlossen. Reden Sie mit Ihrem Kind über das geplante Motiv und warum es unbedingt an der Stelle X ein Piercing oder Tattoo haben möchte.
- Vereinbaren Sie einen Termin bei Ihrem Haus-und-Hof-Body-Modifizierer. Sie haben doch einen, oder gehören Sie zu der Handvoll Menschen, die noch nicht tätowiert oder gepierct sind? Sonst fragen Sie in Ihrem Bekanntenkreis nach guten Tätowierern und Piercern. Sie werden sicher fündig.
- Begleiten Sie Ihr Kind ins Studio. Sprechen Sie persönlich mit den Menschen, die die Körperverletzung an Ihrem Kind durchführen (meistens sind die sehr nett und freuen sich, dass die Eltern die Kinder begleiten und sich gemeinsam mit ihnen informieren. Und außerdem können Piercer und Tätowierer ja durchaus auch selbst Eltern sein). Eine objektive Person, die selbst von oben bis unten tätowiert und gepierct ist, ist argumentativ außerdem wesentlich überzeugender, als Sie es sind. Wenn die »nein« sagt bis zum 18. Geburtstag, haben sie eine reelle Chance, dass ihr Kind dem Folge leistet.
- Nimmt die Quengelei kein Ende, erlauben Sie im Zweifel ein Piercing, das macht die kleinere bleibende Narbe als ein Tattoo. Setzen Sie eine Frist (quasi zum Überdenken). (Das ist auf jeden Fall besser, als wenn Jean-Luca den Bauchnabel mit Ihrer Nähnadel durchsticht.)
- Als Unterstützung Ihrer Theorie, dass sich der Geschmack höchstwahrscheinlich noch ändern wird, können Sie Ihrem Nachwuchs sechs bis zwölf Monate alte Fotos zeigen. Dass er oder sie sich darauf uncool findet ist recht wahrscheinlich. Auch das ist manchmal ein überzeugendes Argument, noch ein bisschen zu warten.
- Ein elfjähriger Arm wächst auch noch in die Breite und würde ein feines Bild eventuell ungünstig verzehren. Auch das ist vielleicht hilfreich bei der Argumentation, noch zu warten.

- Auch dass sich ein Tattoo wirklich nicht rauswächst oder abwäscht, kann man ruhig noch mal betonen. Manchen 13-Jährigen ist das nicht wirklich bewusst. Also immer schön betonen: »Ja, es bleibt für immer.« Wenn vorhanden, zeigen Sie eine möglichst verwachsene Jugendsünde an Ihrem eigenen Körper. Ganz so easy-peasy ist das mit dem Weglasern nämlich nicht. Mal ganz abgesehen von den Kosten. Und den Schmerzen.

Eventuell probiert Ihr Teenie erst etwas, was wieder abgeht. Henna bekommen Sie im indischen Supermarkt und eventuell auch einen Tipp, wer damit ein Mandala auf die Haut Ihrer Tochter zaubern kann. Wenn Ihr Sohn ein headbangender Metaller ist, wird er sich kaum von einem Mandala begeistern lassen, aber vielleicht ginge ja ein Klebe-Tattoo. Die bekommen Sie zum Beispiel bei Motorradzubehör-Ausstattern. Vorsicht bei sogenannten semi-permanenten Tattoos. Da steckt der Widerspruch ja schon im Wort.

Es kann natürlich auch sein, dass der Junior sämtliche Finanzspritzen von Oma und Opa der letzten acht Jahre gesammelt hat und kaum, dass er 18 geworden ist, sich ein großflächiges Hals-Tattoo stechen lässt. Das ist dann aber seine eigene Entscheidung, und dagegen können Sie gar nichts machen. Manchmal scheitert ein jugendlicher Tätowierungsversuch schlicht an den kleinen Widrigkeiten des Alltags: Die 18-jährige Tochter einer Freundin von mir hatte sich in den Kopf gesetzt, SOFORT bei Erreichen der Volljährigkeit eine Tätowierung machen zu lassen. Motiv zweitrangig. Sie wurde nicht tätowiert, weil sie schlicht keinen Parkplatz vorm Studio gefunden hat.

WIE SIE MOBBING ÜBERLEBEN

Die Ansage »Ich weiß, wo dein Haus wohnt!« ist, wenn man auch nur ansatzweise die eigene Grammatik im Griff hat, irgendwie zum Schmunzeln. Wenn einem das aber auf dem Schulweg von der stadtbekannten Kampfmaschine zugeflüstert wird, die umringt von ihresgleichen eine schier unmöglich zu überwindende Mauer bildet, ist jeder Witz im Keim erstickt.

Mobbing ist kein Phänomen von Schule, sondern taucht überall da auf, wo Menschen zusammenkommen, auch schon im Kindergarten. Gerade in einer Zeit, in der Menschen so verletzlich und unsicher sind wie in der Pubertät, ist es aber ganz besonders schlimm. Hier gilt es, so früh wie möglich einzugreifen. Allein schon, damit keine Lawine entsteht, die, je älter die Teenies werden, immer größer wird. Ein »Na, das wird schon wieder« oder »Du darfst dir das halt nicht gefallen lassen. Jetzt wehr dich doch mal!« hilft nicht weiter. Und erst recht kein »Du bist doch selber schuld!«. Hier müssen Sie unterstützen, versuchen mehr zu erfahren und auf jeden Fall am Ball bleiben.

Warum werden manche Menschen Opfer von Mobbingattacken, und warum werden manche zu Tätern? Wo beginnt eigentlich Mobbing, und was fällt noch unter harmloses Piesacken? Wann ist ein Streit ein Streit, den Jugendliche am besten unter sich austragen, und wann beginnt eine Situation, aus der Ihr Teenie sich nur sehr schwer selbst befreien kann? Und wie können Sie als Eltern so eine Lawine kommen sehen und vor allem stoppen?

Das ist in der Praxis zur Hoch-Zeit der Pubertät, wenn alles, was Sie machen, abgewehrt wird, nicht immer ganz leicht. Denn das Schwierigste ist, Mobbing als Eltern überhaupt frühzeitig zu erkennen, wenn Ihr Teenie es Ihnen nicht sagt. Ein Teenager, der Opfer einer Mobbingattacke wird, wird nicht unbedingt sofort zu Ihnen rennen und davon berichten. Einige Teenager sehen jedes Nachfragen als einen Eingriff in die Privatsphäre. Bleiben Sie dran.

Wahrscheinlicher ist, dass Ihnen irgendwann auffällt, dass Ihr Kind sich mehr und mehr zurückzieht oder immer aggressiver wird. Wenn Sie also davon erfahren, ist in der Regel bereits irgendetwas passiert. Das Wichtigste ist, dass Sie versuchen, einen guten Draht zu Ihrem Kind zu behalten. Vertrauen Sie nicht darauf, dass sich das Problem in Luft auflöst, sondern hören Sie auf Ihr Bauchgefühl und gehen Sie ihm auf den Grund. Wenn Sie sich ernsthaft Sorgen machen, signalisieren Sie Ihrem Kind, dass Sie jederzeit da sind. Können Sie gar nicht zu Ihrem Teenie durchdringen, machen Sie ihm klar, wo es Hilfe finden kann: Bei Beratungsstellen zum Beispiel. Auch an vielen Schulen gibt es Vertrauenslehrer oder sogar Sozialarbeiter, die auf Mobbing spezialisiert sind. Sprechen Sie mit denen. Zusammen mit Ihrem Teenager.

Wenn Sie wissen, wer Ihr Kind mobbt, nehmen Sie Kontakt zu anderen Eltern auf. Rechnen Sie damit, dass Ihr Teenie sich dagegen sträubt. Es hat mit Sicherheit Angst, dass danach das Mobbing noch schlimmer wird, weil es als »Petze« doppelte »Strafe« befürchtet. Tun Sie diese Ängste nicht ab, sondern nehmen Sie sie ernst. Holen Sie möglichst viele ins Boot, eine Gruppe ist stärker als eine Person allein. Ansprechpartner ist am besten eine Person, die direkt in der Gruppe involviert ist. Im Idealfall also die Lehrerin oder ein Vertrauenslehrer.

Entscheiden Sie gemeinsam, wann die Schulleitung informiert werden muss. Wenn die Angst so groß wird, dass Ihr Teenager nicht mehr aus dem Haus will, sollten Sie darüber nachdenken, ob eventuell ein Schulwechsel helfen kann. So eine Entscheidung sollten und müssen Sie zusammen mit Ihrem Kind und beiden Schulen, der alten und der neuen, fällen.

Wenn Sie den Eindruck haben, dass der Schule aber die Reputation ihres Instituts wichtiger ist als das Wohlergehen Ihres Kindes, dann zögern Sie nicht, sondern holen Sie sich Hilfe bei einer Beratungsstelle – und wenn es sein muss unbedingt auch bei der Polizei.

Beim Mobbing gibt es nicht nur Opfer. Wenn Ihr Sohn oder Ihre Tochter nicht Opfer, sondern Täter oder Täterin ist, werden Sie wahrscheinlich sogar noch später, wenn überhaupt, davon erfahren. In diesem Fall kommt erschwerend hinzu, dass Sie vielleicht gar nicht glauben können, dass Ihr Kind zu solch einer Tat fähig ist. Mobbing ist oft das Ventil, wenn jemand sehr viele Aggressionen aufgestaut hat und sich nicht anders zu helfen weiß, als die eigene Verzweiflung an anderen, Schwächeren, auszulassen. Das heißt, hier gibt es ein Problem, dem Sie auf den Grund gehen müssen.

Dann gibt es noch die große Gruppe der Dulder. Sie unterstützen Mobbing, indem sie nichts tun oder unbedacht Videos oder Fotos weitersenden; aus Gedankenlosigkeit oder vielleicht auch, weil sie selbst die Täter fürchten und lieber mitlaufen und vermeintlich »cool« wirken wollen, als selbst zum Opfer zu werden. Warum sagen Dulder nichts? Sie sagen nichts und machen sogar mit, weil der Gruppenzwang stark ist. Selbst Kinder, die Empathie empfinden, können sich der Gruppendynamik schwer entziehen, weil sie Angst haben, dass sie die Nächsten sind, wenn sie nicht mitmachen. Es ist quasi ein Teufelskreis, den die Teenies in der Regel schwer alleine durchbrechen können. Oft machen die sich gar nicht klar, was sie mit ihrem Dabeistehen oder ihrem Wegsehen anrichten. Dieses Gefühl, bei Ungerechtigkeiten einzugreifen, also Zivilcourage zu zeigen, muss auch erst gelernt werden.

Mobbing gab es schon immer. Das wissen Sie, weil Sie auch mal ein Teenie waren. Heutzutage ist eine andere Dimension dazugekommen: das böse Internet. Und in diesem Fall ist es wirklich böse, denn es vergisst nichts. Jeder Teenie hat ein Handy, und dieses ist ruck, zuck gezückt und macht von einer peinlichen Situation ein Video. Genauso ruck, zuck ist es online und verbreitet sich in Windeseile. Deshalb schadet es auch nicht, dem Teenie noch mal glasklar einzuschärfen, sich vor dem Posten eines Fotos oder Videos die eine zentrale Frage zu stellen: Würde ich wollen, dass dieses Foto von mir auf einem riesengroßen Plakat mitten auf dem zentralen

Marktplatz der Stadt hängen würde? Falls die Antwort »nein« lautet, dann nicht posten. Diese Frage sollten die Jugendlichen sich bei jedem E-I-N-Z-E-L-N-E-N Bild stellen. Und Fotos in Unterwäsche und dergleichen verbieten sich von selbst.

Manche solcher demütigenden Videos werden gezielt von Tätern gemacht, das nennt sich dann zum Beispiel *Happy Slapping* und zeigt Täter, wie sie ihr Opfer drangsalieren, indem sie es schlagen oder weit Schlimmeres mit ihm anstellen. Spätestens in so einem Fall braucht Ihr Teenie psychologische Hilfe – und Sie eventuell auch.

Scheuen Sie sich nicht davor, Hilfe zu holen, wenn Sie Hilfe brauchen. Es gibt eine Vielzahl von unterschiedlichen Hilfsangeboten sowohl für Jugendliche als auch für Eltern (erste Anlaufstellen finden Sie im Anhang). Behalten Sie diese Info, wo man Hilfe finden kann, nicht für sich, sondern stellen Sie sicher, dass Ihr Teenie das auch weiß. Es gibt Beratungsstellen, die nicht nur persönlich, sondern auch per Telefon oder online helfen. Am wichtigsten ist, dass Sie Ihrem Kind klarmachen, dass es nicht allein ist und das Mobbing kein Kavaliersdelikt ist, sondern ganz eindeutig eine Straftat. Deshalb sollten Sie sich nicht scheuen, im Zweifel neben Vertrauenspersonen auch die Polizei einzuschalten. Die hat eigene Abteilungen, die darauf spezialisiert sind. Besonders was das Thema Cybermobbing angeht.

6. KAPITEL

TEENAGER UND SEX, DRUGS & ROCK 'N' ROLL

Sex, Pornografie, legale und illegale Drogen, rauschende Feste und nächtliche Partytouren, verletzende Seelenerlebnisse, falsche Freunde und zwielichtige Individuen, unangenehme bis hochgradig riskante Situationen – das ganze Programm an menschenmöglichen Exzessen kommt in der Pubertät auf Ihr Engelchen (und damit auf Sie) zu. Denn wenn mal eins sicher ist auf dieser Erde, dann dieses: Ihre Kinder werden eigene Erfahrungen mit Dingen, Substanzen, Situationen und Menschen machen, die Sie als hochgradig gefährlich einschätzen. Deshalb liegen Sie oft nicht ganz falsch und machen sich Sorgen zu Recht. Denn das, was Ihre Kinder da vorhaben und womit sie dabei in Kontakt kommen, ist gefährlich oder könnte es sein, wenn falsch angewendet. Leider sind die Chancen, dass Ihre Kinder hier und da Anwendungsfehler begehen, Bestandteil der Pubertät. Je verbotener, desto interessanter, desto größer die Chance, dass ein Teenager damit irgendwie in Kontakt kommt. Und trotzdem: Alle Menschen müssen eigene Erfahrungen machen, die nun mal sehr oft riskant für Leib und Seele sind. Das ist manchmal verdammt schwer auszuhalten als allwissende Eltern, die das Unheil vorausahnen. Oder die einer ähnlichen Situation in einem früheren Leben nur knapp entkommen sind.

SEX UND LIEBE

Irgendwann ist es so weit: Ihr Kind beginnt sich für Sex zu interessieren – mit dem anderen Geschlecht, mit dem gleichen oder natürlich mit sich selbst. Es möchte anschauen, berühren und sich irgendwann auch aktiv dem Austausch von Körperflüssigkeiten widmen. Natürlich rechnen wir als Eltern damit, DASS das irgendwann losgeht; es ist aber, WENN es dann passiert, ein – zumindest irgendwie – befremdlicher Gedanke. Und selbstverständlich passiert es viel zu früh und mit dem oder der Falschen. Wobei, wenn der Sohnemann mit 18 immer noch kein Interesse am anderen Geschlecht zeigt, ist es ja auch nicht richtig. Jugendliche können in puncto Sex kaum was richtigmachen – zumindest für uns als Eltern.

WIE SIE MERKEN, DASS IHR KIND SICH FÜR BIENCHEN UND BLÜMCHEN INTERESSIERT

Ich weiß noch genau, als ich eines Nachmittags von der Arbeit nach Hause kam und neben den dahingeschmissenen Schuhen einer unserer damals 14-jährigen Töchter ein paar unbekannte Schuhe im Flur standen. RIESIGE, unbekannte Schuhe – und die gehörten nicht meinem Mann. Da in unserem Haushalt ansonsten keine weiteren männlichen Wesen außer einem Kater wohnen, blieb nur die Möglichkeit, dass eine Tochter von einem Mann (musste ja ein Mann sein bei einer Schuhgröße von mindestens 44, oder?) Besuch hatte – und das Schlimmste: Sie war mit dem Schuhbesitzer alleine auf ihrem Zimmer. Und noch schlimmer, ich hörte nichts. Keinen Ton. Oder war das gut, nichts zu hören? Was jetzt? KOPFKINO! Was MACHEN die da?

Wie verhält man sich in so einer Situation am besten? In Panik ein Tablett mit Keksen und Apfelschorle zusammenstellen und damit quasi gleichzeitig mit einem hastigen Türklopfer ins Zimmer zu fallen, ist keine gute Idee. Das ist kein unauffälliger Kontrollblick. Es empfiehlt sich eher, sich zunächst mal lautstark bemerkbar zu machen (fallen Sie über den Schirmständer oder so und fluchen Sie dabei möglichst realistisch. Beim kräftigen Fluchen können Sie auch unauffällig schon mal etwas Dampf ablassen). Verhalten Sie sich auf jeden Fall so, dass Ihr Teenie samt Besuch Sie sicher hören kann. Sie wollen nämlich, dass die mitkriegen, dass Sie wieder da sind. Dies ist zu Ihrem eigenen Schutz, denn was Sie auf gar keinen Fall möchten, ist eindeutig zweideutige Geräusche zu hören. Jetzt haben Sie ein unangenehmes Kopfkino, ja?

Haben Sie sich akustisch bemerkbar gemacht, atmen Sie zunächst tief durch, und erst wenn der Puls wieder auf Normalfrequenz läuft, klopfen Sie an die Tür und sagen freundlich und so normal wie möglich »Hallo«. In 99 Prozent der Fälle sind beide Kinder noch angezogen und schauen Ihnen verstrubbelt und etwas verschämt mit rot geküssten Gesichtern entgegen. Da sie aber höchstwahrscheinlich zusammen auf dem Bett liegen – meistens, weil gar kein anderes geeignetes Sitzmöbel da ist –, entsteht nun eine peinliche Pause. Um sie elegant zu überbrücken, folgt eine stammelige Vorstellungsrunde auf Basis einer der zwei klassischen Möglichkeiten:

a.) Der Schuhbesitzer entpuppt sich als jemand, den Sie kennen, aber im ersten Moment nicht erkannt haben, weil der eine merkwürdige Wandlung durchgemacht hat seit dem letzten Mal im Kindergarten, als Sie ihn auf dem Schoß sitzen hatten. Außerdem trägt er jetzt einen flaumigen Bart – analog zur Schuhgröße 44.

b.) Sie haben das Gesicht noch nie gesehen – ob Sie es je wiedersehen möchten, steht auf einem anderen Blatt. (Schließlich liegt der Kerl auf dem Bett Ihrer Tochter mitsamt selbiger.)

Widerstehen Sie dem Gefühl, die Tür sofort wieder zuzuknallen beziehungsweise den Typen sofort gewaltsam aus dem Zimmer zu entfernen. In den meisten Fällen wird Ihnen Ihre Pubertistin zuvorkommen und höchstselbst die Vorstellung übernehmen. Sonst ergreifen Sie eben die Initiative, um die peinliche Situation zu überbrücken. Schieben Sie noch eine banale Frage hinterher, die leicht zu beantworten ist, mehr schaffen die verwirrten pubertären Gehirne jetzt nicht – und das Ihre auch nicht, wie: »Habt ihr schon was gegessen?« oder etwas Ähnliches.

Dann haben Sie einen vernünftigen, nachvollziehbaren Grund, um schnell abzuziehen, und Sie haben etwas zu tun. Eröffnen und erwarten Sie keine langen Palaver. Ziehen Sie sich einfach elegant zurück. Ihr Teenager und der Besuch werden sehr wahrscheinlich zeitnah das Zimmer verlassen, der Besuch wird seine großen Schuhe anziehen und damit nach Hause stapfen.

Ein anständiger Kerl wird Ihnen noch Tschüss sagen, denn er weiß, dass die Hand der Tochter nur über das Herz der Mutter führt. Ob mit »Tschüss« oder ohne, bleiben Sie stark, bis der Kerl das Haus wieder verlassen hat, bevor Sie zusammensacken und in eine verzweifelte Schockstarre verfallen. Dazu haben Sie genug Zeit, sobald die Tür ins Schloss gefallen ist, denn die Tochter wird sich in ihr Zimmer schleichen, weil sie jetzt sehr dringend erst einmal stundenlang die endpeinliche Situation mit ihren Freundinnen besprechen muss. Rennen Sie ihr nicht hinterher. Sie müssen jetzt auch erst einmal Zeit für sich haben, um sich mental auf dieses neue Kapitel vorzubereiten. Entspannen Sie sich, Sie wissen ja, dass man vom Küssen nicht schwanger wird. Denken Sie an die tiefe Bauchatmung. Wenn Ihr Blut wieder sanft dahinfließt, dürfen Sie die Tochter mit Fragen bedrängen.

Fremde Schuhe im Hausflur, deren Besitzer Ihnen nicht vorgestellt wurde, sind nur ein mögliches Indiz von vielen, an dem Sie feststellen, dass das sexuelle Interesse aufgeflammt ist. Ich kenne mehrere Fälle solcher oder ähnlicher Überraschungs-*Lover*. Männlich wie weiblich. Heißt, der Freund, die Freundin ist plötzlich einfach da, sitzt am Küchentisch, steht mit nacktem Oberkörper im Familienbad oder sitzt (immerhin) auf dem Klo, wenn Sie herzhaft gähnend, mit Schlaf in den Augen und ohne BH zu Ihrer Morgentoilette wanken. Meistens jedoch startet es subtiler. Indizien sind zum Beispiel:

- Ihr Teenager ist ungewöhnlich lange sehr beschäftigt und dabei alleine in seinem Zimmer eingeschlossen (spätestens jetzt ist dieser Raum auch kein Kinderzimmer mehr, sondern erhält das Etikett *Jugendzimmer*. Dies zeigt sich auch häufig daran, dass etwa zeitgleich eine innenarchitektonische Generalüberholung gewünscht wird). Außerdem wird das Zimmer freiwillig aufgeräumt.
- ungewöhnlich heftige Reaktionen, wenn Ihr Teenager auf ungewöhnliches Verhalten angesprochen wird: plötzliches Erröten, plötzliches Verlassen des Tisches beim gemeinsamen Abendessen
- bei Mädchen: stundenlange Diskussionen übers Handy mit der besten Freundin über irgendwelche gerade angesagten Messengerdienste, in deren Verlauf Sie die Wortfetzen »und dann hat er gesagt«, »und dann hab ich gesagt« mindestens in jedem zweiten Satz hören. Bei Jungen: Sie erfahren gar nichts außer ein »Mmphf«.
- Das Bad ist dauerbelegt. Dort auf dem Waschbecken finden Sie auch Ihr iPad wieder, mit dessen etwas größerem Bildschirm sich die YouTube-Tutorials besser nacharbeiten lassen, während die *Best Friend Forever* auf dem *Second Screen* (dem Teenie-Handy) live dabei ist und wichtige Hilfestellungen geben kann. Der Gebrauch von diversen Duftsubstanzen in Form von Deodorant und Parfüm ist deutlich erhöht (sehr gerne bei den Jungs).
- Ach ja, bei Jungs natürlich der Klassiker *Sperma-auf-dem-Bettlaken*.

I ♥ YOU

Im Prinzip müssen Sie sich mit der ersten Liebe abfinden. Üben Sie Schmunzeln, und freuen Sie sich, wenn Ihnen die oder der Auserwählte baldigst vorgestellt wird.

Wenn Sie sie kennenlernen, seien Sie offen, auch wenn die Dame oder der Herr zunächst nicht Ihren Vorstellungen von einer geeigneten Schwiegertochter oder einem Schwiegersohn entspricht. Die Chancen, dass er oder sie das wird, sind wirklich sehr, sehr gering. Vielleicht ist die heutige Liebe des Lebens Ihres Teenagers auch in drei Tagen schon ein totaler Idiot oder sogar komplett aus der Erinnerung gestrichen.

Übrigens: Wachsende äußerliche Geschlechtsmerkmale sind nicht unbedingt Anzeichen dafür, dass auch das sexuelle Interesse schon aufflammt. Im Gegenteil. Sehr oft ist das, was da wächst und gedeiht, den Betroffenen einfach nur peinlich und unangenehm.

WIE SIE MIT IHREM KIND ÜBER SEX REDEN

Spätestens, wenn Sie vermuten, dass Intimitäten nicht mehr lange auf sich warten lassen, sollten Sie mit Ihrem Teenager ein vertrauliches Gespräch führen. Dann wird es Zeit, den Wissensstand des Sprösslings in puncto Sex und Verhütung zu überprüfen.

Zu glauben, dass im Zeitalter allgegenwärtigen Medienkonsums mit quasi ungehindertem Zugang zu mehr oder weniger offenen Darstellungen des zwischenmenschlichen Austausches so was wie elterliche Erklärungen zu ebendiesem Thema überflüssig sind, ist nämlich schlichtweg falsch. Allerdings ist es genauso falsch, anzunehmen, dass Jugendliche nur an vollkommen bizarren Sexualpraktiken interessiert sind. Die meisten Jugendlichen wünschen sich nämlich, neben aller verständlicher Faszination und Neugier für nackte Tatsachen, Zärtlichkeit und Vertrauen. Tatsächlich zeigt die Statistik*, dass Jugendliche heute nicht früher miteinander schlafen als die Jugendlichen zu unserer Teeniezeit. Die sind nämlich trotz der Medienflut genauso verunsichert, was diese neuen Gefühle angeht, wie wir es damals waren, die maximal Dr. Sommer als Sparringspartner hatten. Wenigstens wurden wir medial weniger zugeballert mit strotzender männlicher Potenz, überdimensionierten Brüsten oder Gesichtskorrekturen – und von Schönheitsoperationen an Geschlechtsorganen hatten wir noch nie was gehört.

Erschreckenderweise hat fast jedes Kind bis zum 14. Lebensjahr bereits einen Porno gesehen**. Vielleicht nicht bis zum Schluss, aber entscheidende Dinge, die nichts mehr mit liebevollem Geplänkel zu tun haben, sind bekannt. Ihr kleiner Pubsi hat also eine Idee davon, was da so abgehen kann. Umso wichtiger, dass Sie selber das Wort ergreifen und mit Ihrem Kind über das sprechen, was er oder sie in solchen Filmen nicht zu Gesicht bekommt: was Zärtlichkeit und Liebe bedeuten, dass zum Sex auch unbedingt Geborgenheit gehört und Vertrauen, dass Penisse, Vulven und Brüste ganz und gar unterschiedlich aussehen. Dass das, was auf dem Handydisplay gezeigt wird, nicht unbedingt das Nonplusultra oder die Normalität

* *Studie Jugendsexualität 2015. Repräsentative Wiederholungsbefragung. Die Perspektive der 14- bis 25-Jährigen. www.forschung.sexualaufklaerung.de/projekt/jugendsexualitaet-2015-repraesentative-wiederholungsbefragung-die-perspektive-der-14-bis-25-jaehrige/ergebnisse/*

** *Jugendliche sehen mit etwa 14 Jahren zum ersten Mal Pornos: www.welt.de/newsticker/news1/article170030310/Jugendliche-sehen-mit-etwa-14-Jahren-zum-ersten-Mal-Pornos.html*

der trauten Zweisamkeit abbildet. Und natürlich müssen Sie über Verhütung sprechen.

Selbstverständlich erfordert diese schwere elterliche Aufgabe etwas Mut. Aber wollen Sie die Aufklärung Ihrer Sprösslinge wirklich der Biologielehrerin, dem älteren Bruder Ihres Nachbarsohnes oder irgendeinem freizügigen Pärchen in einem Filmchen auf Netflix, YouTube oder dem Handy des aktuellen Klassenangebers der 6b überlassen? Zugegebenermaßen ist so ein Aufklärungsgespräch für die meisten von uns merkwürdig und auch für Eltern ein bisschen unangenehm. Man muss ja nicht unbedingt bis ins kleinste Detail gehen, aber man sollte sicherstellen, dass der Teenie weiß, dass Kondome keine einzeln verpackten Luftballons sind – davon abgesehen, ist der eigentliche Geschlechtsverkehr ja auch nicht die einzige Frage, die die jungen Damen und Herren beschäftigt.

Wie gehen Sie am besten vor? Suchen Sie dazu möglichst eine lockere Atmosphäre. Machen Sie keinen dramatischen Termin daraus »Am Samstag um 15:15 Uhr möchte ich mal eine Stunde mit dir über deine Sexualität mit Jonas reden«. Das ist keine gute Idee. Weder für Sie noch für Ihr Kind. Stress pur. Sehr gut für intime Gespräche sind zum Beispiel die folgenden Situationen:

- Beim Autofahren. Vorteil hier: Sie müssen sich nicht gegenseitig in die Augen gucken, denn zumindest Ihre müssen ja auf der Straße bleiben. Dann kriegen Sie zwar nicht mit, wie Ihr Kind reagiert, aber bei diesem Thema ist kein direkter Augenkontakt ein super Schutzschild.
- Abends, wenn Sie noch mal einen Blick ins jugendliche Habitat wagen und eventuell zur Röte neigende Gesichter ob der abgedimmten Beleuchtung weitestgehend geschützt sind.
- Generell Situationen, wenn es draußen regnet und es drinnen etwas gemütlicher ist. Zum Beispiel beim Gemüseschneiden oder Plätzchenbacken. (Es reicht auch, wenn Sie schnippeln oder kneten, und Ihr Teenager sitzt einfach gelangweilt am Tisch und wartet, dass was Essbares abfällt.)

Die Chancen stehen natürlich hoch, dass Ihr Kind nicht mit Ihnen reden möchte. Dass Sie ein genervtes »Oh, Mama! Du bist so peinlich!« oder ein altkluges, rotwangiges »Ja, weiß ich doch, Mann!« ernten. Wenn beim ersten Mal kein Gespräch zustande kommt und Junior nur schnell errötend und Augen rollend das Zimmer verlässt, lassen Sie sich nicht abschrecken. Sie haben damit zumindest ein Zeichen gesetzt, dass diese ganze Sexkiste für Sie ein ganz normales Thema ist. Das ist die halbe Miete. Dann versuchen Sie es irgendwann noch mal und sagen dann so was wie: »Mensch, mir ist das auch peinlich, aber ich denke, wir müssen mal über ein paar Dinge sprechen.« Geben Sie zu, dass den meisten Menschen so ein intimes Thema unangenehm ist. Dass es Ihnen aber wichtig ist, wenigstens einmal über Themen wie Verhütung und sexuell übertragbare Krankheiten zu sprechen. Dass man aber auch drüber sprechen kann, ohne alle Details offenzulegen. Und dann versuchen Sie es einfach – am besten mit einer ordentlichen Prise Humor.

Und wenn Sie zu sehr rumdrucksen, es gibt auch einiges an Aufklärungsbüchern oder Infobroschüren für Jugendliche. Letztere gibt es umsonst beim Frauenarzt oder in Beratungsstellen. Die Broschüren können Sie gut als Klolektüre im Bad platzieren oder einfach irgendwo sichtbar in der Wohnung liegen lassen. In der Regel werden die schnell eingesackt, und der Teenager verschwindet damit aufs Zimmer.

Von Mutter zu Tochter stehen die Chancen auf ein erfolgreiches Gespräch auf jeden Fall besser als von Vater zu Sohn. Das liegt ganz simpel daran, dass Männer generell nicht so gerne intime Gespräche führen. Versuchen sollten Väter es trotzdem. Wenigstens Gesprächsbereitschaft signalisieren. Und wenn es gar nicht geht, dann sagen Sie wenigsten, wo Sie ein paar Kondome platziert haben, zur freien Verfügung. Nehmen Sie eine große Box, damit nicht auffällt, wenn ein paar fehlen. Können Sie ja regelmäßig nachfüllen. Verhütung ist ja nicht nur Mädchensache, und neben einer unerwünschten Schwangerschaft gibt es ja auch noch sexuell übertragbare Krankheiten.

Bei aller liebevollen Hartnäckigkeit der Gesprächsführung, lassen Sie in solchen Gesprächen Ihre persönlichen Bettgeschichten mit Ihnen und Ihrem Gatten (und sämtlichen Vorgängern) als Hauptakteure im Nähkästchen liegen. Die müssen Sie wirklich nicht zur Illustrierung detailreich zum Besten geben. Das ist tatsächlich für die meisten Jugendlichen mehr als abschreckend. Erstens sind Sie und Ihr Gatte schon angezogen peinlich genug. Zweitens sollen Eltern sich zwar für immer lieben, aber doch bitte dabei irgendwie schön asexuell bleiben. Oder möchten Sie sich Ihre Eltern beim Sex vorstellen? Nein? Na bitte!

WAS SIE WISSEN SOLLTEN, WENN ES ERNST WIRD

Ob Sie Ihr Kind aufgeklärt haben oder nicht, irgendwann ist es so weit, Ihr Teenie hat einen Freund, eine Freundin und möchte mehr als nur ein bisschen schmusen. Folgendes sollten Sie wissen: Es gibt sogenannte Schutzaltersgrenzen für sexuelle Handlungen zwischen und mit Minderjährigen. Diese Schutzgrenzen sind im Strafgesetzbuch genau definiert. Je nachdem, wie alt der Freund oder die Freundin Ihres Kindes ist, gibt es dann eventuell ein Problem – weil die Verbindung strafbar ist. Ein paar Beispiele: Nehmen wir mal an, wir haben sechs Jugendliche – Alina (13), Romy (14), Leon (14), Linnea (15), Marvin (16) und Ben (19). Würden die sich nun irgendwie verpaaren, dann dürften Romy und Leon miteinander schlafen und auch sonst sexuelle Handlungen miteinander ausprobieren (beide sind 14). Würden Leon und Alina das Gleiche machen wollen, wäre das ein sexueller Missbrauch von Leon an einem Kind und damit strafbar (weil Alina erst 13 ist). Wenn

Linnea mit Marvin intim wäre, gäbe es rechtlich keine Probleme, solange beide mit allem einverstanden sind. Ähnlich wäre der Fall, wenn Linnea mit Ben schlafen würde, obwohl Ben schon volljährig ist. Würde sie aber mit seinem Bruder intim werden, der schon über 21 ist, dann sähe die Sache anders aus. Dann wäre so eine Verbindung eventuell strafbar, wenn der Verdacht naheläge, dass der Bruder Linneas fehlende Fähigkeit zur sexuellen Selbstbestimmung ausnutzen würde.

Was aber, wenn die 13-jährige Alina sich ausdrücklich wünscht, mit Marvin sexuell aktiv zu werden? Dann seien Sie zunächst einmal froh, dass sie es Ihnen sagt. Da Alina rechtlich gesehen ein Kind ist und keiner mit ihr Sex haben darf, wäre ihr Wunsch, mit ihrem Freund intim zu werden, ein recht verzwicktes Anliegen. Hier sollten Sie zunächst mal mit Fingerspitzengefühl, also sehr behutsam, herausfinden, ob Alina das wirklich will. Sagen Sie ihr, dass Sie sich Sorgen machen (kann die sich eh denken, aber sagen Sie es trotzdem), und bieten Sie gleichzeitig eine Lösung an. Zum Beispiel, so wie meine Freundin Maria vorgegangen ist, als ihre 13-jährige Tochter ihr sagte, sie wolle mit ihrem Freund schlafen und die Pille haben. Maria selbst konnte ihre Tochter nicht überzeugen, noch zu warten, im Gegenteil, ihre Tochter wollte gar nicht mit ihr sprechen. Die hat sich regelrecht gesträubt. Ohne die Einwilligung der Eltern darf aber ein Gynäkologe einem unter 14-jährigem Mädchen die Pille nicht verschreiben. Auch wenn sich das jetzt zu widersprechen scheint, ja, Ärzte verschreiben auch Mädchen unter 14 Jahren die Pille. Aus dem ganz einfachen Grund, weil es Mädchen gibt, die schon früher Sex haben wollen – und auch die können schwanger werden. Das ist dann eine Entscheidung, die Arzt oder Ärztin gemeinsam mit den Erziehungsberechtigten fällen. Da Maria nicht mit ihrer Tochter sprechen konnte, hat sie ihr versprochen, sie würde ihr Einverständnis geben, wenn die Tochter sich bereit erklären würde, zuerst mit einer neutralen Person zu sprechen. Zum Glück willigte ihre Tochter ein. »Neutrale« Personen, vorzugsweise erfahrene Mitarbeiterinnen in einer Beratungsstelle für Jugendliche, können manchmal besser als Mama oder Papa bei solchen heiklen Themen zu den Jugendlichen durchdringen. Sie machen keine Vorwürfe, sie hören zu, und sie sind einfach in einer anderen Position, als Eltern es sein können. Sie können sich ganz anders rantasten, auch weil man meistens anonym in einer Beratungsstelle bleiben kann. Marias Tochter hat sich nach dem Gespräch entschieden, doch noch etwas zu warten.

Fakt ist auf jeden Fall, dass Teenager, egal wie alt, eine Gelegenheit finden werden, um Sex zu haben, wenn sie das wirklich wollen. Ob Sie es erlauben oder nicht. Ob die sich tagsüber treffen oder beieinander übernachten. Verbote, Uhrzeiten – alles ist zweitrangig. Sie können Jugendliche, die Sex miteinander haben wollen, nur daran hindern, indem Sie sie 24/7 überwachen. Oder einsperren. Aber selbst ein meterhoher Turm mit Dornenhecke ist für einen testosterontrunkenen Prinzen und eine hormonschwangere Prinzessin kein Hindernis. Echtes Verlangen kennt keine Furcht, keine Grenzen. Wo ein Wille ist, da wird sich auch ein Weg finden. Es empfiehlt sich eher, auf Aufklärung, Ehrlichkeit und Vertrauen als Basis zu setzen, als auf Schlösser und einen meterhohen Doppelstabmattenzaun um den Garten. Viel wichtiger ist es, eine Alina zu stärken, dass jede und jeder sich so viel Zeit lassen darf, wie er oder sie möchte. Und dass man nur Dinge tun sollte, die man wirklich von sich aus will. Dass ein »Nein« auch »nein« heißt, und wenn der Partner das nicht akzeptiert, dass dieser Partner dann nicht der richtige ist.

Und dann bleibt uns Eltern nur zu hoffen, dass das erste Mal innerhalb einer liebevollen Beziehung mit einer wundervollen Person stattfindet. Die Chance besteht natürlich, dass diese Person nicht der tolle Leon von gegenüber wird, der Ihnen gut in den Kram passen würde, sondern dass die Wahl auf den coolen Marvin fällt, den Sie eigentlich total bescheuert finden und bei dem Sie auch genau wissen, dass er Ihrem Kind wehtun wird. Aber leider trägt

Ihre Tochter eine tief rosafarbene Brille und sieht das ganz anders. Sie würde Ihnen kein Wort über Marvins schmierigen Charakter glauben. Wahrscheinlich haben Sie, was Marvin angeht, recht. Bleiben Sie trotzdem sachlich, soweit es geht. Sonst können Sie sichergehen, dass Sie vom nächsten Freund gar nichts mehr erfahren. Bestärken Sie Ihren Teenie lieber, auf eigene Bedenken zu hören, und signalisieren Sie, egal was passiert, Sie sind da.

WIE SIE DEN LIEBESKUMMER IHRES TEENIES ÜBERLEBEN

Eines der schrecklichsten Dinge für uns Eltern ist es, wenn unser Kind leidet. Aufgeschlagenes Knie, Splitter im Finger, der entsetzlich juckende Mückenstich – wir leiden mit: Pusten, Pflaster oder Spucke drauf, wird wieder. Schlimmer wird es, wenn das Kind leidet und man nichts auf die schmerzende Stelle kleben kann: Der berühmte erste Liebeskummer ist der schlimmste – Sie kennen das. Und weil Sie ihn kennen, leiden Sie mit, auch wenn Sie insgeheim drei Kreuze machen, dass der Marvin endlich weit weg ist. Oder Ihr Leon es endlich geschnallt hat, was Sie längst wussten: Die liebliche Romy wollte nichts von ihm, als von seinen mathematischen Fähigkeiten zu profitieren.

Liebesschmerz tut richtig weh: seelisch und körperlich auch, so als wäre uns ein Arm ausgerissen worden. Da blutet das Mutterherz. Das Vaterherz auch, aber meist etwas anders. Mütter neigen zu übertriebener Fürsorge, Männer stehen oft eher etwas hilflos vor der verschlossenen Jugendzimmertür. Beides ist gleich gut oder schlecht. Trösten Sie einfach, so gut Sie können. Manchmal sind Worte zu viel, dann hilft sowieso nur in den Arm nehmen und da sein.

Wenn Sie Glück haben, dauert der Liebeskummer ein paar Tage, dann ist der Typ oder das Mädchen vergessen. Meistens dauert es länger – und wird nicht vergessen. Ein Jahr lang hat meine Freundin Claudia das Weinen ihrer Tochter jeden Abend durch die geschlossene Tür gehört. Ein verdammtes Jahr lang. Alle Gespräche, alle Ablenkungen konnten Lilly nicht trösten. Sie aß schlecht bis gar nicht, in der Schule wurde sie immer schlechter, was sie aber hervorragend vertuschen konnte – bis zur Zeugnisausgabe. Tun konnte Claudia nichts, außer mit ihrer Tochter mitzuleiden, sich in großer Geduld zu üben und ihrer Tochter immer wieder zu signalisieren: Es geht vorbei. Es geht vorbei. Es geht vorbei. Natürlich glaubte Lilly das nicht. Der erste richtige Liebeskummer ist der schlimmste. Da denkt man, man muss sterben. Und genau das versuchen Jugendliche leider manchmal, wenn der Kummer zu unerträglich wird.

Das können Sie tun:

- Trösten Sie: mit Worten, aber ohne Floskeln. Machen Sie keine Witze. Das »andere Mütter haben auch schöne Söhne« stimmt zwar, will in dem Moment aber keiner hören. Oder sagen Sie einfach gar nichts, sondern nehmen Sie einfach in den Arm. Bieten Sie eine Schulter zum Ausheulen. Versichern Sie Ihrem Teenager, dass Liebe zum Leben und Leid zur Liebe dazugehört.
- Erzählen Sie aus Ihrer eigenen Erfahrung. Es tröstet, zu erfahren, dass Eltern, diese asexuellen, uralten uncoolen Wesen, sich ebenfalls verlieben konnten und können und dass auch wir schon gelitten haben und sehr genau verstehen, wie sich das anfühlt.
- Seien Sie tolerant: Ihr Kind wird schwanken zwischen Kaktus, Wutanfall und tiefer, verzweifelter Traurigkeit. Schimpfen Sie nicht zu sehr. Bleiben Sie ruhig und seien Sie verständnisvoll. Vielleicht erinnern Sie sich an Ihren letzten Liebeskummer. Für Ihr Kind ist es der erste. Toleranz heißt allerdings nicht, dass Ihr

Kind deswegen aller seiner Pflichten entledigt wird. Das wäre das falsche Signal, und es würde auch nicht helfen. Im Gegenteil, Ablenkung tut gut.

Es gibt natürlich auch den Fall, dass Sie die große Liebe Ihres Kindes quasi als Ihr Ersatzkind angesehen haben: wenn der bei Ihnen zu Abend gegessen, mit in den Urlaub gefahren, mit Ihnen abends Brettspiele gespielt, Ihre Spülmaschine ein- und ausgeräumt hat. Wenn es Grillabende zusammen mit seiner Familie gab. Wenn Sie die Kinder quasi schon verheiratet gesehen und sich selbst auf die Schulter geklopft haben ob der glücklichen Wahl der Kinder. Dann sind Sie vielleicht tieftraurig, wenn die Liebe plötzlich mit einem Schlag vorbei ist. Weil Sie als anständige Eltern selbstverständlich aufseiten Ihrer Tochter oder Ihres Sohnes sein werden und kompromisslos jeglichen Kontakt zum Ex Ihres Kindes abbrechen werden. Egal, wie sehr Sie den Freund Ihrer Tochter mochten, hier empfiehlt es sich, parteiisch zu Ihrem Kind zu halten. Also löschen Sie den Typen auch überall da, wo Sie virtuell mit ihm verbunden sind.

WIE SIE MIT EINEM COMING-OUT UMGEHEN

Jetzt hatten Sie sich schon so auf die vielen potenziellen Enkelkinder gefreut – und dann so was: Das Kind entpuppt sich als homosexuell. Was nun? Zunächst mal: Ruhig Blut, Ihr Kind ist ja nicht krank. Dass Ihre Tochter eine Freundin oder ihr Sohn einen Freund hat, ist vielleicht nicht die Bilderbuch-Partnerschaft, die Sie sich für Ihr Kind gewünscht haben, es produziert vielleicht auch ein irritierendes Kopfkino bei Ihnen, aber die imaginierte Enkelkinderschar müssen Sie nicht automatisch begraben, und die Welt geht auch nicht so schnell unter.

Ob sich ein Mensch zu dem einen oder dem anderen Geschlecht (oder sogar zu beiden zusammen) hingezogen fühlt, darauf haben nämlich weder Sie, Ihr Kind selbst, noch sonst jemand nennenswerten Einfluss. Es hat deshalb sehr viel Sinn, es einfach und schnellstens zu akzeptieren, wenn Ihnen Ihre Tochter aus heiterem Himmel eine Freundin beichtet oder Ihre geheime Befürchtung sich bewahrheitet, dass Sohnemann seinen Kumpel Johannes lieber hat, als Sie dachten. Denn ändern werden Sie daran nichts, weder durch besondere erzieherische Härte, noch durch einfühlsames Beschwören oder intensives und inbrünstiges Beten. Auch die Suche nach einem Schuldigen ist müßig. Es gibt nämlich keinen. Es liegt nicht an Ihrer Erziehung, auch nicht am »schlechten« Umgang oder dem bösen Handy, das sonst an allem anderen schuld ist. Tatsächlich ist Ihr Kind mit ebendieser Neigung geboren worden – wie Abertausende seit Menschengedenken vor ihm. Und nichts, aber gar nichts, wird diesen Menschen davon abhalten, seine wahren Gefühle zu fühlen. Wenn Sie es verbieten, wenn andere spotten, dann eben heimlich und versteckt.

Davon mal abgesehen, ist die sexuelle Orientierung Ihres Kind auch einfach nicht Ihre Baustelle. Die Sexualität Ihres Kindes geht Sie nur etwas an – und zwar egal, ob hetero-, homo- oder bisexuell –, wenn zwischen Ihrem Kind und dem Subjekt seiner Begierde ein gesetzlich verbotener Altersunterschied besteht. Dann dürfen Sie nicht nur, dann sollten Sie einschreiten und genauer hinterfragen, was da eigentlich los ist.

Für Ihr Kind ist das eigene Coming-out in den meisten Fällen auch mehr als verwirrend. Das Erkennen der eigenen Sexualität und das Akzeptieren, anders zu sein – das innere Coming-out sozusagen –, ist nämlich die erste Hürde, die es nehmen muss; und das ganz alleine. Bei der es zuerst einmal sich selbst klar werden muss, was da eigentlich abgeht. Da wurde sein »Anderssein« vielleicht schon von Klassenkameraden erspäht, und entsprechend wurde es gehänselt und als Schwuchtel verspottet. Eltern erfahren so was in der Regel eh als Allerletzte.

Können Sie die sexuelle Orientierung vorher erkennen? Gibt es Vorzeichen, sodass Sie sich innerlich irgendwie vorbereiten können? Also, wenn Ihr Sohn nicht gerade offensiv die Kleider seiner Schwester anzieht und ihr Make-up professioneller aufträgt – um mal ganz klassische Klischees zu bedienen –, ist es für Eltern sehr schwierig zu erkennen.

Zumindest, wenn Sie bisher eher homophob unterwegs waren (wenn Sie immer schon begeistert beim Christopher Street Day mitgelaufen sind, dann haben Sie vielleicht ein ganz gutes Auge dafür; vielleicht aber auch nicht). Denn ein verändertes oder merkwürdiges Verhalten oder ein zeitweises Zurückziehen und so weiter ist in der Pubertät völlig normal. Ein homosexuelles Kind hat ansonsten die gleichen Pubertätsprobleme, wie alle anderen Jugendlichen auch. Sehr wahrscheinlich hat Ihr Sohn sogar noch ein paar mehr, denn wenn er das ein oder andere Mal zum Zentrum des Spotts wird, wenn er ein auf dem Schulhof zugeworfenes »Bist du schwul, oder was?!« als Wahrheit erkennt. Also, unterstützen Sie Ihr Kind, so gut es geht.

Folgendes können Sie tun, wenn Sie vermuten, dass Ihr Kind homosexuell ist:

- Signalisieren Sie Ihrem Kind, dass Homosexualität kein Tabuthema für Sie ist. Homophobe Sprüche wie »Was is dat denn für 'ne Schwuchtel«, in Nebensätzen hingeworfen beim abendlichen Fernsehgucken, sind selbstredend kontraproduktiv. Aber beiläufig und aufgeschlossen über das Thema zu reden, signalisiert, dass Sie dem Thema nicht grundsätzlich abgewandt gegenüberstehen.

Zum Beispiel so: »Wow, diese Verkleidungen beim Christopher Street Day! Wahnsinn. Ein Kollege von mir war letztes Jahr in Köln dabei. Spannend …« Oder: »Mein Kollege hat sich letztens geoutet. Finde ich gut, dass er offen damit umgeht.«

- Setzen Sie sich bewusst mit dem Thema auseinander, zum Beispiel indem Sie mit Ihrem Kind einen entsprechenden Spielfilm gucken. Sagen Sie nichts, schauen Sie einfach, wie der Spross reagiert. Achtung: Sehr aggressive Abwehrhaltung kann auch das Gegenteil bedeuten. Hier kommt es drauf an, wie Sie reagieren.
- Sprechen Sie Ihr Kind direkt auf Homosexualität an. Aber mit Fingerspitzengefühl und ohne Vorwürfe. Bei einem polternden »Wieso hängst du mit dieser Kampflesbe rum?!« wird Ihre Tochter sehr wahrscheinlich nichts von sich preisgeben.

Sie müssen Homosexualität nicht supergut finden, weil es vielleicht gegen Ihre religiöse Einstellung geht, weil Sie damit die Hoffnung auf leibliche Enkelkinder begraben sehen, weil Ihr Moralkodex davon komplett auseinanderbricht oder weil Sie Angst davor haben, zum Dorfgespräch zu werden. Das ist okay. Diese Ängste dürfen Sie Ihrem Kind auch durchaus mal sagen. Nur eben nicht als Vorwurf, sondern als Ihre Meinung oder Ihre persönliche Sorge. Klären Sie gemeinsam, wie offen außerhalb der Familie darüber gesprochen werden darf. Und ja, es ist natürlich einfacher, in einer großen Stadt, wo keiner Sie in der nächsten Straße kennt und niemand mit dem Finger auf Sie zeigen wird, als in einer kleinen Gemeinde, wo jeder jeden kennt und jeder, der anders als die Allgemeinheit ist, erst einmal schräg angeschaut wird. Stehen Sie zu Ihrem Kind, und helfen Sie ihm, sich selbst zu akzeptieren. Das muss das Kind nämlich auch erst lernen. Wie bei einem heterosexuellen Partner auch: Signalisieren Sie, dass Sie den Freund oder die Freundin kennenlernen möchten. Das ist die beste Möglichkeit, Vorbehalte abzubauen.

Es gibt in vielen Städten übrigens spezielle Jugendgruppen, die sich an schwule, lesbische, queere und transgender und so weiter Jugendliche wenden. Auch an deren besorgte Eltern. Diese Gruppen bieten regelmäßige Treffen, zu denen Jugendliche meist ab 14 eingeladen sind.

Ihr Teenager wird jedenfalls nicht automatisch ein entsetzliches Leben haben und unglücklich sein. Sie werden auch nicht sterben, wenn jemand anders mit dem Finger auf Sie zeigt. Sie werden aber vielleicht innerlich zugrunde gehen, wenn durch Ihre Intoleranz ein Keil zwischen Ihnen und Ihrem Kind getrieben wird. Freuen Sie sich lieber, wenn Ihr Kind Ihnen vertraut und mit Ihnen darüber reden möchte.

Für manche Jugendliche ist ein homosexuelles Interesse auch nur eine relativ kurze pubertäre Phase: ein Ausprobieren der eigenen Sexualität. Es ist tatsächlich gar nicht so selten, dass Jugendliche die ersten sexuellen Erfahrungen mit dem eigenen Geschlecht machen und sich dann nach einer Weile dem anderen zuwenden und dann dabeibleiben.

Im Übrigen sind heterosexuell veranlagte Kinder auch keine Garantie für eine reiche Enkelschar. Homosexuelle Paare können und dürfen genauso Kinder bekommen und aufziehen. Auch Adoptieren oder die Aufnahme von Pflegekindern sind möglich, was nicht bedeutet, dass beides für ein homosexuelles Paar besonders einfach wäre. Das ist es nicht. Aber es ist kein Hexenwerk. Also Kopf hoch, vielleicht klappt es ja doch mit der Enkelschar. Sogar geheiratet werden darf mit allem Tamtam.

Ich kenne übrigens ein schwules Pärchen, das mit einem befreundeten lesbischen Pärchen zwei Kinder hat. Das ist sicher eine nicht alltägliche Patchwork-Konstellation. Die Kinder erfreuen sich einer starken Familiengemeinschaft und profitieren von der Zuwendung der doppelten Ausführung an Omas und Opas.

WIE SIE DAMIT KLARKOMMEN, WENN JUGENDLICHER VERKEHR FOLGEN HAT

Enkelkinder? Ja, sicher, aber doch bitte noch nicht jetzt! Zuerst die Schule, dann die Ausbildung oder das Studium, dann erst mal arbeiten, dann heiraten und dann, ja dann. Aber auf keinen Fall mit 14! Oder 15. Oder 16, 17, 18, 19 … 20 ist ja auch noch sehr früh. Vielleicht mit 30. Mit 35 – dann wird's plötzlich Zeit!

Das Gute zuerst: Teenie-Schwangerschaften sind in den letzten Jahren stetig zurückgegangen*. Das ist super, hilft Ihnen aber nicht, wenn es Ihre Tochter trifft. Oder Ihren Sohn. Wobei es selbstredend weit schlimmer ist, wenn Ihr Mädchen betroffen ist, als Ihr Junge, denn in der Regel ist sie es (und mit ihr die gesamte Familie), die den Schlamassel um eine Überraschungsschwangerschaft ausbaden muss. Und zwar egal, wie sich das Mädchen entscheidet. Sie hat da ihr ganzes Leben was von. Und Sie auch.

Wie also gehen Sie vor, wenn Sie die Hiobsbotschaft erfahren? Zunächst einmal kommt wieder unsere bewährte Atemtechnik zum Einsatz: Atmen Sie tief durch, bevor Sie den Mund wieder aufmachen. Was Ihre Tochter jetzt definitiv nicht braucht, sind irgendwelche Hiebe, sei es seelisch oder körperlich (letztere sind generell eine sehr, sehr schlechte Idee). Gehen Sie davon aus, dass Ihre Tochter es höchstwahrscheinlich schon eine ganze Weile weiß und die Last mit sich allein herumträgt. Diese seelische Folter ist Strafe genug. Seien Sie lieber froh, wenn sich Ihre Tochter Ihnen anvertraut, hoffentlich zeitnah, sodass ihr (und Ihnen) alle möglichen Optionen noch offenstehen. Je früher, desto besser, ist die Devise und die beste Basis, dass Sie dieses Problem irgendwie lösen können. Zusammen. Nehmen Sie deshalb als Erstes Ihr höchstwahrscheinlich komplett aufgelöstes und verunsichertes Kind in den Arm. Wenn die erste

---

* *Die Anzahl der Schwangerschaftsabbrüche bei Teenagerinnen sinkt seit Jahren: Statistisches Bundesamt, Pressemitteilung Nr. 428 vom 1. Dezember 2016, www.destatis.de*

Schockwelle sich ein bisschen gelegt hat, fragen Sie sie, ob sie weiß, was sie machen möchte:

- Möchte sie das Kind austragen? Wenn ja, möchte sie es behalten oder zur Adoption freigeben?
- Möchte Sie die Schwangerschaft abbrechen?
- Hat sie sich überhaupt schon näher mit den verschiedenen Möglichkeiten auseinandergesetzt, und vor allem, ist sie sich der jeweiligen Konsequenzen bewusst?
- Weiß es der Vater schon? Wenn ja, was sagt der? Wenn nein, warum hat sie ihm nichts gesagt?

Alle 1001 Fragen stellen Sie jetzt sehr behutsam. BEHUTSAM und am besten so, als hätten Sie alles im Griff, auch wenn Sie das nicht haben und gerade das gesamte Leben Ihres Kindes den Bach runtersausen sehen. (Das wird es nicht, egal wie sie sich entscheidet, wenn Sie nun nicht den Kopf verlieren.)

Begleiten Sie Ihre Tochter, wie auch immer ihre Entscheidung ausfällt. Sammeln Sie alle Fakten. Halten Sie Ihre Meinung zunächst zurück. Hören Sie hin, was Ihre Tochter möchte. Wenn Sie Glück haben, ist sie sehr klar in ihrer Meinung, ob und wenn ja, wie sie Mutter werden möchte oder eben nicht. Das macht es sehr viel einfacher für Sie, Ihr Kind zu unterstützen. Erklären Sie sachlich die Konsequenzen, die jede Entscheidung mit sich bringen würde. Dann suchen Sie nach machbaren und realistischen Lösungen und holen sich unbedingt so schnell wie möglich von neutraler Seite Hilfe (siehe Anhang).

Sollte Ihr Kind sich für eine Schwangerschaft entscheiden, müssen Sie auch für sich abwägen, inwieweit Sie sich in die Versorgung Ihres Enkelkindes einbringen können. Finanziell, zeitlich und räumlich. Wenn Sie beispielsweise 39 und alleinerziehend sind, ihre 14-jährige Tochter bald Mutter wird und bei Ihnen in der Zweiraumwohnung lebt, Sie aber arbeiten gehen, dann sind Sie zwar Oma, aber noch lange nicht mit einem Bein im Rentenalter.

In kurz: Sie haben keine Zeit und auch keine Kraft, zusätzlich zu Ihrem Sorgerecht für Ihre Tochter noch die Vormundschaft und Pflege für ein Baby zu übernehmen. Vielleicht können Sie aber auch ein Sabbatjahr einlegen. Oder eine Mutter-Kind-Einrichtung wäre eine gute Idee. Denken Sie daran, dass es für Ihre Tochter wichtig ist, dass sie ihre Schule zu Ende bringt und eine Berufsausbildung abschließt.

Was Sie außerdem bedenken sollten:

- Für Ihre Tochter ist quasi schlagartig die Kindheit vorbei, aber sie ist gleichzeitig noch längst nicht erwachsen. Eine 13-Jährige ist schlecht in der Lage, ihre Situation weitreichend zu überschauen. Und die allermeisten 16-Jährigen sind auch nicht so weit. Das heißt, Sie müssen auch die Rechtslage bedenken. Das Sorgerecht für ihr Kind hat sie nicht. Dafür muss ein Vormund ernannt werden. In der Regel sind Sie das. Sobald Ihre Tochter dann 18 wird, geht das Sorgerecht automatisch auf sie über.
- Die meisten Teenager-Eltern bleiben nicht zusammen, trennen sich oft schon während der Schwangerschaft. Es gibt Ausnahmen, ja. Aber die sind selten. Das heißt, hier kommt eine zusätzliche Belastung auf Ihr Kind zu.
- Wenn Ihre Tochter das Kind nicht will und sich für eine Abtreibung entscheidet, ist dies ebenfalls eine große Belastung für sie. Niemand macht das leichtfertig. Es ist eine Entscheidung, die sie nie vergessen wird, auch wenn es in ihrer Situation vielleicht die richtige ist. Akzeptieren Sie diese Entscheidung. Genauso, wie die zu einer Adoption.

Wenn Ihr Sohn derjenige ist, der Vater wird, haben Sie es zwar nicht annähernd so hart getroffen wie als Mutter oder Vater des Mädchens – emotional unbeeindruckt wird es Sie aber auch nicht lassen. Nichtsdestotrotz muss Ihr Sohn, beziehungsweise Sie als Erziehungsberechtigte eines minderjährigen Vaters, sich mit Rechten und Pflichten auseinandersetzen.

Solange Ihr Sohn kein eigenes Einkommen hat, muss er für sein Kind keinen Unterhalt zahlen. Das heißt, wenn er zum Zeitpunkt der Geburt noch in der Schule ist, darf er danach auch eine Berufsausbildung machen und ist während der Ausbildungszeit ebenfalls nicht unterhaltspflichtig. Er darf also seine Berufsausbildung abschließen. Verwandte in gerader Linie sind einander zum Unterhalt verpflichtet. Theoretisch, laut Gesetz. Wenn Sie ausreichend betucht sind, auch praktisch. In der Regel greift allerdings Vater Staat dem jugendlichen Papa unter die Arme in Form von Unterhaltsvorschuss. Eine Beratung beim Jugendamt ist auf jeden Fall ratsam.

Falls Sie überhaupt von der Schwangerschaft erfahren, sprechen Sie mit den Eltern des Mädchens. Ihr Sohn hat nicht automatisch das Sorgerecht. Und Sie als Oma oder Opa nicht automatisch ein Besuchsrecht Ihres Enkels. Wenn das Mädchen das Kind nicht bekommen möchte, haben Sie beziehungsweise Ihr Sohn kein Recht auf das ungeborene Baby. Genauso verhält es sich, wenn die junge Mutter das Kind zur Adoption freigeben möchte. Setzen Sie das Mädchen nicht unter Druck. Jegliche Vorwürfe bitte zu Hause lassen. Sie sollten nun alle gemeinsam an einem Strang ziehen.

Was immer sie tun, unterstützen Sie die Entscheidung Ihres Kindes und tragen Sie sie nach Kräften mit. Im Übrigen können Sie sicher sein, sollte Ihre Tochter oder Ihr Sohn Ihnen tatsächlich ein Enkelkind schenken, wird es trotz aller Widrigkeiten genau das sein: ein Geschenk. Da ist Ihr Blut drin. Dagegen können sich nur sehr Hartgesottene wehren. Die es natürlich auch gibt. Aber wollen Sie das?

Drogen und andere Betäubungsmittel

Seien wir mal ehrlich, wir alle haben die ein oder andere Drogenerfahrung überlebt. Zumindest ein, zwei, drei kräftige Kater, durch legale Drogen verursacht, haben die meisten von uns überstanden. Und der ein oder andere hat sogar aus Versehen mal einen Joint in der Hand gehabt. Wenn das eigene Goldlöckchen allerdings Gefahr läuft, sich in ein Rauschgoldengelchen zu verwandeln, ist Schluss mit lustig – und zwar auch für die Eltern, die, wenn keine Kinderaugen oder -nasen in Reichweite sind, gerne mal heimlich einen durchziehen.

Wieso das Thema Drogen für Teenies so interessant ist

Der Mensch hat schon immer ein Interesse an bewusstseinsverändernden Substanzen gehabt. Und auch im Tierreich berauschen sich einige Arten gerne und regelmäßig. Da gibt es Delfine, die sich einen giftigen Kugelfisch zum High-Werden teilen, oder Bären, die süchtig nach Kerosin sind. Ganz zu schweigen von den vielen Singvögeln im Garten, die berauscht von zu vielen gegorenen Früchten die Luft unsicher machen. Es scheint also relativ normal zu sein, dass wir Lebewesen uns gelegentlich in andere Sphären beamen möchten. Ist es da noch verwunderlich, wenn ein neugieriger Teenager Interesse bekundet? Sie können fast davon ausgehen, dass die meisten Teenager in irgendeiner Weise Kontakt mit legalen oder illegalen Drogen haben werden: Meist beschränkt sich der Konsum auf Alkohol, Nikotin oder Cannabis; viel seltener werden Amphetamine (auch geläufig unter anderen Namen, wie zum Beispiel *Speed*) oder MDMA (Ecstasy, XTC, E) konsumiert und noch sehr viel seltener Kokain, Heroin und LSD*.

Drogen sind einfach reizvoll, gerade in Phasen, in denen man unsicher ist und gleichzeitig das Hirn auf riskantes Manöver programmiert ist. Man kann sich damit stärker, wacher, cooler fühlen. Sie können Ängste nehmen, müde machen, wenn man nicht schlafen kann. Sie können ein gutes Gefühl erzeugen, wenn man eigentlich nicht glücklich ist. Drogen werden nicht unbedingt nur zur Entspannung genommen oder um sich ins Nirwana zu beamen, sondern auch, um den Schulstress besser aushalten zu können beziehungsweise bei der Mathearbeit irgendwie fokussiert und ruhig zu bleiben. Außerdem sind Drogen leicht zu beschaffen. Ihr Kind muss sich nicht an besonders gefährlichen Orten rumtreiben, um an Drogen zu kommen. Weiterführende Schulen sind leicht zugängliche Umschlagsplätze für Drogen aller Art. Hier kann man tagsüber unauffällig wirksame Substanzen erwerben.

Niemand ist davor gefeit, dass das eigene Kind Drogen ausprobiert. Auch wenn Sie in der besten Gegend wohnen, eine hochangesehene Persönlichkeit in Ihrer Gemeinde sind und Ihr Kind schon im Babybauch optimal gefördert haben: Es kann passieren, dass Ihr Kind nicht nur Drogen ausprobiert und einen gelegentlichen Gefallen daran findet, sondern in die unterste Schublade abrutscht; mit allen gesundheitlichen, sozialen, gesellschaftlichen und finanziellen Folgen, die damit zusammenhängen können.

Zum Glück bleibt es bei den meisten Jugendlichen bei einem Experiment. Im Übrigen sollten Sie im Hinterkopf behalten, dass Jugendliche sich auch manchmal sehr merkwürdig verhalten und

---

* *Drogen- und Suchtbericht 2018, Die Drogenbeauftragte der Bundesregierung. www.drogenbeauftragte.de/fileadmin/dateien-dba/Drogenbeauftragte/Drogen_und_Suchtbericht/pdf/DSB-2018.pdf*

dafür keinerlei Drogen brauchen. Aber genau hinschauen sollten Sie trotzdem. Und durchaus auch mal nachhaken, wenn Ihnen was spanisch vorkommt.

Vermeiden können Sie ein Ausprobieren nicht. Bleibt für Eltern nur ein Weg: Sie müssen eine Risikominimierung vornehmen, indem Sie Ihren Teenie aufklären, indem Sie sich für seine Sorgen, Ängste und Nöte interessieren. Und natürlich mit gutem Beispiel vorangehen.

WIE SIE MIT IHREM TEENAGER ÜBER DROGEN REDEN

Ob Sie nun einen mehr oder weniger begründeten Verdacht haben, dass Ihr Kind irgendetwas mit Drogen zu tun hat, oder nicht, Sie sollten mit Ihrem Teenager mal über Drogen sprechen.

Dabei sollten Sie natürlich wissen, worüber Sie da reden. Ein schulmeisterliches und verallgemeinerndes »Du, Drogen sind wirklich sehr gefährlich« oder »Ich möchte nicht, dass du Drogen nimmst« sind zwar verständliche Wünsche, aber keine überzeugenden Argumente. Wenn Sie also keine einschlägigen eigenen Erfahrungen haben und eigentlich nicht wissen, wovor Sie genau warnen, müssen Sie sich mit dem Thema Drogen etwas intensiver auseinandersetzen.

Zum Grundwissen gehört, dass Sie wissen, was gängige Drogen sind, wie sie wirken, wie lange sie wirken, wie die möglichen Folgen – für Körper und Geist – ausfallen, wie schnell sie abhängig machen und wie zerstörerisch sie zuschlagen. Einen ersten Rundumschlag erhalten Sie im Internet auf Seiten, die speziell Eltern ansprechen (Adressen finden Sie im Anhang). Auch einige Schulen gehen sehr progressiv mit dem Thema um, bieten Workshops für Eltern (und Jugendliche) und sind mit geschultem Personal offen für Gespräche – und wenn sie es nicht tun, könnte man das ja mal anregen.

Mit einem soliden Basiswissen können Sie dann zum ungleich schwierigeren Schritt zwei vorgehen: Reden Sie mit Ihrem Teenager. Wie bei so vielen Dingen im Umgang mit Teenies: Ruhig bleiben ist angesagt. Im Gespräch sollten Sie Vorwürfe möglichst zurückhalten, sonst erreichen Sie eher das Gegenteil. Jugendliche fühlen sich ja sehr leicht vollkommen kontrolliert und bevormundet.

Würzen Sie deshalb so ein Gespräch nicht wie eine Art Tribunal mit drohenden Strafen und harten Vorwürfen. Bleiben Sie ruhig und sachlich, und drängen Sie Ihren Teenager nicht in die Ecke. Starten Sie besser etwas beiläufiger, in einer alltäglichen Situation, vielleicht sogar mit etwas Humor. Oder Sie erzählen eine persönliche Erfahrung, die in Ihrem Bekanntenkreis gemacht wurde, und starten von da in ein Gespräch. Wenn Sie vermuten, dass die Lage ziemlich ernst ist, lassen Sie Ironie und alles andere weg und stellen eine offene Frage: »Sag, mal, was ist eigentlich los? Wie kann ich dir helfen?«

Je nach Temperament Ihres Teenies macht es Sinn, mit der Unterredung zu warten, bis es Abend ist. Die Chancen, dass Ihr Kind fluchtartig das Weite sucht und aus dem Haus stürmt, sind wesentlich geringer, wenn es schon den Schlafanzug trägt, als wenn es noch im Flur in der Jacke steckt. Wenn Ihr Kind schon im Bett liegt und Sie zu ihm gehen, vielleicht sogar einen Fund präsentieren und eröffnen mit einem »Ich mach mir Sorgen«, kann so eine Situation eher zum Erfolg führen, als wenn Sie Ihr Kind gestresst nach der Schule damit überfallen, sobald es durch die Tür geschlüpft ist. Reden Sie von Ihren Ängsten. Die können Sie, nachdem Sie sich informiert haben, auch ziemlich konkretisieren.

Steht es außer Frage, dass Ihr Teenie Drogen nimmt, versuchen Sie nicht auszuflippen. Ihr Kind wird sehr wahrscheinlich erst einmal abblocken und leugnen. Strafen bringen nicht viel. Auch Selbstvorwürfe bringen Sie nicht weiter. Besser ist es, mal zu hinterfragen, warum Ihr Teenie Drogen nimmt. Aber mit einem, soweit unter diesen Umständen machbar, möglichst kühlen Kopf: Versuchen Sie herauszufinden, was und wie häufig Ihr Sohn oder Ihre Tochter diese Substanzen nimmt. Fragen Sie nach, warum er oder sie Drogen ausprobieren möchte oder nimmt, und zeigen Sie Verständnis. Berichten Sie eventuell sogar von eigenen Erfahrungen, wenn Sie welche haben – und wie Sie es geschafft haben, nicht in eine Abhängigkeit oder Sucht zu rutschen. Je besser Jugendliche das Gefühl haben, mit Ihnen über alles reden zu können, desto weniger gefährdet sind sie. Konflikte sollten deshalb offen, mit gegenseitigem Respekt ausgetragen werden.

Auch wenn Sie gute Gespräche mit Ihrem Teenie zum Thema Drogen hatten, werden Sie nicht jedes Drogenexperiment verhindern können, aber doch vielleicht etwas mehr das Bewusstsein für den Umgang mit selbigen schärfen können – und das ist vielleicht die beste Chance, dass es bei einem Ausprobieren bleibt oder gar nicht erst dazu kommt.

Wenn sich bestätigt, dass Ihr Kind nicht nur einmal neugierig auf Cannabis war, sondern sich auf einem geraden Weg in die Abhängigkeit befindet, zögern Sie nicht. Holen Sie sich Hilfe und Rat bei Suchtberatungsstellen. Das geht auch anonym. Erste Anlaufstellen finden Sie im Anhang.

Was Sie über legale Drogen wissen müssen

Neben illegalen Drogen gibt es ja auch noch die sogenannten *legalen* Drogen: Nikotin und Alkohol.

Das Thema Rauchen ist schnell abgehandelt: Jugendliche unter 18 dürfen im öffentlichen Raum laut Jugendschutzgesetz* nicht rauchen. Punkt. Auch nicht, wenn Sie danebenstehen und ein Auge draufhätten. Erlauben Sie es trotzdem, machen Sie sich strafbar. Sie dürfen Ihre Unter-18-Jährigen auch nicht mal eben zum Kiosk schicken, um 'ne Schachtel Kippen zu holen, so wie wir da früher von profitiert haben (weil dann ja immer noch ein, zwei Groschen für uns abfielen). Das Gleiche gilt auch für E-Zigaretten und E-Shishas.

Die Sache mit dem Alkohol ist etwas komplizierter. Als traditionelle Biertrinkernation sieht der Gesetzgeber Alkohol als nicht ganz so kritisch: Nur Kinder unter 14 Jahren dürfen gar keinen Alkohol trinken. Ab 14 dürfen sie in Ihrer Begleitung aber durchaus das ein oder andere Bierchen verköstigen oder, alternativ, sich ein Gläschen Sekt oder Wein genehmigen. Wenn den Kinderlein der Alkohol zu bitter ist, dürfen sie in Ihrem Beisein Bier und Wein auch mixen. Wenn sie dann 16 geworden sind, dürfen sie sich das Ganze ohne Ihr Beisein zusammenmischen oder nach Belieben natürlich pur hinter die Binde kippen. Alle anderen Alkoholika, egal in welcher Form, aber dürfen sie erst ab 18 konsumieren – dazu gehören auch Alkopops und eventuell sogar Tante Mechthilds Lieblingspralinen.

---

* *Jugendschutzgesetz (JuSchG) § 10 Rauchen in der Öffentlichkeit, Tabakwaren – (1) In Gaststätten, Verkaufsstellen oder sonst in der Öffentlichkeit dürfen Tabakwaren und andere nikotinhaltige Erzeugnisse und deren Behältnisse an Kinder oder Jugendliche weder abgegeben noch darf ihnen das Rauchen oder der Konsum nikotinhaltiger Produkte gestattet werden. (...) (4) Die Absätze 1 bis 3 gelten auch für nikotinfreie Erzeugnisse, wie elektronische Zigaretten oder elektronische Shishas, in denen Flüssigkeit durch ein elektronisches Heizelement verdampft und die entstehenden Aerosole mit dem Mund eingeatmet werden, sowie für deren Behältnisse.*

Ja, ab 18 sind Sie dann komplett raus, denn ab 18 dürfen Ihre Kinder jegliche Art von Alkohol kaufen, konsumieren und auch wieder auskotzen.

So weit der gesetzliche Rahmen, denn wo ein Wille ist, da ist auch ein Weg, und Vorglühen ist quasi Pflicht bei den Teenies der *Generation Wodka*. Und in dem Zusammenhang spielt auch Gruppendruck innerhalb der Clique eine nicht zu unterschätzende Rolle. Ältere Geschwister oder Bekannte sind verhandlungswillig und/oder erpressbar und besorgen die legalen Drogen Zigaretten und Alkohol ebenso legal im Supermarkt. Sie können davon ausgehen, dass auf den meisten Home-Partys irgendwie eine Flasche Hochprozentiges ihren Weg ins Haus findet, auch wenn offiziell als härteste Substanz nur Cola vorhanden ist. Wie das passieren konnte, ist später unerklärlich, es weiß keiner mehr, und überhaupt ist es selbstverständlich nie einer gewesen.

Alkohol ist vergleichsweise leicht zu beschaffen, und Alkoholkonsum sind die meisten nicht zuletzt auch von zu Hause gewohnt und er ist gesellschaftlich weitgehend akzeptiert: Ein, zwei Gläschen Wein zum Abendessen, das berühmte Feierabendbierchen, feuchtfröhliche nachbarschaftliche Gelage rund um den Grill in lauen Sommernächten – Jugendliche wachsen damit auf. Schmeckt der Alkohol nicht, wird nachgesüßt mit Cola, Maracujasaft, Energydrink. Jede Bitternote, die vielleicht mal zu brennend war, ist nun fruchtig lecker. Irgendwann steht die fiese Alkoholnote dann auch nicht mehr im Vordergrund, und das Mischverhältnis wird umgekehrt. Und vom Geschmack mal ganz abgesehen, war und ist Alkohol irgendwie cool und erwachsen.

Sie müssen also zuerst einmal sich selbst an die eigene Nase fassen und überprüfen, wie Sie es so im Alltag mit dem ein oder anderen guten Tropfen halten. Jugendliche gucken sich solche Dinge gerne von den Erziehungsberechtigten ab. Und sie halten es einem auch gerne vor, wenn man ihnen etwas verbieten möchte, was man aber selber gerne und oft macht. Wenn die Eltern sich das gute Gesöff selbst genehmigen, warum sollten die Kinder dann das nicht zum Vorbild nehmen? Also bitte: nicht wundern, sondern versuchen, den eigenen Konsum in überschaubare Bahnen zu lenken.

Was Sie tun können, ist Folgendes:

1. Mit gutem Beispiel voranzugehen macht sich immer gut. Wenn Sie beispielsweise Ihren sichtbaren Stress regelmäßig mit Alkohol betäuben, ist das zwar nicht toll oder nachahmenswert, hat aber trotzdem Vorbildfunktion. Halt eine negative. Sie sollten auch vorsichtig mit der Prahlerei über Ihre eigenen Exzesse sein. Gerade Jung-Pubertisten unter 16 finden so was höchst spannend.
2. Beobachten Sie Ihren Teenager: Kommt er nur einmal sturzbetrunken nach Hause oder verdunstet der Alkohol in Ihrer Vitrine ungewöhnlich schnell? Sprechen Sie mit Ihrem Kind drüber. Auch ob es selbst aus eigenem Antrieb Alkohol trinken möchte oder ob es sich nur dem Gruppendruck der Peergroup beugt und nicht weiß, wie es sich dagegen auflehnen kann. Versuchen Sie wenigstens, klarzumachen, dass vielleicht ein, zwei Gläser ausreichend sind und es besser ist, vorher ausreichend zu essen, zwischendurch ein paar Gläser Wasser runterzustürzen und sich möglichst von Ihnen abholen zu lassen.
3. Wenn möglich, den Teenie die Säuberung der eigenen heftigen Eskapaden vornehmen lassen.

Punkt drei ist freilich nicht immer möglich, wenn Sie nicht selbst zwischenzeitlich ersticken möchten. Meiner Freundin Hanne wurde ihr 15-jähriger Sohn eines Abends sturzbetrunken nach Hause geliefert – von der Mutter seiner Freundin. Diese stand mit zwei ausgestreckten Armen vor ihr: an einem den torkelnden und leicht grüngesichtigen Sohn, an dem anderen einen rosa-weiß besprenkelten Stofffetzen. Sie teilte meiner Freundin mit, der Junge sei einigermaßen ansprechbar, und sie möge doch bitte die Tasche ihrer Tochter schnellstmöglich in den Ausgangszustand versetzen. Dann schnappte sie sich ihre ebenfalls torkelnde Tochter und brauste davon. In so einem Fall empfiehlt es sich nicht zu warten, bis der Sohn wieder einigermaßen hergestellt ist, um die Tasche selbst zu säubern. Stecken Sie den Sohn ins Bett, statten Sie ihn mit Schüssel, Handtüchern und Wasser aus. Wenn Sie Glück haben, kann so eine Tasche in die Waschmaschine, und das Thema ist erledigt. Wenn Sie Pech haben und das Söhnchen hat in ein Prada-Täschchen (egal ob echt oder fake) gekotzt, sollten Sie über einen Neukauf nachdenken. Sie haben ja sicher eine Haftpflichtversicherung und einen guten Draht zu Ihrem Versicherungsmakler? Wobei Ihr Sohn selbstverständlich nur in die Tasche gekotzt hat, weil – wohlerzogen, wie er ist – er nicht das Auto versauen wollte.

Es muss nicht gleich Komasaufen sein, was Jugendliche in Gefahr bringt. Auch kleinere Mengen reichen aus, um gefährlich zu sein, weil allein ganz generell durch Alkohol Hemmungen abgebaut werden – wissen Sie ja selber. Dann tut man Dinge, die man sonst nicht tun würde. Das reicht vom Risiko im Straßenverkehr über dusselige Mutproben bis hin zu unüberlegten sexuellen Handlungen, auf die man sich niemals eingelassen hätte, wenn der Verstand klar gewesen wäre. Nur weil etwas legal ist, ist es nicht ungefährlich. Das sollten experimentierwütige Teenies wissen – und auch, dass sie für die ein oder andere Tat, die sie im Delirium begehen, strafrechtlich zur Rechenschaft gezogen werden können. Nun möchte natürlich kein Jugendlicher einen wissenschaftlichen Vortrag über die Wirkungen von Alkohol auf das juvenile Gehirn hören. Aber drüber sprechen sollte man schon mal. Trotz alledem gibt es eine etwas tröstliche Nachricht, Zigarettenkonsum wie auch Alkoholkonsum sind bei Jugendlichen gesunken*. Na, immerhin.

Übrigens, dubiose Mittelchen mit vermeintlich harmlosen Bezeichnungen wie *Badesalz, Lufterfrischer* oder *Kräutermischung* werden zwar unter dem Oberbegriff »Legal Highs« gehandelt, sind aber alles andere als legal. Man kann sie ganz einfach im Internet kaufen, wo sie als genau das angeboten werden – als Lufterfrischer, Kräutermischung und dergleichen. Oder geben Sie einfach mal »Spice« in Ihre Suchmaschine ein. Neben normalen Gewürzen wird Ihnen da ganz schnell eine breite Palette dieser kleinen Fläschchen mit fantasievollen Beinamen angeboten. *Legals Highs* gehören zu Neuen Psychoaktiven Substanzen (NPS), die aus einem Chemie-Cocktail bestehen. Die genauen Inhaltsstoffe sind in der Regel gar nicht bekannt – und genau das macht sie so gefährlich. Das und weil das Suchtpotenzial hoch ist.

WAS SIE MIT DEN IM ZIMMER GEFUNDENEN DROGEN ANFANGEN

Nehmen wir mal an, Sie finden beim banalen Aussortieren der Wäsche neben dem üblichen ineinander verknoteten Konglomerat aus verrotzten Taschentüchern, klebrigen Kaugummi- und Schokoladenüberbleibseln, Haarbändern und Kopfhörern in den Jeanshosentaschen Ihres Teenies verdächtige Krümelchen oder sogar Tütchen mit eindeutigen Tabletten oder Pülverchen drin.

---

* *Tabak- und Alkoholkonsum bei 11- bis 17-Jährigen in Deutschland – Querschnittergebnisse aus KiGGS Welle 2 und Trends, Journal of Health Monitoring, 2018 3(2) DOI 10.17886/RKI-GBE-2018-066, Robert Koch-Institut, Berlin, www.kiggs-studie.de/deutsch/studie/kiggs-welle-2.html*

Die oberste Regel lautet natürlich: Keine Panik! Also, finden Sie Ihre Contenance wieder, und versuchen Sie zuerst herauszufinden, um welchen Stoff es sich handelt. Selbstverständlich machen Sie die vermeintliche Besitzerin oder den Besitzer auf den Fund aufmerksam und reden mit ihr oder ihm.

Bleibt die Frage: Was tun mit dem Fund? Wegnehmen sollten Sie die Drogen auf jeden Fall. Und dann? Den Fund hektisch die Toilette runterspülen oder von einer Brücke in den nächsten Bach werfen? Das ist eine schlechte Idee und verbietet sich schon allein aus umwelttechnischen Gesichtspunkten. Sie könnten das Beutelchen in eine Apotheke bringen. Die könnte ihr Fundstück annehmen und untersuchen. Blöd nur, wenn Sie aus irgendeinem Grund auf dem Weg dahin in eine Polizeikontrolle kämen. Zumal Sie ja auch nicht unter das Jugendstrafrecht fallen würden. Also keine gute Idee. Verpacken Sie den Fund einfach sorgsam und lassen ihn im Müll verschwinden. Möglichst so, dass ein findiger Spürnasen-Teenager den nicht wieder ausgraben kann. Am besten Sie schießen vorher noch ein Beweisfoto, dann können Sie das Original schon vor der Unterredung mit dem Teenager vernichten.

Wenn nicht Sie es sind, die die Drogen gefunden hat, sondern zum Beispiel die Schule, und es deshalb zu einer Anzeige kommt, fällt ein Teenie, der zur Tatzeit zwischen 14 und 17 ist, unter das Jugendstrafrecht; zwischen 18 und 20 ist Ihr Kind schon ein Heranwachsender, und es wird rechtlich kritischer, weil nicht mehr alle Normen des Jugendstrafrechts greifen. Sie sind übrigens nicht verpflichtet, Ihr Kind anzuzeigen. Man kann Sie auch nicht zwingen, vor Gericht auszusagen, denn Sie können als Eltern von Ihrem Zeugnisverweigerungsrecht Gebrauch machen.

Es könnte natürlich auch sein, dass Sie sich insgeheim über den Drogenfund im Kinderzimmer freuen und es nun kaum erwarten können, dass der Filius das nächste Wochenende außer Haus schlafen wird und Sie dann genug Zeit für einen hemmungslosen Genuss inklusive Schwelgen in alten Festivalerinnerungen und für die anschließende Rekonvaleszenz haben. Vielleicht tut es ja einer verstaubten Ehe ganz gut. Beachten sollten Sie, dass die Stärke eventuell weit höher ist, als Sie es vor 20 Jahren gewohnt waren. Und dass Sie nicht von Ihren Teenies überrascht werden. Eltern, die alltags gegen Drogen predigen und dann komatös in der Ecke liegend von ihren Jugendlichen gefunden werden, sind wenig glaubwürdig und kein Vorbild.

WIE SIE IHREN TEENAGER AUF DIE ERSTE PARTY VORBEREITEN

Drogen werden nicht immer freiwillig genommen. Noch viel beängstigender finde ich den Gedanken, dass jemand meinen Kindern ohne ihr Wissen etwas verabreicht, um ihnen dann etwas Schreckliches anzutun, was ich mir gar nicht weiter vorstellen möchte. Nora, der Tochter meiner Freundin Karin, wurde auf einem Festival etwas in den Becher getan; der Klassiker. Im Pulk von Gleichgesinnten hatten alle viel Spaß. Viel Musik, viel Tanzen. Ganz viel Leichtigkeit – und ein paar nette neue Gesichter. Dabei hat Karin Nora mehrfach eingeschärft, niemals ein Getränk unbeaufsichtigt zu lassen. Aber in einer Welt, in der ein Teenie 2.438 virtuelle »Freunde« hat, wird man durchaus mal vertrauensvoll zu netten Menschen in echt – obwohl man sie eigentlich nicht wirklich kennt. Gerade in Situationen, in denen man sich verbunden fühlt, miteinander tanzt, dieselbe Musik toll findet, die locker-flockige Atmosphäre auf Festivals, Partys und in Clubs sowieso, da ist Vertrauen schnell da.

K.-o.-Tropfen sind, wie der Name impliziert, meistens flüssig. Es gibt aber auch Pülverchen oder Kapseln. Sie werden in der Regel nicht herausgeschmeckt, weil die pfiffigen Täter sie in alkoholische Getränke geben, die einen starken eigenen Geschmack haben. Man merkt es nicht. Und sie wirken schnell. Schon zehn

Minuten, nachdem sie getrunken wurden, setzt die Wirkung ein. Bei vollem Magen ein bisschen später. Die ersten Symptome sind Schwindel und Übelkeit. Manchmal wirken sie auch kurzzeitig enthemmend. Für Außenstehende ist jedenfalls im ersten Moment nicht unbedingt was zu erkennen; eine Übelkeit könnte ja auch von zu viel Alkohol kommen. Je nachdem, wie viel von dem Zeug in den Körper gelangt, kann es dann ganz schnell weitergehen: Der eigene Wille setzt aus. Für eine kurze Zeit ist das Bewusstsein zwar noch da, aber man ist komplett manipulierbar. Und dann fallen die Opfer sehr schnell in einen komaartigen Schlaf mit anschließendem Filmriss.

Wie schützen Sie Ihr Kind? Es gibt natürlich keine 100-prozentige Sicherheit, klar. Aber ein paar Vorsichtsmaßnahmen sollte Ihr Teenie kennen. Die wichtigsten zwei sind:

- Niemals, niemals, niemals das eigene Getränk aus der Hand geben. Ein »Ich hab es doch die ganze Zeit im Auge gehabt« reicht nicht. Die Täter sind geschickt und schnell. Sie sehen gut aus und sind charmant. Deshalb darf auch niemals ein offenes Getränk von einem fremden oder flüchtigen Bekannten angenommen werden. Egal wie nett und süß der ist.
- Niemals so viel Alkohol trinken, dass man nicht mehr auf zwei Beinen stehen kann oder weiß, was man tut.

Schärfen Sie Ihrem Teenie ein, das Thema mit Freunden, mit echten Freunden, zu besprechen. Das heißt vor allem, dass alle aus der Gruppe aufeinander aufpassen und niemand alleine gelassen wird, der oder dem es plötzlich schlecht geht oder sich merkwürdig verhält. Ein »Ach, geht schon, ich geh alleine« sollte nicht akzeptiert werden. Im Zweifel sollen sie sich mit dem Personal oder mit Ihnen in Verbindung setzen. Wenn eine Freundin schon droht, bewusstlos zu werden, braucht nicht gezögert zu werden: 112 rufen. Die und auch die 110 funktioniert immer, auch wenn Ihr Teenie mal wieder kein Guthaben auf der Karte hat.

Und wenn Sie dann mitten in der Nacht aus dem Schlaf gerissen werden, dann machen Sie keine Vorwürfe, sondern rasen los, sichern eventuelle Beweise und informieren bei einem unguten Gefühl die Polizei. Jemandem K.-o.-Tropfen ins Glas zu kippen, ist eine Straftat. Wenn Sie erst von einem Zwischenfall erfahren, wenn Ihr Kind bereits Zeichen von einer Erinnerungslücke aufweist, nicht mehr weiß, wo und mit wem es irgendwo war, zögern Sie nicht, packen Sie Ihren Teenie ins Auto und fahren in eine Notaufnahme, bevor das Kind in die Dusche steigt, und bestehen Sie darauf, einen Blut- und einen Urintest, eventuell auch einen Abstrich nehmen zu lassen. Geld nicht vergessen, den Test muss man selbst bezahlen. Wird etwas nachgewiesen und machen Sie eine Anzeige, werden die Kosten erstattet. K.-o.-Tropfen sind meistens maximal zwölf Stunden nachweisbar. Es zählt also jede Minute. Zur Not sichern Sie Urin im Glas, bevor Sie losfahren. Sichern Sie überhaupt alles, an dem eine Spur zum Täter haften könnte. Und schreiben Sie alles auf, jeden Gedankenfetzen, alles, woran sich Ihr Teenie noch erinnert.

Eventuell erfahren Sie von einem Überfall viel zu spät; Tage, Wochen oder sogar noch später. Beweise für eine Tat werden Sie dann voraussichtlich nicht mehr auffinden können. Aber Ihr Teenie braucht dann immer noch dringend Unterstützung. Die Ungewissheit und die Vermutung, was passiert ist, was passiert sein könnte, muss aufgearbeitet werden. Nicht zu vergessen die Scham, die mit Sicherheit wie ein Bleigürtel auf den Schultern liegt. Vorwürfe sind in so einer Situation in keiner Weise hilfreich. Sie wollen dann vielleicht sagen: »Ich hab dir doch gesagt, du sollst aufpassen!« Lassen Sie es. Seien Sie da, und nehmen Sie komplett parteiisch die Position Ihres Kindes ein. Und suchen Sie unbedingt Expertenhilfe für Ihr Kind und vielleicht auch für Sie selbst.

Vorsicht bei Schnelltests aus Drogeriemärkten. In der Regel testen diese Armbändchen oder Röhrchen eine Substanz: GHB (Gamma-Hydroxybuttersäure, auch bekannt als *Liquid Ecstasy* –

und nicht zu verwechseln mit *Ecstasy*). Es gibt aber leider nicht nur ein K.-o.-Mittel auf dem Markt. Beispielsweise funktionieren Psychopharmaka auch super – und sind nicht mit solchen Schnelltests nachweisbar. *Rohypnol* oder *Valium* können auch prima ausknocken. GBL (Gamma-Butyrolacton), was im Körper zu GHB umgewandelt wird, fällt nicht mal unter das Betäubungsmittelgesetz – es ist ein industrielles Lösungsmittel. Man kann es quasi literweise im Internet bestellen.

Nora hatte Glück im Unglück. Zwei ihrer Freundinnen kam das Verhalten komisch vor, sie sind deshalb bei ihr geblieben und haben Karin angerufen. Wer der Täter war, wussten weder Nora noch ihre Freundinnen. Es sind übrigens nicht nur Mädchen, denen etwas ins Glas getan wird.

MUSIK UND PARTY

Wie toll Musik ist, wissen schon Babys; wie wichtig sie ist, merkt man dann spätestens in der Pubertät. Allerspätestens, wenn man das erste Mal im Leben unglücklich verliebt ist. Aber egal, ob man traurig, glücklich, wütend oder eben verliebt ist, mit Musik geht sowieso alles irgendwie besser. Musik wirkt. Wie ein Heilmittel, wie eine Droge. Musik versteht und tröstet, wenn nichts mehr hilft. Sie lässt uns vergessen, erinnern und irgendwohin in andere Sphären verschwinden. Welche Musik das mit uns macht, ist Geschmackssache und damit gleichzeitig ein feiner Klebstoff, der die Mitglieder einer Peergroup fest zusammenhält. Deshalb eignet sich Musik, beziehungsweise das, was man dafür hält, auch als ein ganz und gar wunderbares Mittel, um sich von den Eltern abzugrenzen.

WIE SIE DEN MUSIKGESCHMACK IHRES KINDES ERTRAGEN

Welche Musik Teenager gut finden und hören, war schon immer, quasi seit Menschengedenken, der jeweiligen Elterngeneration ein Dorn im Auge beziehungsweise im Ohr. Egal, welches Jahrzehnt Sie sich anschauen, ob der Teufel im Sound, der dadurch hervorgerufenen Hüftbewegung oder dem textlichen Inhalt entdeckt wurde: Musik hatte schon immer das Potenzial, tendenziell gefährdend für die jeweilige Jugend zu sein und so selbige mehr oder weniger zu verderben. Heutzutage sind es gerne die Texte, die ganz vorne mit dabei sind, Ängste bei der Elterngeneration zu schüren: zu sexistisch, zu rassistisch, zu frauenverachtend, zu homophob, zu grammatikalisch falsch. Und dann auch noch alles auf Deutsch, sodass jedes Wort zu verstehen ist. Man ist da, besonders als Mutter, sicher nicht zu Unrecht irritiert und auch manchmal etwas schockiert.

Aber genau deshalb eignet sich Musik ja so wunderbar, um sich von den eigenen Eltern abzugrenzen: Weil wir Eltern uns über die Scheiß-Mucke aufregen. Die Musik, die die Jugendlichen einer Generation hören, ist nicht zuletzt deshalb irgendwie im kollektiven Gedächtnis ebendieser für immer und ewig verankert. Und Musik, die wir in der Pubertät gut finden, prägt uns. Ein ganzes Leben lang werden wir, wenn bestimmte Songs laufen, uns wieder in die Gefühlswelt von damals zurückkatapultieren können. Egal, ob schlechte Erinnerung oder supergute: Wir erinnern uns, was damals lief, was und wen wir toll fanden, welche Klamotten wir anhatten. Es war unsere Musik! Genauso, wie Ihre Teenies auch ihre eigene Musik haben, die Sie idealerweise doof finden. Manchmal ist die Musik sogar die einzige Bastion, die wir auf jugendlich getrimmten Eltern noch nicht ganz für uns eingenommen haben, auch wenn es bestimmt Eltern gibt, die sich nicht nur die Garderobe mit den Kindern teilen, sondern auch die Playlist. Allerdings kenne ich keine; von einzelnen Songs, mal abgesehen. Von daher sollten sich unsere Teenager wenigstens ihre kleinen musikalischen Inseln mehr oder weniger elternfrei halten dürfen.

Die Musik, die unsere beiden Mädchen hören, ist jedenfalls wirklich grauenhaft. Die finden allerdings auch, dass mein Mann und ich einen unerträglichen, schlechten Musikgeschmack haben. Haben wir natürlich nicht.

Egal, wie wir Eltern sie finden, Musik ist wichtig für Jugendliche, allein, damit sie ihr Gefühlschaos in den Griff bekommen. Und gerade in einer so stürmischen Zeit brauchen Menschen Musik, um sich auszudrücken, ja auch manchmal, um sich zu fühlen und sich selbst kennenzulernen. Musik ist wahrscheinlich neben dem Familienhaustier mitunter das Einzige, von dem sich Teenies verstanden fühlen. Deshalb können Jugendliche auch ein und denselben Song wieder und wieder hören, den ganzen Tag, die ganze Woche. Weil dieser eine Song alles ausdrückt. Wir hatten hier zum Beispiel eine akute monatelange Justin-Bieber-Phase. Was zur Folge hat, dass ich nun jeden EINZELNEN verdammten Song seines Albums *Believe* textsicher mitsingen kann – und zwar ob ich will oder nicht. Meine Lippen bewegen sich automatisch, sobald das Intro irgendeines Songs dieses Albums beginnt. Ich kann nichts dagegen tun.

Den Musikgeschmack, auch den grottigen, müssen Sie hinnehmen. Verbieten ist absolut zwecklos. Dafür hat Musik zu viel Emotion. Da kommen Sie mit Verboten nicht gegen an. Wenn Sie sich Sorgen machen wegen unterirdischer Texte, dann haben Sie nur eine Chance: Sprechen Sie mit Ihrem Teenager darüber. Wichtig ist auf jeden Fall, sich für die Musik Ihres Teenies ernsthaft zu interessieren. Wenn Ihnen ein Song Sorgen bereitet, hören Sie mal gemeinsam mit dem Teenager rein, und lassen Sie sich den Text von ihm erklären, indem Sie fragen, ob er oder sie versteht, was da gesungen wird.

Wir hatten hier nach dem schier endlosen Justin-Album eine intensive Phase *Gangsta*-Rap zu ertragen. Die Kinder haben natürlich nicht verstanden, was die *Gangsta* sich da teilweise für einen sexistischen und verachtenden Scheiß gegenüber einigen Gruppen, insbesondere Frauen, zurechtnuscheln. Hindern konnten wir sie nicht daran, das Zeugs zu hören – ehrlich gesagt haben wir es auch gar nicht versucht. Es wäre sowieso verlorene Liebesmüh gewesen. Aber vielleicht doch ein bisschen zum Nachdenken anregen. Zumindest haben wir die grottigen Texte als Argument verwendet, warum wir diese Musik nicht in einer infernalischen Lautstärke den ganzen Tag hören möchten. Da manche Musik aber unbedingt laut gehört werden muss (wissen Sie ja selber), lohnt sich die Anschaffung eines guten Kopfhörers. Falls Sie Sorge haben, dass Ihr Teenie Sie dann gar nicht mehr hört, wenn Sie rufen: Kein Problem, eine Reaktion auf eine Textnachricht könnte sowieso schneller ausfallen.

(»Könnte«, weil einige Teenies zwar ständig mit Freunden chatten, aber merkwürdigerweise die Nachrichten der Eltern immer übersehen. Komisch.)

Ich schwöre ja auf Autogespräche mit Teenagern. Da kann keiner weglaufen. Wenn Sie es also irgendwie ertragen können, erlauben sie Ihrem Teenie, sein Handy mit der Autoanlage zu connecten. Bitte nur, wenn Sie nicht Gefahr laufen, gegen die nächste Leitplanke zu knallen, aufgrund der grauenhaften Beats. Beißen Sie die Zähne zusammen, im geschlossenen Autokosmos lässt es sich wunderbar auch über irritierende bis extreme Textinhalte sprechen. Im Gegenzug muss Ihr Teenie dann einen Song Ihrer Wahl aushalten. Aber Achtung, es könnte sein, dass sich in dem ein oder anderen Ihrer Lieblingssongs auch ein paar Worte verbergen, die heiße Ohren bereiten.

Ein weiterer guter Anknüpfungspunkt, um über Musik zu reden, ist die Beschaffung der Musik. Wie alles eigentlich, kommt Musik heute aus dem Internet. Ich kenne eigentlich keine Jugendlichen, die noch CDs zu Hause haben. Musik wird *gestreamt*. Jüngeren Teenies müssen Sie dabei unter die Arme greifen, denn je nach Anbieter dürfen Accounts erst ab 13 oder 14 Jahren eingerichtet werden. Wenn Sie so einen Account einrichten, ist das eine gute Gelegenheit, sich die musikalischen Vorlieben Ihres Kindes zeigen zu lassen. Im Gegenzug, wie beim Autogespräch, zeigen Sie Ihrem Teenie mal ein paar echte Highlights aus Ihrer Vergangenheit. Dank YouTube können Sie sich auch visuell in die Zeit zurückversetzen – und dann fällt Ihnen auch wieder ein, wie toll Sie damals das Stück fanden und wie bescheuert Ihre Eltern darauf reagiert haben.

Musik, egal welche, ist auf jeden Fall gut für das sich in einer Baustelle befindliche Gehirn. Deshalb sollten Sie generell das Hören von Musik nicht verbieten, und ganz besonders Musik selber machen fördern. Wenn Sie können, unterstützen Sie Ihren Teenager, in einer Band zu spielen. Weil er oder sie nicht nur lernt, das

Instrument zu kontrollieren, sondern es eine klasse Möglichkeit ist, die Fähigkeit zu trainieren, sich präzise auf andere einzulassen. Denn das muss man, wenn man in einer Band spielt, sonst klingt es ~~Kacke~~ nicht gut. Außerdem stärkt es schön das Selbstbewusstsein, und gleichzeitig weiß man, wo sich der Teenie aufhält (nämlich sicher verwahrt im stinkigen Proberaum).

WIE SIE MIT DER LAUTSTÄRKE KLARKOMMEN

Kinder sind ja von Geburt an eher laut als leise; das kennen wir, seit der Sekunde, in der sie sich durch einen kräftigen Schrei in unser Leben katapultiert haben. Jugendliche sind große Kinder und können deshalb am lautesten von allen, besonders, wenn sie in der Gruppe auftreten oder sich in egozentrischen Kreisen verlieren und sich von der Welt abschotten wollen: Lautstärkenregler auf Anschlag und Zimmertür abgeschlossen.

Dass Musik manchmal voll aufgedreht werden muss, ist klar. Aber neben lauter Musik gibt es noch andere, typische laute Situationen, mit denen Sie sich in der Pubertät Ihres Sprösslings anfreunden müssen:

- **Trampeln:** Es fällt Jugendlichen wahrscheinlich so schwer, sich leise zu bewegen, weil ihr Körper unterschiedlich gleichmäßig wächst und sie einfach mit zu großen Füßen poltern oder schlackernden Armen irgendetwas umreißen. Vielleicht ist es auch manchmal einfach plötzlich aufflackernde Wut, die sich irgendwie Luft machen muss. Stampfend durchs Haus zu laufen ist da ein naheliegendes Ventil.
- **Wutanfälle:** Apropos wütend: Jetzt wird nicht mehr nur geschrien, sondern pubertäre Wutanfälle äußern sich sowohl in verbalen Ausbrüchen, verstärkt mit interessanter Fäkalsprache,

durchaus, je nach Typ, auch darin, dass Dinge krachend irgendwo gegen fliegen und zerbersten.

- **Faulheit:** Jugendliche sind von Natur aus faul; Wachsen ist anstrengend, weshalb gilt: Hauptsache nicht zu viel bewegen. Deshalb wird gerne durch geschlossene Türen hindurch kommuniziert, und das ist naturgemäß laut, weil geschrien werden muss, um sich verständlich zu machen. Viele Teenager können sich nur schwer erheben, um eine Zimmertür zu öffnen, um dann in normaler Lautstärke mit den Eltern zu sprechen. Theoretisch könnte man, anstatt zu schreien, auch eine Nachricht schicken. Machen die aber nicht.
- **Handy-Kommunikation:** Auch die ist laut, weil zum Beispiel angesagte Serien auf Netflix gerne lautmalerisch durch Gruppen-Video-Chats mit mehreren Freundinnen begleitet werden.

Geschlechterspezifische Unterscheidungen gibt es auch: Jungen tendieren zu enormer Lautstärkensteigerung, sobald man Ihnen eine Spielekonsole in die Hand drückt und sie irgendwelche Gestalten, Monster, Bösewichte oder sonstige Helden jagen lässt. Auch interessant, welch einen abenteuerlichen Vokabelschatz so ein 13-Jähriger dann zu nutzen weiß. Mädchen können in unfassbar schrille Lachkrämpfe ausbrechen, besonders wenn mindestens drei Mädchen unter sich sind. Ein *Trio infernale* erreicht tatsächlich eine Lautstärken-Potenz, die besonders durch das Erreichen sehr hoher Frequenzen an der akustische Schmerzgrenze kratzen kann – wirklich nichts für empfindliche Ohren.

Ein Teenager alleine kann so viel Lautstärke produzieren wie ein Düsentriebwerk*. Wenn sechs Jugendliche in einem durchschnitt-

* *Mädchen schaffen fast 115 Dezibel und können damit lauter schreien als Jungen. Das ist etwa so laut wie ein Düsentriebwerk. Den Weltrekord hält Jill Drake aus Großbritannien mit 129 Dezibel. Ein Schreiwettbewerb im Internationalen Jugendzentrum München zeigt, wie es geht. www.youtube.com/watch?v=Mizp7J8Orf4*

lich großen Wohnzimmer eine schmerzende Schallwelle erzeugen können, was können dann circa 15.000 bis 20.000 kreischende Mädchen, deren Lungenflügel und Stimmbänder alles geben, in einer Konzertarena erreichen? Definitiv ist dann die Schreilautstärke um einige Dezibel höher als die eigentliche Musik. Es gibt, da bin ich mir ziemlich sicher, kaum etwas Lauteres als spitze, schrille Begeisterungsschreie von 13- bis 15-jährigen Damen, die Opfer gut aussehender Gesangswunder einer Boyband geworden sind und ebendiese in einer Halle mit sich selbst wissen – quasi zum Greifen nah. Wer da die Ohrstöpsel vergessen hat, hat verloren. Fürsorgliche Veranstalter wissen, dass unerfahrene Erziehungsberechtigte sich vorher nicht um einen geeigneten Hörschutz gekümmert haben. Bei einigen Teenie-Konzerten werden diese wichtigen Utensilien deshalb auch automatisch an mitleiderregende Eltern ausgehändigt. Sie sind praktisch Teil der Eintrittskarte. Nehmen Sie trotzdem zur Sicherheit welche mit.

Bei uns war ein erster Vorgeschmack auf die machbare Lautstärke der 13. Geburtstag einer unserer Töchter. Das war das mit Abstand Lauteste, was ich jemals erlebt habe. Man wurde von der Schallwelle, die aus dem Wohnzimmer herauspresste, fast erschlagen. Ich habe eine kurze Sequenz heimlich aufgenommen, als akustischen Beweis. Am nächsten Tag habe ich einige Arbeitskollegen schätzen lassen, wie viele Personen wohl an dem Heimkonzert beteiligt waren. 30 bis 40, schätzten die meisten. Tatsächlich waren es fünf Mädchen und ein Junge, die im Laufe der Party irgendwann vorm Fernseher gelandet waren und lauthals und absolut textsicher ein Justin-Bieber-Konzert mitgrölten. Zum Glück hatten und haben wir sehr tolerante Nachbarn, denen, da sie ebenfalls mit Teenagern ausgestattet waren, auch kaum anderes übrig blieb.

WIE SIE IHREN TEENAGER ANGEMESSEN AUF EIN KONZERT BEGLEITEN

Nichts geht über Livemusik. Das weiß auch Ihr Teenager intuitiv. Und deshalb muss er oder sie, hat die Fan-Schwärmerei erst einmal Besitz vom Teenie genommen, so nah wie möglich dran ans Idol. Je nachdem, wie alt Ihr Teenie ist und welche Art von Musik er oder sie mag, kann es sein, dass Sie Ihr Kind zu einem Konzert begleiten müssen, weil ihm nämlich sonst der Einlass verwehrt wird. Wann, wo, wie Ihr Kind alleine zum Konzert darf, lässt sich nicht pauschal sagen, denn ein Popkonzert fällt zunächst erst mal nicht unter das Jugendschutzgesetz, wie zum Beispiel der Besuch einer Diskothek. Der Gesetzgeber sieht den Unterschied darin, dass ein Konzert in erster Linie zum Kulturgut zählt, während der Discobesuch als Tanzveranstaltung anscheinend gefährlicher für junge Menschen ist. Für Tanzveranstaltungen gibt es jedenfalls genaue Auflagen, die im Jugendschutzgesetz geregelt sind, wie zum Beispiel ganz klare Alters- und Uhrzeitbeschränkungen.

Ein Konzert dagegen ist zunächst erst einmal Kunst. Hier schränken, sofern das Konzert nicht in einer Gaststätte spielt, nur der Veranstalter selbst oder auch die Kommune, in deren Zuständigkeitsbereich das Konzert stattfindet, den Besuch für Minderjährige ein. Als grobe Faustregel kann man davon ausgehen, dass Kinder bis zum 14. Lebensjahr in volljähriger Begleitung kommen müssen. In der Regel sind das dann Sie als sogenannte personensorgeberechtigte Person. Können Sie Oma, Opa oder vielleicht sogar Ihrer jugendlichen Schwester die ehrenvolle Aufgabe aufs Auge drücken, Ihr Kind zu begleiten, geben Sie Ihren Erziehungsauftrag ab. Dies muss natürlich schriftlich erfolgen, und deshalb können Sie bei den meisten Veranstaltern eine Erziehungsbeauftragung auf deren Website runterladen und unterschreiben (das Ganze funktioniert so ähnlich wie ein *Muttizettel*. Wie Sie damit verfahren, wird im nächsten Kapitel beschrieben). Denken Sie daran, das Ganze in zweifacher Ausführung anzufertigen, weil in der Regel ein Exemplar beim Eintritt abgegeben werden muss, und eins muss Ihr Kind stets »am Mann« bei sich tragen. Ausweise von allen Beteiligten nicht vergessen, die Chancen sind groß, dass die Security ihren Job ernst nimmt.

Am sichersten ist es, Sie machen sich auf den Webseiten der Veranstalter oder der offiziellen Ticketverkaufsportale mit deren individuellen Hinweisen vertraut – für jedes Konzert extra. Bei dem einen geht eine Erziehungsbeauftragung ab 14 Jahren, bei dem anderen erst ab 16. Nachschauen und genau nachlesen ist jedenfalls dringend zu empfehlen, denn es kann durchaus sein, dass der Veranstalter oder das örtlich zuständige Jugendamt Jugendliche unter 14 Jahren aufgrund derber Gossensprache in den Songtexten in ihrem Kindeswohl gefährdet sehen und ihnen deshalb sogar den Zugang in elterlicher Begleitung verwehren.

Haben Sie diese erste Hürde genommen, kommen weitere auf Sie zu, die tatsächlich noch ungleich schwieriger sind: Hürde Nummer zwei: Sie müssen es schaffen, eine Karte zu ergattern. Bei angesagten Teeniestars sind die nämlich innerhalb von Minuten weg. So ein Ticketkauf braucht ein organisiertes Projektmanagement im Vorfeld: Finden Sie heraus, wann genau der Vorverkauf startet, trommeln Sie die ganze Familie zusammen, und bewaffnen Sie sich alle mit allen zur Verfügung stehenden technischen Geräten (Laptop, Smartphone und auch das gute alte Festnetz-Telefon). Dann mit dem Countdown-Timer in Sichtweite versuchen alle gleichzeitig auf allen Kanälen beim Verkaufsstart der Tickets irgendwie durchzukommen. Wenn Sie Glück haben, schafft es einer. So eine Aktion ist ein fulminantes Gemeinschaftserlebnis und wird Sie als Familie fest zusammenschweißen. Eigentlich egal, ob jemand durchkommt oder nicht. Jedenfalls müssen Sie enorm schnell sein, um eine Karte zu einem Teenie-Pop-Idol-Konzert zu ergattern, dessen Band außer Menschen zwischen 13 und 17 und deren Erziehungsberechtigten niemand kennt. Und glauben Sie bloß nicht, dass diese Karten günstig zu haben sind. Da kann schon mal ein Jahrestaschengeld eines Elfjährigen bei draufgehen.

Hürde Nummer drei: Haben Sie Karten ergattert, müssen Sie es schaffen, den Abend unbeschadet zu überstehen. Das ist für alle Beteiligten die größte Herausforderung. Für Ihre Kinder, weil Sie mitmüssen und Sie natürlich peinlich sind. Für Sie, weil Sie erstens in der Regel einen anderen Musikgeschmack haben. Zweitens, weil Ihr Kind megaaufgeregt ist, deshalb nonstop reden und zwischendurch in hysterische Lach- oder Heulkrämpfe ausbrechen wird. Sie werden wahrscheinlich noch eine Freundin oder einen Freund im Gepäck haben, deshalb ist die ganze Aufregung mindestens im Doppelpack zu ertragen. Außerdem ist das Ganze enorm zeitintensiv, auch in der Vorbereitung: Es muss entschieden werden, was angezogen wird; auch was Sie anziehen. Nicht dass Sie auf die Idee kommen, Ihren roten Lieblingsmantel oder Ihre mega-peinlichen Sneaker anzuziehen. Stylen (Haare, Make-up, Fingernägel) dauert natürlich auch seine Zeit. Planen Sie außerdem genügend Puffer ein, falls Sie noch mal zurückfahren müssen, weil irgendetwas vergessen wurde (zum Beispiel das Kuscheltier, das dem Lieblingsstar beim *Meet & Greet* geschenkt werden soll). Nehmen Sie genügend Wasser und Essbares mit, da Sie sich sehr wahrscheinlich an vielen Punkten in Geduld üben müssen. Sie werden überhaupt ganz viel warten: bis die Mascara und die Frisur sitzen, auf den Moment, in dem das Absperrband endlich weggerollt wird, bis das *Meet & Greet* stattfinden kann, bis die Toilettenschlange endlich zu Ende ist, das Event selbst, bis sie vom Parkplatz aus der Autokolonne raus sind und natürlich die Rückfahrt im Stau. Am besten, Sie nehmen sich für den nächsten Tag Urlaub.

Ansonsten gilt, was für alle Konzerte ohne Sitzplatzzuweisung gilt: früh da sein, um nah ans Subjekt der Begierde zu kommen. Das ist prinzipiell gut, allein weil neben der besseren Sicht auch die Luft potenziell frischer ist. Allerdings ist hier auch die Blaue-Fleck-Dichte in Brust und Herzhöhe gesteigert. Und da besonders junge Mädchen so aufgeregt sind und durchaus manchmal umkippen, ist elterliche Sorge verständlich. Und trotzdem: Sie gehören da vorne nicht hin. Sie bewegen sich peinlich, haben trotz stundenlanger vorsichtiger Auswahl die falschen Klamotten an und können die Songtexte nicht mitsingen. Sie gehören mit Ihren empfindlichen Ohren nach hinten zu den anderen Eltern und erziehungsbeauftragten Personen. Fügen Sie sich, und nehmen Sie den echten Fans nicht die Sicht. Wenn Sie allerdings Sorge haben, dass Ihr zartes Pflänzchen beim *Moshen* im *Circle Pit** zertrampelt wird oder irgendeinem Stiefel irgendeines *Stagedivers* im Auge hängen bleiben könnte, dann müssen Sie allerdings wohl oder übel ganz vorne mitmachen – vielleicht können Sie sich dann wenigstens nützlich machen und eignen sich als Schulterträger. Songtexte vorher lernen nicht vergessen.

Ansonsten sind Ihre Aufgaben: den Eintritt zu gewährleisten, Fahrdienste zu übernehmen, Butterbrote (besser noch Schokoriegel und Müslistangen – ein Leberwurstbrot wird eventuell verschmäht, weil es so peinlich riecht) in der drei- bis vierstündigen Warteschlange vor der Eingangsbarriere zu reichen, gegebenenfalls

* *Moshen im Circlepit: Das ist quasi der »Ausdruckstanz« der Rock- und Metal-Fans. Dabei wird auf einem Konzert ein spontaner Kreis gebildet, in dem die Fans recht wild miteinander tanzen. Gegenseitiges Anrempeln ist ausdrücklich erwünscht.*

Euphorie-Tränen zu trocknen nach einem – von Ihnen extra bezahlten – *Meet & Greet* mit dem Star.

Einfacher ist das alles bei Konzerten von Bands, YouTube-Stars oder Idolen, die generell eine jugendliche Zielgruppe ansprechen. Hier ist in der Regel alles perfekt auf ebendiese Zielgruppe eingespielt: Rückzugsort mit Ausschank von Kaltgetränken und Kaffee für Eltern während des Konzerts, Begrüßungs-Ohrstöpsel. Merchandising-Stand, um bei Langeweile zum Abschied ein überteuertes T-Shirt für den begeisterten Teenie und am besten gleich eine Starbox mit Fotos, signierter CD und allerlei anderem Schnickschnack zu erwerben.

Na ja, auch wenn so ein Teenie-Konzert-Event so viel Einsatz von Ihnen verlangt, die glücklichen Gesichter und die wirkliche echte Aufregung und das gekreischte »Oh mein Gott, oh mein Gott!!! OH MEIN GOTT!!!!« entschädigen doch für einiges, auch wenn Ihre Ohren hinterher ordentlich klingeln.

*

Ein anderes Kaliber wartet auf Sie, wenn Ihr Teenie auf ein mehrere Tage dauerndes Festival will. Hier sind Sie dann aber spätestens komplett unerwünscht. Trotzdem gilt in der Regel auch hier, was für ein Konzert gültig ist: Unter 18-Jährige müssen um 24 Uhr das Festivalgelände verlassen oder brauchen einen entsprechenden wasserdichten (im wahrsten Sinne des Wortes) Muttizettel. Informieren Sie sich genauestens auf den Webseiten der Veranstalter, welche Anforderungen zu erfüllen sind. Vielleicht sind Sie ja in der glücklichen Lage und nennen ein Wohnmobil ihr Eigen? Dann können Sie Ihren Teenie am Festivaleingang abgeben und um 23.59 Uhr sicher in Empfang nehmen. Und sollte Ihr minderjähriger kleiner Rebell von der Jugendschutzkontrolle beim Rauchen erwischt werden (ja, kommt vor), dann ist es mit dem Nachhauseschicken auch nicht so weit – Sie stehen ja vor der Tür.

Denken Sie unbedingt an eine Festivalgrundausstattung: Gummistiefel, transparentes Einmal-Regencape und Zipper-Plastiktüte, um das Handy vor Wasser, Bier und Matsch zu schützen. Schlamm ist ein allgegenwärtiger und gruppendynamikfördernder Faktor auf Festivals, da es bei dem Besuch eines Festivals schließlich nicht nur um die Musik selbst geht, sondern auch darum, Gleichgesinnte zu treffen und kennenzulernen. Und ja, auch um sich gemeinsam zu betrinken. Behalten Sie deshalb bitte im Hinterkopf, dass ein Festivalbesuch unbedingt zumindest einen Hauch an Unperfektionismus haben muss, um sich erfolgreich ins *Für-immer-und-ewig-best-time-of-my-life*-Bewusstsein Ihres Jugendlichen einzubrennen und mit den Jahren immer verklärter zu werden.

Denken Sie bei allzu viel Sorge daran, wie alt Sie waren, als Sie das erste Mal auf einem Konzert oder sogar Festival waren. Seit wie vielen Jahren zehren Sie nun davon? Also bitte, gönnen Sie Ihrem Teenager wenigstens etwas Freiheit. Wir durften als Teenies in dem Alter noch 'ne ganze Menge mehr. Meinen Eltern wäre es jedenfalls nicht im Traum eingefallen, mich auf ein Konzert zu begleiten. Ihren Eltern? Wenn ich mich recht erinnere, sind wir auch damals zum Konzert getrampt.

WIE SIE EINEN MUTTIZETTEL AUSFÜLLEN

Das Jugendschutzgesetz regelt, wo und wie lange sich ein minderjähriger Mensch in der Öffentlichkeit aufhalten darf. Da heißt es zum Beispiel, dass Jugendliche unter 16 Jahren sich nur bis um 22 Uhr in einer Diskothek (oder einem ähnlichen Etablissement) aufhalten dürfen – und zwar stets in Begleitung eines Erziehungsberechtigten. Ebendiese Begleitung ist natürlich in den seltensten Fällen (also quasi nie) erwünscht. Alleine dürfen Minderjährige unter 16 aber nur auf eine Veranstaltung, die ein öffentlicher oder freier Träger der Jugendarbeit organisiert und verantwortet.

Ab 16 dürfen Teenager dann tatsächlich alleine in eine Diskothek. Allerdings nur bis Punkt 24 Uhr, danach dürfen sie nur bleiben, wenn eine erziehungsberechtigte Person ebenfalls anwesend ist. Sie können sich jetzt mit wenig Fantasie vorstellen, dass diese Einschränkung komplett uncool ist, denn schon als Sie jung waren, ging die Post erst nach Mitternacht ab, und zwar ohne Erziehungsberechtigte. Das ist natürlich heutzutage nicht anders. Im Gegenteil. Die Zeit, ab der es in Discos oder Clubs richtig cool wird, verschiebt sich immer mehr nach hinten. Da die wenigsten Jugendlichen gerne zusammen mit Papi und Mami das Tanzbein schwingen möchten, gibt es den sogenannten »Muttizettel«.

Dieser Zettel (manchmal auch *Partyzettel* genannt) ist ein Formular zur Übertragung der Personenfürsorgepflicht oder einfach Erziehungsbeauftragung gemäß § 1 Abs. 1 Nr. 4 Jugendschutzgesetz. Aus dem Behördendeutsch frei übersetzt ist das also eine schriftliche Vollmacht, die Sie Ihrem Kind ausstellen und mit der Sie dann volljährigen Personen die Aufsichtspflicht beziehungsweise Erziehungsberechtigung über Ihr Fleisch und Blut bescheinigen. Verständlicherweise ist man beim erstmaligen Ausfüllen so eines Formulars wenig begeistert bis stark verunsichert; und es kann durchaus sein, dass sich alles in Ihnen sträubt, Ihre Unterschrift darunterzusetzen.

Weigern Sie sich, Ihre Erziehungskompetenz vertrauensvoll in die Hände eines zwielichtigen, gerade 18 gewordenen Grünschnabels zu geben, ist ein langfristiger Konflikt mit Ihrem Teenager vorprogrammiert, weil selbstverständlich ALLE anderen Eltern anstandslos einen solchen Muttizettel ausfüllen und nur Sie ein komplett uncooles Muttertier sind, das an kompletter Weltfremdheit leidet. Bei Nichtzurverfügungstellung des lebenswichtigen Formulars wird Folgendes passieren:

- Ihr Kind wird Sie in den Wahnsinn nerven, denn für Ihr Kind steht die soziale Reputation auf dem Spiel, weil ja ALLE anderen dürfen. Länger als 24 Uhr zu bleiben ist quasi überlebensnotwendig. Deshalb wird Ihr Kind kämpfen.

- Ihr Kind (oder irgendeiner aus der Peergroup) fälscht die Unterschrift, und das Kind bleibt einfach länger, weil es darauf spekuliert, dass Sie schon schlafen. Oder es meldet sich um kurz vor 24 Uhr und klagt, dass der letzte Bus weg sei und es nun auf den Nachtbus warten muss, der leider erst um 4:17 Uhr abfährt.

Was können Sie tun? In den meisten Fällen ist es völlig okay, wenn Sie den Muttizettel ausfüllen. Es ist außerdem eine gute Gelegenheit, ein Gespräch über Gefahren im nächtlichen Kosmos zu führen. Die Chancen, dass Ihr Kind etwas besser zuhört, sind nämlich gegeben, da das Kind den Zettel ja unbedingt will; Sie können es zwingen, zunächst zuzuhören. Und ergänzen, dass bei Nichteinhaltung der Regeln kein zweiter Muttizettel folgt. Rechnen Sie damit, dass hier ein Gähner kommen könnte, denn Sie wissen schon: Wo ein Wille, da ein Weg …

Eine Steigerung des von Ihnen ausgefüllten Formulars ist der Blanko-Muttizettel. »Mama, du muss den Muttizettel eigentlich nur eben unterschreiben, den Rest schreiben wir selbst! Kein Stress, mach einfach blanko.« Da schrillen die Alarmglocken! Ich habe gelernt, dass ich niemals, niemals, wirklich niemals meine Unterschrift irgendwo blanko draufsetzen soll. Ob Sie sich darauf einlassen sollen? Nun, wenn Sie es nicht tun, tut es ein pfiffiger Nachtkiosk-

angestellter in der Nähe der präferierten Diskothek. Der Kioskverkäufer weiß, dass Jugendliche nicht immer einen Muttizettel dabeihaben. Deshalb kann man bei ihm so ein Exemplar für kleines Geld kaufen (wir reden hier von Taschengeld-kompatiblen Cent-Beträgen pro Kopie) und selbst ausfüllen. Wie groß ist die Chance, dass ein Türsteher die Unterschrift überprüft? Das können Sie sich selbst ausrechnen. Ansonsten ist es gang und gäbe, dass Minderjährige vor den Diskotheken Ältere ansprechen, ob sie schon 18 seien und sie mit dem am Kiosk gekauften Muttizettel mit reinnehmen. Diese »erziehungsbeauftragte« Person wird garantiert nicht Händchen haltend neben Ihrem Kinde auf der Tanzfläche stehen bleiben. Sobald Ihr Kind erfolgreich samt Muttizettel am Türsteher vorbeigekommen ist, weiß diese Person weder, wie Ihr Kind aussieht, noch wo es sich schon Sekunden nach erfolgreichem Einschleusen aufhält.

Ein Blanko-Muttizettel wird auf jeden Fall ein Thema, wenn Ihr Kind durch ein G-8-Abitur minderjährig in eine andere Stadt zieht, um dort zu studieren. Dann bleibt Ihnen fast schon keine Wahl mehr. Spätestens jetzt wird Muttizettel-Ausfüllen eine Vertrauenssache. Deshalb vergessen Sie bei dem Muttizettel-Gespräch mit Ihrem Teenie nicht zu erwähnen, dass das Fälschen einer Unterschrift auf einem Dokument eine Straftat ist und entsprechend geahndet werden kann.

Wenn Sie Glück haben, kennen Sie die Clique Ihres Kindes, und ein besonders zuverlässiges und vertrauenswürdiges Kind ist bereits 18 und erklärt sich gerne bereit, Ihren noch minderjährigen Teenager mitzunehmen. Dann können Sie mit einem einigermaßen ruhigen Gewissen den Zettel unterschreiben und wissen dafür dann, wo Ihr Kid sich aufhält, mit wem es da ist und wie es hin- und zurückkommt.

Den Muttizettel bekommen Sie – außer am Kiosk – meistens auf der Internetseite des Clubs, in den Ihr Kind möchte. Bietet der Veranstaltungsort keinen eigenen Vordruck, bekommen Sie auch ein allgemeines Formular, zum Beispiel unter www.muttizettel.de:

ausdrucken, ausfüllen, unterschreiben. Der Muttizettel heißt zwar Muttizettel, darf aber selbstverständlich auch von Papis ausgefüllt werden. Wenn Sie sich sehr unsicher sind, setzen Sie sich mit den anderen Eltern in Verbindung. (Ja, den Eltern, die IMMER ALLES erlauben. Sie werden schnell feststellen, dass die das in der Regel auch nicht tun. Im Gegenteil, die sind ganz dankbar, dass sich eine uncoole Mutter erbarmt hat und zum Hörer gegriffen hat, um eine gemeinsame Lösung mit eventueller Fahrgemeinschaft zu finden.)

*

Übrigens: Das Jugendschutzgesetz regelt den Aufenthalt der Minderjährigen in der Öffentlichkeit. Zum Aufenthalt Minderjähriger unter freiem Himmel gibt es keine gesetzlichen Bestimmungen, außer der, dass sie sich nicht vor jugendgefährdenden Etablissements wie zum Beispiel Bordellen oder Casinos (manchmal zählen auch Bahnhöfe dazu) aufhalten dürfen – in beide dürfen sie ja auch nicht rein. Ihre Kinder könnten also theoretisch die ganze Nacht in einem öffentlichen Park mit zwielichtigen Figuren rumhängen ohne jegliche Kontrolle durch eine erziehungsberechtigte Person – wenn Sie das erlauben. Anders sieht es aus, wenn Teenager torkelnd und laut, bekifft oder betrunken irgendwo herumlungern. Die können Sie dann im Zweifel auf der Wache wieder abholen.

Vielleicht folgt Ihr Teenager ja auch dem aktuellen Trend: Ausgehen ab 6.00 Uhr morgens. Da dürfen Teenager wieder – ganz legal. Es gibt, zumindest in Großstädten, Läden, die haben bis 8.00 oder 9.00 Uhr auf.

ÜBERSICHT AUFENTHALTSBESTIMMUNGEN V JUGENDLICHEN NACH DEM JUGENDSCHUTZGESETZ:

In Gaststätten und Kneipen: Unter 16 Jahren und ohne Begleitung von einer personensorgeberechtigten oder erziehungsbeauftragten Person haben Jugendliche hier nichts zu suchen. Ausnahme von dieser Regel wäre zum Beispiel, wenn ein Träger der Jugendarbeit die Veranstaltung organisiert

In Diskotheken oder bei einer öffentlichen Tanzveranstaltung: Unter 16 Jahren und ohne Begleitung von einer personensorgeberechtigten oder erziehungsbeauftragten Person haben Jugendliche hier nichts zu suchen. Ab 16 Jahren und ohne Muttizettel dürfen Jugendliche bis um 24 Uhr bleiben. Ausnahme von dieser Regel wäre zum Beispiel, wenn ein Träger der Jugendarbeit die Veranstaltung organisiert oder es sich um Brauchtumspflege oder eine künstlerische Betätigung handelt. Es empfiehlt sich, im Zweifelsfall beim Veranstalter nachzufragen.

Kino & Co.: Jugendliche bis 14 Jahre dürfen ohne Erziehungsberechtigte bis um 20:00 Uhr ins Kino. Das heißt, der Film muss dann zu Ende sein. Jugendliche zwischen 14 und 16 Jahren dürfen in Filme, die um 22:00 Uhr zu Ende sind. Ab 16 Jahren dann bis 24:00 Uhr. Die FSK-Freigabe des Films muss natürlich auch beachtet werden.

WIE SIE IHR TEENIE NACH DER PARTY WIEDER NACH HAUSE KRIEGEN

Ob mit Muttizettel oder ohne. Die Party ist irgendwann zu Ende und Ihr Teenie muss die Location wieder verlassen und wohlbehalten im sicheren Hafen ankommen. Leicht angeschickert und allein auf weiter Front in abgelegenen Gegenden oder zwielichtigen Bahnhofsvierteln und halbverlassenen U-Bahnschächten unterwegs, ist der Weg zurück eventuell noch viel gefährlicher als der Aufenthalt bei der Veranstaltung selbst. Wenn Sie Ihr Kind persönlich abholen können: super! Das kann aber nicht jeder immer, sei es, dass Sie kein Auto zur Verfügung oder schlicht und ergreifend einfach keine Lust haben, sich irgendwie bis um fünf Uhr morgens mit Hektolitern Kaffee wachzuhalten. Nicht zuletzt aus diesem Grund ist es manchmal sinnvoller, wenn Sie den Muttizettel auf sechs Uhr morgens ausstellen, weil dann die ganze Clique gemeinsam zurückfährt, als wenn Ihr 17-jähriges Kind alleine um 1:30 Uhr an der Bushaltestelle in einem verlassenen Industrieviertel steht und auf den Anschluss-Nachtbus wartet. Vielleicht haben Sie auch etwas zu tief ins Glas geguckt und können gar nicht fahren. Das ist dann weder sicher, noch ist es ein gutes Vorbild. Sie werden einfach nicht immer die Möglichkeit haben, Ihr Kind persönlich abzuholen.

Wie also kriegen Sie Ihre Partymaus sicher nach Hause zurück, ohne dass Sie unter nervenaufreibendem Schlafentzug leiden müssen? Folgende Möglichkeiten stehen Ihnen in der Regel zur Verfügung:

- Ihr Teenie bestreitet den Weg selbst; zu Fuß, mit dem Rad, mit den Öffis. Dies ist selbstredend die unattraktivste Variante – und je nachdem, wo Sie wohnen, auch zu gefährlich. Ehrlich gesagt, ich wäre vor Sorge umgekommen.
- Die Teenies sind in der Clique unterwegs und bestreiten den Nachhauseweg gemeinsam. Im Idealfall wohnt einer der Party-People in direkter Linie zur Party-Location und Ihr Teenager kann dort übernachten. Je nach Alter der Teenies schadet eine kurze Nachfrage bei den Eltern des Gastgebers nicht, ob die denn erstens nichts dagegen hätten und zweitens auch zugegen sein werden.
- Ihr Teenie macht durch, bis es wieder so hell ist, dass die Straßen nicht mehr gefährlich sind. Na ja, auch keine so gute Idee …
- Die sicherste Variante ist natürlich, Sie organisieren einen Fahrdienst: Sie trinken Unmengen an koffeinhaltigen Getränken

und übernehmen den Fahrdienst selbst, um die ganze lustige Party-People-Gang abzuholen. Oder Sie delegieren den Fahrdienst an andere Eltern, die dann Unmengen an koffeinhaltigen Getränken zu sich nehmen. Oder Sie delegieren den Fahrdienst an volljährige Begleiter Ihres Teenagers oder investieren in ein Taxi.

Wenn Sie das Los gezogen haben, die Teenies gegen 4:30 Uhr vollkommen übermüdet abzuholen, denken Sie daran, sich was Ordentliches anzuziehen. Daunenjacke über Schlafanzug kann man zwar machen, ist aber ein riskantes Unterfangen, da es durchaus sein kann, dass Sie aussteigen müssen. Da ist ein peinlicher Moment vorprogrammiert – und zwar nicht nur für Ihr Teenie. Ich weiß, wovon ich spreche, denn ich saß mal, die Schlafanzughose in Gummistiefel gestopft, obenrum Daunenjacke, im arschkalten Auto vor einer Diskothek und wollte unsere Tochter und ihre Freundin abholen. Die beiden verspäteten sich, ich hatte kein Handy dabei. Als sie endlich aus der Disco rauskamen, war ich halb erfroren, am Ende meiner Nerven und ziemlich wütend. Sie kamen im Schlepptau mit zwei Bekannten, die ich auch nach Hause fahren sollte. Das kann natürlich immer passieren, dass Sie, wenn Sie den Lieferservice übernommen haben, damit beschäftigt sind, angeschickerte Halbstarke durch die Gegend zu kutschieren. Allerdings empfiehlt es sich, das ohne Murren zu übernehmen, weil man nämlich möchte, dass andere Eltern ebenfalls so nett sind und das eigene Kind nicht in der Walachei stehen lassen, sondern im warmen Auto bis vor die Haustür bringen.

Sollten Ihre Pubsis Sie zum vereinbarten Abholzeitpunkt wiederholt im Auto warten lassen, können Sie Pünktlichkeit recht gut erzwingen, indem Sie nicht nur androhen, sich die Location bei nächster Gelegenheit mal von innen anzusehen, sondern es wahr werden lassen. Achten Sie dann aber unbedingt darauf, dass Sie sich nicht gewohnheitsmäßig einfach die Daunenjacke über den Schlafanzug ziehen. Aber vielleicht sind Sie ja auch so cool, dass Sie sich mit einem Pokerface dem Türsteher im Blümchennachthemd entgegenstellen. Ob Sie an ihm allerdings vorbeikommen, ist ungewiss. Ganz eventuell sind Sie einfach zu alt für das Event. Wenn Sie es schaffen, ist die Chance, dass Ihr Teenie jemals wieder zu spät kommt, allerdings gleich null.

WIE SIE EINE HEIMLICHE HAUSPARTY ÜBERLEBEN

Was braucht man für eine coole Party? Nicht viel: Alles, was man dafür braucht, ist Musik (kein Problem, jedes Teenager-Handy verfügt über eine Playlist), Bluetooth-fähige Lautsprecher (hat immer irgendeiner dabei) und ein Haus ohne Eltern (schon schwieriger). Ein paar Flaschen Hochprozentiges, vielleicht ein bisschen Gras on top – fertig ist die perfekte Partyvoraussetzung.

Vielleicht erinnern Sie sich an die eine oder andere legendäre Feier aus Ihrer Jugend. Vielleicht auch nicht, weil Sie einfach zu betrunken waren. Sie müssen damit rechnen, dass es auch für Ihr jugendliches Kind reizvoll ist, sich ein paar Freunde einzuladen, wenn kein Erziehungsberechtigter weit und breit in Sicht ist. Der große Unterschied zu den Feierlichkeiten in elternlosen Häusern zu Ihrer Zeit und heute ist der, dass die Anzahl der Teilnehmerinnen

und Teilnehmer früher weitaus überschaubarer war. Heute lädt Ihr Sprössling seine Freunde ein, die dann ebenfalls Freunde einladen, die Freunde mitbringen, die ein paar coole *Snaps* teilen, die andere animieren, doch mal vorbeizuschauen. Die anderen schicken auch ein paar *Snaps* an ihre Freunde und so weiter.

Sie meinen, das könnte Ihnen niemals passieren, weil Ihr Paul oder Ihre Helena viel zu brav sind? Wenn Sie sich da mal nicht die Hand verbrennen. Jugendliche sind erfinderisch – und tendieren dazu, eine Gelegenheit beim Schopfe zu greifen. Und ein Haus ohne Eltern weit und breit IST eine Gelegenheit!

Ein Beispiel: Sie kennen dieses Gefühl, wenn Sie nicht nur ahnen, dass etwas nicht stimmt, sondern es mit Haut und Haar WISSEN, ja?! Und wenn Sie dann weit weg sind? Einer Freundin von mir ist Folgendes passiert: Ihre Tochter Linnea, 15 Jahre alt damals, sollte wie gewohnt das Wochenende bei ihrem leiblichen Vater verbleiben. Ganz normal, wie jedes zweite Wochenende. Die Mutter wollte die kinderfreie Zeit nutzen und fuhr mit ihrem Lebensgefährten ein verlängertes Wochenende weg. Noch im Auto auf dem Rückweg erhielt Linneas Mutter eine WhatsApp-Nachricht:

Linnea: »Mama, wann seid ihr da?«

Mama: »Ca. halbe Stunde«

Linnea: »Ich bin schon zu Hause. Bis gleich.«

Mutter (hat das typische Grummeln im Bauch, das immer dann kommt, wenn irgendwas nicht stimmt, und schreibt): »Ist was passiert? Warum bist du schon zu Hause?« Sie hatte ihre Tochter erst am Montag nach der Schule zurückerwartet. Eine Antwort lässt auf sich warten, und Mutter weiß nun definitiv, dass irgendetwas passiert ist. »Fahr schneller, bitte!«

Nach knapp zehn Minuten kommt endlich die Antwort von der Tochter.

Linnea: »Mama, mir ist was kaputtgegangen.«

Mama: »WAS?«

Lange Pause.

Linnea: »Der Wind hat die Tür vom Büro zugeschlagen, und jetzt ist sie kaputt.«
Mama (zum Lebensgefährten am Steuer): »GIB GAS!«

Bei der Ankunft zu Hause zeigte sich, dass »der Wind« sich sogar sehr gezielt am Schloss der Bürotür zu schaffen gemacht hatte und es letztendlich wohl durch einen kräftigen Stoß herausgebrochen hatte. Außerdem hatte der Wind versucht, sich in den Rechner einzuloggen, er hatte das Bett im elterlichen Schlafzimmer verwüstet, eine Wodkaflasche in einer Schublade versteckt, zwei Weingläser zerbrochen und auf das Parkett gekotzt. Böser Wind. Er stand unter dem Einfluss einer Horde der Teenagerin mehr oder weniger bekannter anderer Teenager. Was war da passiert?

Die Teenagerin hatte dem Wochenend-Papa die Mär aufgeschwatzt, dass sie nicht bei ihm, sondern bei ihrer Freundin übernachten wollte. Der gutgläubige Mann fuhr sie mit Sack und Pack zur Freundin. Die beiden listigen Damen winkten brav zum Abschied und fuhren, kaum waren die Rücklichter von Papas Auto in der Dämmerung verschwunden, zum Haus der Mutter und luden sich über WhatsApp und Snapchat ein paar Freunde ein. Die luden ebenfalls ein paar Freunde ein und diese Freunde auch. So kam in Windeseile ein lustiges Völkchen zusammen, das zusammen eine Menge Spaß hatte – bis der böse Wind kam.

So eine Situation kann schnell ziemlich aus dem Ruder laufen. Teenager sind meistens nicht in der Lage, die Situation unter Kontrolle zu kriegen. Sie kommen auch nicht unbedingt darauf, sich naheliegende Hilfe zu holen, Nachbarn oder im Zweifel auch die Polizei zu rufen. Vielleicht kommen sie sogar drauf, tun es aber nicht, denn das wäre so dermaßen peinlich, dass sie das nicht überleben würden. Im Fall meiner Freundin hat sich die Partyqueen Linnea einfach irgendwann völlig betrunken und überfordert schlafen gelegt und die Gäste sich selbst überlassen. Augen zu und gut.

Das ganze Ausmaß der Geschichte kam erst Stück für Stück ans Tageslicht. Geschockt waren alle, aber im Grunde froh, dass das Haus noch stand, kein Teenie verletzt, kein Mädchen schwanger, das Passwort vom Laptop im aufgebrochenen Büro verdammt gut war und auch die Bartagame im Wintergarten noch alle Zacken auf der Krone hatte. Trotzdem Glück gehabt. Hätte auch anders enden können.

Dinge gehen schief, wenn man Kontrolle abgibt. Damit muss man immer rechnen. Jugendliche können sehr oft noch nicht richtig einschätzen, was sie können und was nicht. Sagt man ihnen das, wollen sie das nicht wahrhaben und reagieren wütend und ungehalten. Deshalb nutzen sie gerne Lücken, in denen sie sich selbst ihr Erwachsensein beweisen wollen, wie eben Linnea die Patchwork-Situation und Gutgläubigkeit ihrer Eltern ausgenutzt hat. Und weil ihr der Fehler spätestens am nächsten Tag, als ihre Mutter sich auf dem Rückweg befand, so wirklich bewusst wurde, brauchte sie einen anderen Schuldigen, den Wind. Solche Lügen haben natürlich kurze Beine und kommen meistens raus, weil Eltern einfach auch mal jugendlich waren und ebenfalls ordentlich Mist gemacht und allein deshalb einen guten Spürsinn haben. Das aber können sich die Teenies nicht wirklich vorstellen, und deshalb versuchen sie es trotzdem.

Vertrauen wieder aufbauen, wenn es schwer missbraucht wurde, ist nicht einfach. Aber wichtig und notwendig. Und manchmal sind gerade solche Extremsituationen im Nachhinein ganz wunderbar dazu da, das Bündnis Eltern-Teenager ganz enorm zu festigen. Dann nämlich, wenn Teenies merken, dass Eltern zwar zu Recht sauer sind und es Konsequenzen hagelt, aber immer hinter ihnen stehen und gemeinsam nach einer Lösung suchen.

7. KAPITEL

TEENAGER IN EIGENREGIE

In der Pubertät fängt auch das schmusigste Pubsi irgendwann von selbst an, sich deutlich von Ihnen zu distanzieren, den eigenen Willen zu kultivieren und eigenen Interessen zu folgen. Da Ihr Küken ja sowieso irgendwann auf eigenen Beinen stehen soll, helfen Sie beim Loslassen doch etwas nach, zum Beispiel, indem Sie Ihre Tochter oder Ihren Sohn ab und zu ausquartieren, alleine zu Hause lassen, alleine in den Urlaub schicken oder, wenn Sie etwas mutiger sind, sogar für mehrere Monate in ein fernes Land verfrachten – quasi komplett außerhalb jeglicher helikopterischen Reichweite Ihrerseits. Loslassen jedenfalls ist eine hervorragende Übung und eine Win-win-Situation für beide Seiten – wenn da nicht die Sorgen wären …

WARUM ES GUT IST, WENN MAN TEENAGER NAH AN DIE NESTKANTE SCHUBST

In der Regel fangen Teenager schon früh in der Pubertät an, nach Autonomie zu streben. Mal mehr, mal weniger stark. Ja, ja, ich höre schon den Einwand: Natürlich gibt es auch kleine Kinder, die einen SEHR ausgeprägten eigenen Willen haben – machen wir uns nichts vor; das stimmt. Aber glauben Sie mir, die Pubertät setzt da locker einen drauf. Sehen Sie Ihre Erfahrungen aus intensiven Kleinkind-Trotzzeiten einfach als Vorteil: Da Sie bereits ein kleines Kind mit sturem Willen überlebt haben, sind Sie gut trainiert und bestens eingestimmt für die Pubertät. Im Gegensatz zu all den anderen armen Eltern, die jetzt von der Tsunamiwelle überrascht werden, weil deren Pubsi bisher so pflegeleicht war, wissen Sie schon, was Nerven aus Stahl haben *oder nicht* haben wirklich bedeutet.

Je nach Freiheitsdrang des Teenagers und je nachdem, wie helikopterisch Sie veranlagt sind, kann jedenfalls ein besorgtes Mutterherz (Vaterherz natürlich auch) durchaus mal schmerzen, wenn die pubertäre Abnabelung anfängt. Sorgen sind verständlich, in Watte packen aber weder hilfreich noch sinnvoll. Im Gegenteil, Abnabelung sollten Sie unbedingt unterstützen, da wo es geht zwar mit Sicherheitsnetz und mit Ihnen als doppel-

tem Boden im Hintergrund, aber auf eignen Beinen. Nehmen Sie sich ein Beispiel an der Tierwelt. Dort sehen Sie, dass Eltern nicht nur das Flüggewerden ihrer Nachkommen mit Nachdruck *fordern*. Sie *fördern* es auch aktiv, indem sie die Kleinen tatsächlich aus dem Nest werfen, damit die gezwungen sind, ihre Flügel auszubreiten. Nur so lernen die fliegen. Sie müssen Ihr Kind ja nicht gleich rausschmeißen, aber Sie tun Gutes, wenn Sie Ihren Kindern in der Pubertät etwas an Freiheit zugestehen. Oder sie vielleicht einfach mal etwas alleine machen lassen.

Sie können davon ausgehen, dass Teenager ein Entkommen der elterlichen Überwachung nur begrüßen und durchaus die Gunst der unbeaufsichtigten Stunde nutzen werden, um irgendetwas Gefährliches oder zumindest Dummes zu tun. Blessuren und Blechschäden gehören zum Flüggewerden dazu. In jedem Fall aber ist ein geplantes (und von Ihnen toleriertes) Loswerden besser und weniger gefährlich als ein wutentbranntes Ausreißen Ihres Teenagers.

WIE SIE DIE SORGE UM IHR KIND IN DEN GRIFF BEKOMMEN

Meine Omma war nie verlegen um einen schlauen Spruch. Einer ihrer Lieblingssätze war: »Kleine Kinder, kleine Sorgen; große Kinder, große Sorgen.« Nun, Omma hatte, wie fast immer, recht. Je älter die Kinder werden, desto mehr Sorgen macht man sich um sie. Eltern neigen ja sowieso dazu, sich Sorgen zu machen. Teenager neigen zu riskantem Verhalten, oder sie sind manchmal auch einfach nur extrem naiv und unbedarft. Das passt schlecht zusammen und bringt uns Eltern zur sorgenvollen Verzweiflung. Auch weil wir in der Pubertät nicht mehr über jede Sekunde in ihrem Leben Bescheid wissen.

Was aber ist eine gesundheitsgefährdende Situation? Meine Kollegin Carmen bekommt allein bei der Vorstellung, dass ihr 16-jähriges Herzchen alleine mit zwei Freundinnen von Bielefeld nach Dortmund (eine circa einstündige Fahrt mit der Regionalbahn ohne Umsteigen) zum Shoppen fährt, einen leichten Herzkasper. Meine Nachbarin Hilke bleibt cool, wenn der 15-jährige Sohn ohne Helm das Treppengeländer mit dem Skateboard runtersaust oder die Tochter mit 17 ein Jahr zum Schüleraustausch nach Massachusetts aufbricht.

Meine Freunde Anne und Rainer haben tiefenentspannt ihre 16-jährigen Zwillinge alleine zwei Wochen mit vollbepackten Fahrrädern quer durch Deutschland zu Annes Schwester fahren lassen. Eine unserer Töchter war da auch sehr gewissenhaft und hat mit mehreren Freundinnen zwar keine zwei

Wochen, aber doch immer mal wieder verlängerte Wochenenden alleine radelnd verbracht. Für die andere kam so was gar nicht infrage, allein weil während der gesamten Spätpubertät Fahrrad fahren als hochnot-peinlich und uncool empfunden wurde. Ansonsten war meine Angst eher die, dass die Herdplatte angelassen, eine Kerze vergessen wurde oder eines unserer Mädchen jemandem die Tür öffnete, den man lieber nicht im Haus haben möchte. Wir Eltern sind halt unterschiedlich, und unsere Kinder sind es auch. Was man selbst dem einzelnen Kind zutrauen kann, ist deshalb höchst individuell. Genauso, ob man beim Zusehen tiefenentspannt bleibt oder eben nicht. Und so können einige Eltern ihre Jugendlichen recht gefahrlos auf Festivals ziehen lassen, während andere ihren Kindern nicht mal einen Haustürschlüssel in die Hand drücken würden.

Mit zunehmendem Alter der Kinder fand ich es allerdings sehr viel schwieriger zu beurteilen, was ich ihnen zutrauen konnte und was nicht. Als unsere Kinder klein waren, konnte ich zum Beispiel ziemlich genau einschätzen, wie gut ihre motorischen Fähigkeiten waren, wenn sie irgendwo drauf- oder drüberklettern wollten. Ich hatte es vorher irgendwie im Blut, ob das klappen würde oder nicht. Mit dem Einsetzen der Pubertät und dem gleichzeitigen Streben nach mehr Autonomie hat dieses »Fühlen« bei mir nachgelassen. Ganz oft war ich dann unsicher.

In der Pubertät kommt hinzu, dass Jugendliche ihre Stärken und Schwächen selbst nicht besonders gut einschätzen können, beziehungsweise meistens überschätzen, und gleichzeitig extrem experimentierfreudig unterwegs sind. Diese Risikobereitschaft zieht sich quer durch alle Bereiche. Jugendliche sind viel extremer unterwegs als andere Menschen. Das ist auf der einen Seite eine bewundernswerte Eigenschaft, weil sie offen, kreativ und unvoreingenommen und mit einer ganz-oder-gar-nicht-Mentalität an Dinge herangehen. Anders als wir Erwachsene, die wir mitsamt unseren Erfahrungen ja auch einige Deckelungen mit uns rumschleppen. Und, das kommt erschwerend hinzu, die Teenies sind enorm beeinflussbar – durch die Peergroup, durch Idole im echten Leben und in sozialen Medien. Letztere sind natürlich auch ganz und gar wunderbar geeignet, um Zeugnisse von wagemutigen Taten einer möglichst breiten Masse mitzuteilen – quasi als wunderbaren Ansporn, noch mehr zu geben. Auch ein eindeutiges Verbot Ihrerseits kann Anlass genug sein, um etwas genau deshalb auszuprobieren. Bei unserer einen Tochter konnte man bei einem Verbot das Gedankenspiel geradezu sehen: »Ah, es ist verboten, also muss es gut und spannend sein! Das probiere ich gleich mal aus!«

*

Sorgen um Jugendliche sind nicht ganz von der Hand zu weisen. Laut Statistik sterben die meisten Jugendlichen durch Verkehrsunfälle. Todesursache Nummer zwei mit deutlich steigender Tendenz lautet: Selbstmord*. Jungs sind eindeutig gefährdeter, durch Suizid zu sterben, als Mädchen. Gar nicht mal, weil sie es öfter versuchen, sondern weil sie andere Methoden wählen und, besonders in der Pubertät, auch weniger offen über Probleme und allgemein über ihre Emotionen reden. Mädchen trauen sich eher, ihr Herz auszuschütten, und sie wählen auch eher eine Methode, bei der zumindest noch eine Chance besteht, sie zu retten. Mädchen bevorzugen Medikamente, während Jungs eher brutalere Methoden wählen, die keine Rettung mehr zulassen. Sorgen sind also durchaus berechtigt.

Nur: Wir sind nicht in der Lage, unsere Kinder und besonders unsere Teenager 24 Stunden, sieben Tage die Woche zu überwachen und zu beschützen – und Heranwachsende möchten das auch nicht. Ich glaube, um die Sorgen einigermaßen in den Griff zu bekommen und zumindest einen Hilferuf so früh wie möglich zu erkennen, sind diese Dinge die wichtigsten:

---

* *www.kma-online.de/aktuelles/panorama/detail/eine-der-haeufigsten-todesursachen-von-jugendlichen-a-20380*

a.) Zuhören und da sein: Was will der kleine Kaktus da vor mir? Wo strauchelt er? Was kann ich JETZT tun?
b.) Vertrauen und Zutrauen schenken: Wie viel kann ich dem Menschen zutrauen? Heute ganz viel; morgen wieder ein Schritt zurück. Dann noch mal versuchen. Immer wieder. Bestärken und Zuversicht geben. Zwischendurch zurück zu a).
c.) Freiheit geben, die es zum Erwachsenwerden braucht, in einem abgesteckten Rahmen und diesen kontinuierlich erweitern. Fehler machen erlauben. Und auch hier: immer wieder zurück zu Schritt a)

Wenn man zwischen diesen Punkten eine Balance findet, hat man viel gewonnen, glaube ich. Perfekt ist man als Mutter (oder Vater) niemals. In Watte packen aber macht unsicher, und Unsicherheit rettet niemanden. Allein schon, weil Ihnen dann nichts Gefährliches mehr erzählt wird – Teenager können sehr erfinderisch lügen, um an ihre Ziele zu kommen. Auch, um Sie (vermeintlich) zu schonen.

Da sein und Rückhalt geben, egal, was Ihr Teenager verbrochen hat, und gemeinsam eine Lösung suchen, schenkt Vertrauen und schützt ein kleines bisschen davor, dass sie einen anlügen. Wahrscheinlich die bessere Basis, um involviert zu werden, wenn es wirklich brennt. Aber keine Garantie.

Also, was können Sie tun, um nicht wahnsinnig zu werden vor lauter schrecklichen Bildern im Kopf? Gehen Sie mal in sich, und formulieren Sie, welche Sorgen Sie ganz konkret haben. Dadurch verliert sich ein bisschen diese völlig diffuse, neblige und nicht greifbare Angst. Gegen konkrete Ängste kann man eher was unternehmen. Schreiben Sie diese Ängste auf, und überlegen Sie sich, was Sie tun können, würde XY eintreten. Überlegen Sie dann, welche Sorgen Sie mit Ihrem Kind besprechen müssen und welche besser nicht. Dass man sich Sorgen macht, darf man ruhig mal artikulieren. Insgeheim wollen unsere Noch-nicht-Erwachsenen das auch, denn im Geheimen will auch der stacheligste Pubertist von den Eltern nicht nur geliebt, sondern auch gehätschelt werden. Nicht jede Sorge muss gleich zum Teenager getragen werden. Sonst kann eine Mücke auch mal zum Elefanten werden. Treffen Sie feste Verabredungen, wenn Ihr Teenager unterwegs ist, damit Sie sich weniger sorgen. Aber schenken Sie auch ein bisschen Vertrauen, damit Ihr Teenager sich ausprobieren kann. Auch wenn es verdammt schwerfällt. Wenn Ihr Vertrauen missbraucht wird, können Sie die Kandare immer noch anziehen.

Einfach ist das nicht, loszulassen. Beispielsweise, wenn die lieben Kleinen als Große zurechtgemacht in die feindliche Nacht hinausgelassen werden. Ich schlafe jedes Mal schlecht, wenn eines unserer Kinder nachts unterwegs ist. Da liegt das Handy neben dem Bett, und ich wache stündlich auf, gucke heimlich unter der Bettdecke (damit der Gatte nicht aufwacht und mich auslacht) aufs Display, ob mich irgendein Hilferuf ereilt hat und ich ausschwirren muss, um die Kinder vor der Welt zu retten. Ja, den Impuls habe ich. Immer noch. Ich muss mich zwingen, mein Kind NICHT halbstündlich anzurufen, um zu überprüfen, ob es noch lebt. Ein Lebenszeichen am Abend muss reichen. Es darf und soll wissen, dass ich mir Sorgen mache. Aber ich quäle mein Kind nicht damit. Dass ich manchmal vor Sorgen kein Auge zumachen kann, das braucht es nicht zu wissen, denn damit belaste ich es. Ein bisschen Vertrauen schenken muss sein.

Eine hundertprozentige Sicherheit gibt es nicht. Niemals. Da können Sie machen, was Sie wollen. Selbstständig sein und Selbstsicherheit haben verlangen, dass man lernt, auf sich selbst zu vertrauen. Dazu muss man aber auch einen Fuß vor den anderen setzen dürfen. Besprechen Sie Gefahrensituationen, und suchen Sie gemeinsam nach einer Lösung. Und zwar nicht mit einer »Mimimi«-Haltung, in der Sie sich klein und wehrlos fühlen, sondern eher mit einer möglichst sachlichen Haltung und konkreten Vorschlägen und Verabredungen.

WIE SIE ES VERKRAFTEN, DASS IHR KIND EIGENE FEHLER MACHEN DARF

Kinder sind eigenständige Persönlichkeiten, die eigene Erfolgserlebnisse brauchen und dementsprechend auch eigene Fehler machen dürfen – und müssen, denn nur so funktioniert Lernen –, um dann Erfolge als solche zu erkennen und dadurch später als Erwachsene selbstsicher zu sein. Um das zu können, müssen sie Dinge selbst machen. Und bei allem müssen sie eben auch Fehler machen und sie ausbaden dürfen. Dass es manchmal Fehler sind, die auch richtig wehtun werden, ist schrecklich mit anzusehen, aber leider gehört das zum Leben dazu. Als Eltern müssen wir das aushalten. Auch wenn wir einen kleinen Rebellen haben, der mit jedem Thema durch die Betonwand muss.

In manchen Pubertätsstadien ist das Verhalten der Teenager wirklich oft so dämlich, dass man sich ernsthaft Sorgen um den Verstand des Geschöpfes macht, wenn es die einfachsten Dinge nicht mehr kann oder sehenden Auges fünf Mal den gleichen Fehler macht, bevor ihm auch nur schwant, dass es sehr wahrscheinlich auch beim sechsten oder siebten Mal nicht klappen wird. Manche Fehler, die begangen werden, werden nur gemacht, um unbedingt gegen die Vorgaben der Eltern zu sein. Das ist genauso unerträglich. Man möchte die lieben Kinderlein dann am liebsten in Watte packen oder am besten gleich einsperren und den Schlüssel wegwerfen. Bringt aber nichts. Bleiben Sie geduldig, leisten Sie etwas Rahmenhilfe, und stehen Sie im Hintergrund parat, wenn es wirklich brenzlig wird – und lassen Sie die Ungläubigen (soweit es geht) den Schlamassel selbst auslöffeln.

Wenn Sie zu einem ausgeprägten Helikopterismus tendieren, machen Sie sich und Ihren Kindern – und im Übrigen auch Ihrer ganzen Umgebung – das Leben unnötig schwer. Lassen Sie Ihren Teenager Fehler alleine ausbaden. Wenn es Ihnen schwerfällt, üben Sie mit kleinen Dingen, zum Beispiel so:

- Es regnet. Natürlich hat Ihr Teenager morgens nicht zugehört und keinen Regenschirm mitgenommen. Damit seine Frisur nicht zerstört wird, düsen Sie sofort zur Schule, um es abzuholen, auch wenn es nur 500 Meter zu Fuß sind und Sie wegen des verkehrstechnischen Staus, den diese paar Meter produzieren, eine halbe Stunde nutzlos im Auto sitzen.

- Ihr Teenie hat sein Butterbrot oder seinen Sportbeutel vergessen? Natürlich lassen Sie alles fallen und brausen zur Schule. Aber bitte nur im richtigen Outfit. Auf keinen Fall dürfen Sie Brotdose und Turnbeutel in Ihrem karierten Wollmantel überreichen. Das wäre peinlich.
- Dem Teenie fällt abends um 21:30 Uhr ein, dass er morgen ein wichtiges Referat über den Zitronensäurezyklus halten muss. Das schreiben Sie doch viel schneller, während der Teenie neben ihnen sitzt und gelangweilt die News auf Snapchat verfolgt. Ist ja auch wichtig. Ach ja, er braucht außerdem auch unbedingt die schwarze Jeans, die Sie dann noch schnell in die Kurzwäsche werfen und trocken föhnen.

Lassen Sie das! Gut, die schlechte Zensur wegen eines miesen Referates wäre doof, aber das ist kein Weltuntergang. Wenn Ihr Teenager weiß, dass Sie ihm alles hinterhertragen, wird es Beutel und Brot garantiert noch öfter mal vergessen, als wenn Sie es nicht tun. Teenager so einen Schusseligkeitsfehler selbst ausbaden zu lassen, lässt sie aber spüren, dass sie selber nachdenken müssen. Und verantwortlich sind. Mit Helikopterismus und Überbehütung leisten

Sie Ihren Kindern eigentlich nur eins: einen Bärendienst. In der Pubertät rächt sich das, weil ein Teenager das nämlich auszunutzen weiß. Und der ein oder andere verliert auch ein bisschen den Respekt dabei.

Trauen Sie den angehenden Erwachsenen zu, eigene Schritte zu gehen. Dass es nicht sofort klappt, ist normal. Dass sie viele Dinge nicht so machen oder handhaben, wie wir uns das für sie vorgestellt haben, auch. Aber die Chance, so zu handeln, wie sie es für richtig halten, sollten sie bekommen. Auch Weggucken kann manchmal ganz nützlich sein. Fehler machen hat auch ganz viel mit Vertrauen zu tun. Einfach mal machen lassen und ihnen signalisieren, dass man da ist, wenn es brennt. Ein »WIE kann ich dir helfen?« bringt oft mehr als ein »Ich will dir doch nur helfen!«.

Es hilft ein bisschen beim Loslassen, sich klarzumachen, dass das tatsächlich die Aufgabe von Eltern ist: Wir sind dafür da, unseren Nachwuchs auf das gemeine Leben da draußen vorzubereiten. Wir müssen sie stark machen, dass sie alleine ihren Weg gehen können. Dabei müssen sie mal hinfallen und möglichst alleine wieder aufstehen. Wir können nicht alles beschützen; wir können auch nicht jede Sorge von ihnen fernhalten. Sie müssen Aufgaben haben, die sie fordern, aber möglichst nicht überfordern. Wenn sie was nicht schaffen, müssen wir Ihnen eine Hand reichen oder auch mal zwei.

Es ist ein schmaler, manchmal schwer erträglicher Grat zwischen Behüten und Loslassen. Aber Fehler machen und hinfallen gehört zur Pubertät – ach was, zum Leben – dazu. Deshalb gilt: aufstehen, Krone richten, weiterlaufen.

WIE SIE TEENAGER ALLEINE ZU HAUSE LASSEN

Den meisten Eltern wird irgendwann so was um die Ohren fliegen wie »Ostsee? Euer Ernst? Boah, echt so todlangweilig. Kein Sinn!

Ich bleibe alleine zu Hause. Echt!«. Ihnen wird weiter versichert, dass Sie die EINZIGEN Eltern AUF DER GANZEN WELT sind, die so was Blödes und Langweiliges von ihren Kindern verlangen. Geht gar nicht!

Nun, Sie wissen ja schon, dass in solchen Sätzen nicht ernst zu nehmende Schlüsselworte enthalten sind, die in die gleiche Kategorie wie die Scheinargumente »das muss KEINER«, »das hat JEDER« oder »das dürfen ALLE« und Konsorten fallen: »Ihr seid die EINZIGEN«, »AUF DER GANZEN WELT«. Müssen Sie also nicht so ernst nehmen.

Aber: Nehmen Sie Ihren Teenie doch mal beim Wort: Ihre Tochter oder Ihr Sohn will also nicht mitfahren, möchte lieber ganz alleine zu Hause bleiben. Okay, gut. Das ist ein Grund zur Freude: Pubsi ist bereit für einen neuen großen Schritt in Richtung Verantwortungsbewusstsein und Selbstständigkeit. Auch rechtlich gesehen spricht grundsätzlich nichts dagegen, ein jugendliches Kind auch mal alleine zu lassen: Sie sollen zwar gemäß §1631 des Bürgerlichen Gesetzbuches ein gutes Auge auf Ihr Kind haben und es gut beaufsichtigen; Sie sollen aber auch laut §1626 im selben Werk die Selbstständigkeit fördern:

»Bei der Pflege und Erziehung berücksichtigen die Eltern die wachsende Fähigkeit und das wachsende Bedürfnis des Kindes zu selbständigem verantwortungsbewussten Handeln.«

So weit, so gut. Das rechtliche Kauderwelsch ist, wie so oft, etwas schwammig. Deshalb die Frage: Ab wann können Sie Ihre Kinder gefahrlos alleine lassen? Für ein Wochenende, mehrere Tage oder sogar Wochen?

Kinder unter 14 können mal über Nacht allein bleiben, wenn sie eine entsprechende Reife aufweisen. Ob sie die haben, müssen Sie als Erziehungsberechtigte entscheiden. Ein Jugendlicher ab 14 braucht nicht mehr dauerhaft beaufsichtigt zu werden – und den will auch keiner mehr babysitten. Es gibt nur sehr wenige Freunde und Verwandte, die begeistert »hier« schreien, wenn es darum geht, einen unflätigen, genervten Pubertisten zu beherbergen und zu beschäftigen. Tante Mechthild wäre zwar aus Ihrer Sicht prima, weil Sie sicher wüssten, dass die Tante mit sanfter, aber unerbittlicher Härte aus Ihrem Handy-süchtigen Couchpotato eine Rakete zaubern könnte. Aber die Gute und ihr arbeitsintensiver Hof sind sicher nicht die erste Wahl als potenzielles Ferienvergnügen für Ihren Teenager: Viel zu an(streng)end, schlechtes WLAN, zu wenig *Peace*.

Nun, abseits von Tante Mechthild gibt es diverse wunderbare Möglichkeiten, Jugendliche zeitweise sich selbst zu überlassen, ohne ständig vor Sorge umzukommen oder sich mindestens Raben-mütterlich zu fühlen, weil Pubsi nicht mehr im Radius Ihres Adlerauges weilt. Außerdem können Teenager durchaus auch mal eine Zeit allein gelassen werden – wenn Sie ihr oder ihm das zutrauen. Das kommt natürlich sehr auf das Kind an: Ist es schon einigermaßen vernünftig, war es schon mal alleine von Freitag auf Samstag, tendiert es zur Partymaus, hat es einen Freundeskreis, den Sie persönlich schon seit Kindertagen kennen, oder ist Ihr Sohn ein Einzelgänger, der jetzt seine Chance wittert, einen auf dicke Hose zu machen und die angesagten Influencer auf seiner Schule mit einer coolen Party zu beeindrucken und diese per Snapchat oder WhatsApp einzuladen (siehe auch Kapitel »Wie Sie eine heimliche Hausparty überleben«)? Gibt es Großeltern oder Nachbarn in Reichweite, die regelmäßig nach dem Rechten sehen und im Notfall sofort Gewehr bei Fuß stehen können und die gegebenenfalls alle WhatsApp- und Snapchat-Freunde samt deren Anhängern wieder aus Ihrem Haus entfernen? Muss das Kind sich nur um sich selbst kümmern, oder geben Sie das Leben anderer Mitbewohner Ihres Haushalts in die Hände Ihres Pubertisten, zum Beispiel Kaninchen, Bartagame oder auch jüngere Geschwister, die allesamt länger als drei Stunden ohne Ihre Kontrolle nicht überleben würden? Kennt Ihr Junior den Wert Ihrer geliebten Plattensammlung, und können Sie sich darauf verlassen, dass Ihre Kuschelrock-Vinylscheiben bei Ihrer Rückkehr noch intakt und vollständig vorhanden sind? Haben Sie eine umfangreiche Hausbar, die sich geradezu anbietet, geplündert zu werden? Das alles sind Fragen, die Sie sich selbst stellen und abwägen müssen, bevor Sie das Experiment »Teenie allein zu Hause« starten.

Hinterfragen Sie kritisch die Kompetenzen Ihres Kindes. Vertrauen ist sicher gut, aber wenn Teenies das erste Mal alleine Hausherr oder Hausherrin spielen dürfen, ist Kontrolle durchaus angebracht. Rechnen Sie damit, dass es für Teenager in einem Haus ohne Eltern viele äußerst interessante Dinge zu finden gibt. Überschätzte Kompetenzen führen zwangsläufig zu Enttäuschungen auf beiden Seiten. Arbeiten Sie sich lieber Stück für Stück vor. Beginnen Sie also vielleicht erst mit einer kurzen Abwesenheit.

Wichtig finde ich, dass Teenies genau wissen, was sie in Gefahrensituationen tun müssen. Alleine bleiben, weil es spannend ist, ist eine Sache. Was aber, wenn etwas passiert? Passieren kann ja immer was, ob Sie nur kurz einkaufen sind, ob Sie eine Tagesreise entfernt mit einer Gurkenmaske im Gesicht an einem Cocktail schlürfen oder auf Madeira halsbrecherisch entlang einer Levada marschieren. Fakt ist, sie sind nicht sofort verfügbar, und Pubsi braucht eine konkrete Handlungsanweisung, wie es sich selbst retten kann. Zum Beispiel so:

- Notfallnummern von Polizei und Feuerwehr als Kurzwahltaste Nummer 1 und 2 im Teenie-Handy einspeichern. Es sind zwar jeweils nur drei Ziffern, im Eifer des Gefechts kann man die aber schon mal vergessen.
- Nachbarn Bescheid geben und mit Ersatzschlüssel ausstatten.

- Klären, was genau zu tun ist, wenn jemand an der Tür klingelt, wenn die Sicherung durchbrennt, wenn es brennen sollte, wenn die Bartagame auf ihren Baumstamm kotzt und so weiter.
- Klären Sie, wer in Ihrer Abwesenheit das Haus betreten darf und dass Partys ohne erziehungsberechtigte Person ein absolutes No-Go sind.

Und vergessen Sie nicht, Ihren Teenies zu sagen, wie wichtig Ihnen die Kuschelrock-Sammlung ist. Noch besser ist es allerdings, solche Kostbarkeiten einfach irgendwo sicher zu deponieren. Und dann gehen Sie mit ganz viel Vertrauen und aufgeladenem Handy im Gepäck los. Das wird schon.

WIE SIE IHREN TEENAGER ALLEINE IN DEN URLAUB SCHICKEN

Einen Teenager alleine in den Urlaub zu schicken ist eine relativ sichere Kiste, die viele Jugendliche schon lange vor der Pubertät kennengelernt haben: Ferienfreizeiten, organisiert von und mit Sportvereinen, Pfadfindern, kirchlichen Organisationen, Jugendverbänden, Kreisjugendringen oder kommerziellen Anbietern. Viele Kids bleiben auch als Jugendliche dabei und fahren weiterhin gerne bei einer organisierten und betreuten Fahrt mit. Manche Jugendliche sind so erfahren durch Kinder- und Jugendreisen, dass sie selbst irgendwann die Seiten wechseln und die nächste Reise als Betreuerin oder Betreuer, im Fachjargon *Teamer* genannt, antreten möchten. Die Arbeit als Teamer geht in einigen Fällen sogar schon ab 16. Für uns Eltern haben diese betreuten Jugendreisen den Vorteil, dass wir die Gewissheit haben, dass jemand nach dem Rechten schaut und notfalls ein Pflaster auf eine eitrige Schürfwunde kleben kann – und als Teamer können die das sogar ganz alleine. Selbst

Reiseziele, bei denen sich Ihre Nackenhaare hochstellen, weil deren Name quasi ein Synonym für Partyhochburg ist, wie beispielsweise Lloret de Mar oder ähnliche Kaliber, verlieren dann ihren Schrecken. Etwas.

Was aber, wenn Ihr Teenager lieber auf eigene Faust unterwegs sein möchte? Ohne Betreuer oder Teamer? Nur mit Zelt und Fahrrad ausgerüstet oder, irgendwie schlimmer, nur mit Rollköfferchen und High Heels bewaffnet?

Rechtlich gesehen sieht es für den Wunsch Ihres Teenies gut aus. Es gibt vom Gesetzgeber nur wenige Einschränkungen. Diejenige Person, die die Erziehungsberechtigung in der Hand hält, also in der Regel Sie, hat die sogenannte Fürsorgepflicht. Das heißt, Sie müssen einschätzen und entscheiden, ob Ihr Kind in der Lage ist, heil von Hamburg nach München zu kommen, ohne in Kassel-Wilhelmshöhe auszusteigen und verloren zu gehen. Recherchieren Sie auch, ob das vom Teenie gewünschte Transportmittel Ihr minderjähriges Kind überhaupt mitnehmen möchte. Hier gibt es sehr unterschiedliche Vorgaben. Die Deutsche Bahn nimmt Kinder schon ab sechs Jahren alleine mit, empfiehlt aber eine Begleitperson. Einige Fernbusse erlauben erst ab 15, andere ab 16 Jahren die Mitfahrt*. Manchmal gibt es weitere Auflagen, wie zum Beispiel, dass unter 16-Jährige nicht nach 22 Uhr mitfahren oder dass sie nicht umsteigen dürfen**, weil zum Beispiel auch das Jugendschutzgesetz einige Orte (zumindest ab einer bestimmten Uhrzeit) als jugendgefährdend einstuft. Das sind neben Diskotheken und Spielhallen auch der ein oder andere Bahnhof oder

* *www.fernbusse.de/fernbus/kinder/*

** *www.flixbus.de/service/kontakt*

Flughafen. Je nach Transportunternehmen gibt es verschiedene Auflagen – und im Ausland ist es dann wieder anders. Sie müssten also eine genaue Recherche starten und Ihren Teenager mit den entsprechenden Einverständniserklärungen ausstatten. Die sollten neben den Personalien Ihres Teenies auch Ihre Kontaktdaten enthalten sowie die Reiseroute, das Ziel inklusive einer Kontaktperson und Notfallnummern. Ausweisdokumente samt Kopien nicht vergessen. Dies gilt natürlich besonders für Reisen ins Ausland*.

Die ganze Sache steht und fällt mit dem, was Sie Ihrem Teenie zutrauen. Und: was Ihr Teenie sich selbst zutraut. Bedenken Sie, dass eine erste Reise weg von zu Hause tatsächlich eine Ausnahmesituation darstellt. Besprechen Sie neben den tatsächlichen Reisemöglichkeiten deshalb unbedingt mögliche Gefahrensituationen und wie Ihr Teenie sich dann verhalten soll. Auch solche Fälle, die im ersten Moment keine Gefahr darstellen, wie zum Beispiel, was zu tun ist, wenn sich auf der Fahrt die Best-friends-forever-Konstellation als so fragil herausstellt und man nicht mehr zu zweit weiterreisen möchte. Buchen Sie alle Übernachtungsmöglichkeiten im Vorhinein.

Wir haben die Erfahrung gemacht, dass es am besten ist, den Kontakt zum allein reisenden Teenager während der Reise möglichst auf Sparflamme zu halten, aber mit festen Zeiten, an denen wir eine Nachricht erhalten müssen. Bei Ihnen mag das anders sein – und es kommt auch ein bisschen auf das Alter an. Wie auch immer Ihr Plan, wichtig ist, dass Sie einen haben und diesen mit dem Teenie gemeinsam aushecken.

---

* *www.auswaertiges-amt.de/de/newsroom/buergerservice-faq-kontakt/faq/11-kindohne-eltern/606308*

WIE SIE EINEN SCHÜLERAUSTAUSCH ÜBERLEBEN

Es gibt Jugendliche mit ausgeprägtem Forscherdrang, denen ist nur *Urlaub ohne Eltern* nicht genug. Sie wollen einfach mehr Unabhängigkeit, mehr auf eigenen Füßen stehen, ohne Überwachung von Mami und Papi. Die sind neugierig auf die Welt, eine andere Sprache, eine andere Kultur – und Abenteuer. Je nach Alter des Teenies ist so ein schnelles Flüggewerden vielleicht etwas gewöhnungsbedürftig. Besonders für Eltern, denen Globetrottern ein Rätsel ist. Aber im Prinzip sollten Sie sich freuen. Wenn Ihr Kind den Mut dazu hat, gibt es nichts Besseres als Reisen, um früh zu lernen, auf eigenen Beinen zu stehen und sich in Weltoffenheit und Toleranz zu üben.

Ein Schüleraustausch ist deshalb eine wunderbare Win-win-Situation für alle Beteiligten: Ihr Kind bekommt die Möglichkeit, alleine auf (ziemlich) große Fahrt zu gehen und mit Sicherheit (auch im wahrsten Sinne des Wortes) Erfahrungen und Eindrücke fürs Leben zu sammeln und sich eine beeindruckende Reverenz in den Lebenslauf zu schreiben, während Sie sich darauf verlassen können, dass jemand ein Auge auf Ihr unternehmerisches Kind hat, es im Notfall auffängt und weiß, was zu tun ist.

In der Regel können Jugendliche ab 14 Jahren an Schüleraustauschprogrammen teilnehmen, in einigen Fällen auch früher. Es gibt ein Füllhorn an Angeboten von gemeinnützigen Vereinen oder auch kommerziellen Agenturen. Hier hat man wirklich die Qual der Wahl: Wo soll es hingehen? Der Klassiker, eine Highschool in den USA, oder doch lieber etwas exotischer – Ecuador, Sri Lanka oder Japan? Lieber in eine große Stadt, lieber in wilder Natur oder irgendwo dazwischen? Erstaunlicherweise können Teenies diese schwierige Frage meist wie aus der Pistole geschossen beantworten. Wie lange die temporäre Auswanderung dauern soll, ist da schon nicht mehr so einfach zu beantworten. Es muss ja nicht sofort ein ganzes Jahr sein, wenn Ihnen eine so lange Abwesenheit Ihres Kindes Sorgen macht. Ein halbes Jahr oder sogar nur wenige Wochen sind möglich, und auch so ein kurzer Aufenthalt fördert die Selbstständigkeit eines nach Freiheit strebenden Teenagers enorm und hinterlässt bleibende Eindrücke.

Ob Ihr Teenie dann in die alte Klasse zurückkehrt, was durchaus die Regel ist, ist unabhängig von der Dauer des Auslandsaufenthalts. Ein Überflieger muss er oder sie jedenfalls nicht sein. Wenn Ihr Teenie einigermaßen solide Noten mitbringt, reicht das in der Regel völlig aus, um wieder einsteigen zu können. Selbst wenn Ihr Teenie die Klasse wiederholt, ist das kein Beinbruch. Ihr Kind versäumt nichts; im Gegenteil, es gewinnt viel durch die Auslandserfahrung.

Egal für welche Art Austausch Ihr Teenie sich interessiert, eines eint sie alle: Die wenigsten Eltern zahlen so einen Aufenthalt mal eben aus der Portokasse. Je nach Zielort (und Organisation) kann da schon mal ein Kleinwagen einkalkuliert werden. Aber auch, wenn Sie jeden Cent umdrehen müssen, wo ein Wille ist, ist auch ein Weg. Einer ist, dass Ihr Teenie sich um ein Stipendium bewirbt. Auch hier gilt: Super Noten sind kein Muss. Eher stehen Motivation, Offenheit, Toleranz und vor allem Neugier auf andere Kulturen und Sprache im Vordergrund. Oder ein Talent. Vielleicht ist Ihr Teenie eine Sportskanone oder die nächste Anne Sophie Mutter? Oder vielleicht weiß Ihr Kind schon sehr genau, in welche berufliche Richtung es gehen wird, und findet darüber ein Stipendium? Es gibt nämlich auch Austausche mit fachspezifischem Fokus, wie zum Beispiel auf Musik und Tanz oder auf eine bestimmte Sportart, oder sogar schon beruflich orientiert, zum Beispiel auf einer Farm. Bei den meisten Schüleraustauschen wird Ihr Teenie allerdings eine ganz normale Schule besuchen. Bei dem Umfang der Unterstützung gibt es ebenfalls sehr unterschiedliche Angebote: Teilunterstützung oder 100-Prozent-Übernahme der Kosten, mit Reisekosten, ohne Reisekosten, mit Schulgeld, mit Schuluniform, die ja in manchen Ländern oder Schulen Pflicht ist, und so weiter.

Wichtig ist, dass so ein Aufenthalt gut und im Voraus geplant wird. Da liegt allerdings die Krux: Die größte Herausforderung für Teenager ist es, vorausschauend zu planen, denn die meisten Teenies können nur von jetzt auf gleich denken. Ein Jahr vorher schon wissen, was man zwölf Monate später machen will? Große Güte! Trotzdem, der Wille und Einsatz muss vom Teenie kommen, nicht von Ihnen. Entscheidend ist nämlich, dass Ihr Teenie die treibende Kraft hinter der ganzen Aktion ist und Sie nur im Hintergrund agieren. Zum Beispiel, indem Sie beim Ausfüllen der Formblätter unterstützen. Nehmen Sie Ihrem Teenie nicht zu viel ab, die können das gut alleine. Außerdem möchte es ja auf eigenen Beinen stehen, also kann viel Eigeninitiative bei der Vorbereitung nicht schaden. Ihre Aufgabe ist es eher, das Kleingedruckte zu verstehen. Teenies sind sprunghaft und ändern gerne mal ihre Meinung. Was passiert zum Beispiel, wenn Ihr Kind kurz vor Abreise nicht mehr will? Können Sie vom Vertrag zurücktreten, wenn der Teenie keinen Bock mehr hat? Das ist unwahrscheinlich, aber möglich. Es ist meist immer eher die Mutter, die etwas weiche Knie bekommt. Deshalb ist eine intensive Vorbereitung auch gut für Sie. Tatsächlich sind die letzten zwei Wochen vor der Abreise die schwersten. Jetzt wird es irgendwie sehr greifbar, dass Ihr »kleines« Mädchen oder Ihr »kleiner« Junge bald sehr, sehr weit weg sein wird. Wenn Sie erst einmal am Flughafen stehen und das Pubsi winkend durch die Absperrung geschoben wird, lassen Sie ein paar Tränchen laufen und haben das Schlimmste hinter sich. Dann können Sie sich auch ein bisschen auf Ihr leeres Nest und die Zeit für sich freuen.

Trotz super Vorbereitungen und Vorfreude, trotz Wunschland, hervorragender Sprachkenntnisse und toller Gastfamilie kann es natürlich passieren, dass fern der Mama ein fieses Heimweh eintritt und Ihnen im Live-Chat beim Anblick des traurigen Teenies das Herz blutet. Bleiben Sie geschmeidig und bestärken sie Ihren Teenager, selbst eine Lösung zu finden. In der Regel ist das eine ganz normale Phase, vielleicht ausgelöst durch irgendetwas Banales, wie ein Mittagessen, dessen ungewohnte Kernzutat massiven Ekel erzeugt hat. Die meisten Dinge lassen sich klären, am besten mit einer Person vor Ort, den Gasteltern oder Gastgeschwistern. Zur Not ist da ja auch die Organisation, die jederzeit erreichbar ist. Konflikte gehören zum Leben dazu, und man wächst ja auch an ihnen, besonders, wenn man Lösungen eigenständig findet, das ist Sinn und Zweck der Aktion: etwas alleine hinkriegen. Und wenn wirklich gar nichts mehr geht, kann die Organisation auch eine andere Familie finden. Nicht jede Gastfamilie wird zur geliebten Zweitfamilie, und zurück nach Hause sollte immer die letzte Option sein.

Wenn Ihr (dann nicht mehr ganz so) kleines Pubsi aus dem Ausland zurückkommt, wird es nicht nur körperlich größer, sondern in jedweder Hinsicht gewachsen sein. Diejenigen Jugendlichen aus meinem Bekanntenkreis, die einen Auslandsaufenthalt gemacht haben, waren auch sehr schnell wieder in der Welt unterwegs. Wen der Reisenerv erst einmal getroffen hat, der kommt so schnell davon nicht los.

Übrigens, wenn Sie so weit gekommen sind, dass Sie Ihr Kind entspannt auf mehrmonatige Auslandsreisen ziehen lassen, dann hat die Pubertät den größten Schrecken verloren. Vielleicht ist dann die Pubertät für Sie eher eine sportliche Herausforderung und Sie möchten zum nächsten Level aufsteigen? Dann überlegen Sie sich doch, ob Sie sich, nachdem Ihr Kind zu Gast in einer Familie war, revanchieren und auch mal als Gastmutter oder -vater einen Teenager aus einem anderen Kulturkreis beherbergen möchten. Falls Ihnen jetzt allein bei dem Gedanken Schweißperlen auf der Stirn stehen: Tatsächlich kann das sehr bereichernd sein, ein pubertäres Gastkind aufzunehmen. Für Sie, Ihre ganze Familie und natürlich den eingeladenen Teenager. Es behauptet allerdings niemand, dass so was nicht auch Anstrengung erfordert. Aber Sie wissen ja, Abenteuer ohne Risiko ist Disneyland*.

* *Titel eines Kapitels aus dem Roman »Generation X« von Douglas Coupland, 1991*

WIE SIE IHR EIGENES ZEITMANAGEMENT IM GRIFF BEHALTEN, WENN IHRE KINDER PUBERTIEREN

Wenn Kinder größer, eigenständiger und vernünftiger werden, haben wir Erwachsenen wieder mehr Zeit für andere Dinge – so die wahnwitzige Annahme von Eltern, die noch kleine, unpubertierende Kinder haben. Vernunft und Pubertät sind zwei Dinge, die zeitweise wirklich sehr schwer zusammenkommen – können Sie sich ja mittlerweile schon denken. Nehmen Sie sich lieber nicht zu viel vor in den Jahren, in denen Pubertät zu erwarten ist. Das eigene Zeitmanagement wird nämlich sehr gerne von Teenagern zunichtegemacht, weil deren Handlungen mitunter ein blitzschnelles Eingreifen von Ihnen verlangt. Ein paar Beispiele:

- Marvins Vater musste das lang ersehnte Rendezvous mit seiner neuen Freundin fluchtartig aufgeben, da er einen Anruf erhielt, sein 16-Jähriger Sohn habe vor der örtlichen Sparkasse schwer alkoholisiert rebelliert und würde nun sich übergebend auf den Treppenstufen davor liegen. Er, also Marvins Vater, möge ihn bitte schnellstmöglich abholen.
- Alinas Mutter wurde im Büro angerufen, sie möchte sich bitte unverzüglich ins Büro des Filialleiters einer bekannten Drogeriekette einfinden. Die 13-Jährige hatte dort während einer Freistunde einen Lippenstift in ihre Tasche wandern lassen.
- Celinas Mutter wurde aus einem Geschäftspartner-Meeting geholt: Sie möge bitte dringend Ihre völlig aufgelöste Tochter zurückrufen. Celina hatte ungeschützten Sex mit ihrem Freund. Sie braucht JETZT SOFORT die *Pille danach*, jede Minute zähle, ob ihre Mutter sie bitte sofort zum Arzt fahren könne.
- Für Samys Vater wurde die Nachricht im Sekretariat hinterlassen: Samy hat sich mit Jean-Luca geprügelt. Beide seien in der Notaufnahme. Keine weitere Information, aber er möchte bitte sofort ins städtische Krankenhaus kommen.

- Linnea hat sich vor einem Einbrecher schützen müssen (siehe Kapitel »Wie Sie eine heimliche Hausparty überleben«).

Solche Dinge können das eigene Zeitmanagement ziemlich durcheinanderbringen. Aber auch ohne Notfall ist generell irgendwann in der Pubertät der Kinder Schluss mit der mehr oder weniger guten Organisation und dem geregelten Tagesablauf. Denn spätestens, wenn die Schule Ihrer Kinder keine attraktiven AGs mehr für die »großen« Kinder anbietet und (noch) kein Nachmittagsunterricht im Stundenplan steht, ist Feierabend mit der sicheren Verwahrung. Manchmal schon früher, je nach Schule oder Bundesland. Ich habe das schmerzlich gemerkt, als ab der 7. Klasse plötzlich keinerlei Nachmittagsbetreuung mehr da war.

Das heißt ganz konkret, wenn Ihr Kind in einer weiterführenden Schule ist, die ab der 7. Klasse keinen Nachmittagsunterricht und keinen Ganztag mit Pflicht-AGs anbietet oder nur einen offenen Ganztag, dann ist Ihr Kind ab Mittag sich selbst überlassen und auf sich gestellt, wenn Sie und Ihr Partner arbeiten sind (es sei denn, einer von Ihnen hat die Möglichkeit, Präsenz zu zeigen, weil Homeoffice-Tag ist). Bei uns war es außerdem so, dass es zwar eine Mensa in der Schule gab, aber laut Aussage unserer Töchter NIEMAND mehr ab der 6. Klasse dort gegessen hat. Ich wusste, dass das nicht stimmt. Aber es galt als extrem uncool, sich das Essen aus der Mensa zu holen (was natürlich sehr wahrscheinlich zu einem großen Teil daran lag, dass das Essen dort nicht geschmeckt hat). Also haben unsere Kinder mit Dutzenden anderen Jugendlichen aus ihrem Jahrgang mit dem Essensgeld die gegenüberliegende Dönerbude finanziell unterstützt. Was Sie dagegen machen können? Theoretisch können Sie das verbieten, indem Sie den Erlaubniszettel »Schulhof-in-der-großen-Pause-verlassen« nicht unterschreiben. Streng kontrolliert wird das aber vonseiten der Pausenaufsicht nicht. Wenn Ihr Kind geschickt ist, wird ein kurzzeitiges Verschwinden einfach nicht auffallen.

Sicher gibt es auch Teenager, die man gut nachmittags ein paar Stündchen alleine lassen kann, die sich ein Essen machen können, die sich brav an ihre Hausaufgaben machen. Naheliegender ist, dass ein Teenager nach der Schule eine waagerechte Haltung annimmt und mit seinem Handy verwächst und chillt. Außerdem: Was glauben Sie, wie oft und wie plötzlich Ihre Teenies innerhalb einer Woche eine Freistunde haben!? Vertretungslehrer sind Mangelware; wenn Lehrpersonal knapp ist, werden in der Regel noch für die 5. und maximal die 6. Klasse welche gefunden. Für die Mittelstufe aber selten bis gar nicht. Die gelten als »schon groß« und müssen alleine klarkommen.

Ohne eine erwachsene Person griffbereit zu haben, die Erziehungskompetenz aufweist, arbeitet es sich sehr unentspannt. Deshalb sollten Sie sich frühzeitig Gedanken machen, wie Sie die Betreuung auch oder gerade in der Pubertät mit einem vermeintlich »großen« Kind sicherstellen. Ich jedenfalls habe zu keiner Zeit häufiger hektisch und in Sorge meinen externen Büroschreibtisch in Richtung Zuhause oder Schule verlassen als in der Zeit zwischen den Klassen 7 und 12. Ich empfehle deshalb, mit dem Teenager zusammen einen Plan zu machen, was er oder sie so zu tun hat: Hausaufgaben erledigen, Sport, eine Haushaltstätigkeit, vielleicht sogar einmal in der Woche die Verantwortung fürs Essenkochen übernehmen. Das Ganze muss selbstverständlich ab und zu überprüft werden, damit es sich einschleift. Und natürlich soll auch ganz viel Freizeit mit eingebaut werden, denn je nach Schule wird so ein Schulalltag ja auch ein Vollzeitjob – eigentlich.

Sprechen Sie sich mit Ihrem Partner ab, am besten so früh wie möglich. Die Erfahrung zeigt aber, dass es in der Regel die Mütter sind, die Arbeitszeit reduzieren und die parat stehen, wenn irgendetwas passiert. Halten Sie sich die Möglichkeiten offen, in der Pubertät ins Homeoffice zu wechseln oder Stunden zu reduzieren oder tatsächlich ein Sabbatjahr einzulegen. Wenn Sie das alles nicht können oder wollen, sollten Sie Ihr Zeitplanungsmanagement gerade während der Pubertät gut im Griff haben und unbedingt mit folgender Formel überarbeiten: Je pubertärer sich Ihr Teenie benimmt, desto größer der zeitliche Puffer, den Sie für unvorhersehbare Zeiträuber einplanen sollten, denn Jugendliche in der Pubertät sind zeitlich komplett unkalkulierbare Faktoren. Ein Zeiträuber ist gar nicht unbedingt eine unvorhersehbare Katastrophe, sondern ganz banal ein »Mama, kannst du mich eben mit dem Auto bringen?«. Treuherziger Blick, und schon sind Sie im Mantel und haben den Schlüssel in der Hand.

Überlegen Sie sich das gut. Solange Ihre Teenies zwei gesunde Beine haben und der Weg nicht lebensbedrohlich ist, brauchen die ja nicht zwangsläufig einen Chauffeur. Aber, wie bereits mehrfach erwähnt, längere Autofahrten eigen sich ganz wundervoll, um mit Teenies heikle Themen zu besprechen. Da muss man abwägen.

8. KAPITEL

TEENAGER UND DER ERNST DES LEBENS

Die wenigsten jungen Menschen wissen in der Pubertät, wie und womit sie später mal ihre Brötchen verdienen möchten. Frühe kindliche Vorstellungen wie »Ich werde Feuerwehrmann« oder »Ich werde Pommesverkäuferin« lösen sich in der Pubertät schnell auf zu einem achselzuckenden »kein Plan« oder »weiß nicht«. Einige Teenager haben – immerhin – diffuse Vorstellungen wie »ich werde Influencerin« oder »ich werde reich«. Noch weniger können sich wirklich vorstellen, was genau sich hinter einem Beruf wie *Bürokauffrau, IT-Sicherheitsbeauftragter* oder eben *Influencerin* verbirgt. Natürlich gibt es aber auch die, die schon sehr genau wissen, was sie später einmal machen wollen, und ein sehr konkretes Berufsziel haben. Für die meisten Teenager ist aber bis kurz vorm Abschlusszeugnis die Arbeitswelt weit, weit weg, und vor einer verheißungsvollen Karriere steht im Hier und Jetzt zunächst mal Schule als Pflichtprogramm und Chillen als Freizeitbeschäftigung.

WIE SIE EINE NOTORISCHE SCHULVERWEIGERUNGSHALTUNG ERTRAGEN

Nicht jeder Mensch hat in der Schule Probleme – so eine Behauptung wäre ja vermessen. Aber wenn es kritisch wird, taucht echter Schulstress am häufigsten während der Mittelstufe der weiterführenden Schule auf. Zu der Zeit ist man so um die 14 oder 15 Jahre alt, befindet sich also in der Zeit der Hoch-Pubertät und hat anderes im Sinn als Mathe, Deutsch, Erdkunde und ein sauber geführtes Heft. Wenn man in einen Teenie-Schulranzen guckt, findet man manchmal sogar eher andere Dinge als schulische Utensilien. Im Ranzen einer unserer Töchter wurden jedenfalls zeitweise mehr kosmetische als schulische Artikel transportiert. Auch das Wort

»Schulranzen« ist eigentlich falsch. Als Ranzen fungierte eine überdimensionierte Handtasche, völlig ungeeignet, um damit Bücher und Hefte zu transportieren: Neben ein paar eselsohrigen Heften und vielleicht ein, zwei malträtierten Büchern fand man da eher zerknitterte Elternbriefe und Arbeitsblätter, bei denen keiner mehr wusste, zu welchem Fach die gehörten, Haarspraydosen, Deospray, Schminktäschchen, diverse Kabel (teilweise unbrauchbar), Kopfhörer, fünf Lippenstifte und drei bis vier verschiedene Puderdosen, diverse Schminkspiegel und -pinsel, Zettelchen, Müsliriegel und Chipstüten (offen und geschlossen) sowie leere Pfandflaschen.

Verwunderlich ist das alles nicht, eher erwartbar. Es ist ja allgemein bekannt, dass im Hirn zu dieser Zeit gerade Hochkonjunktur auf der Großbaustelle im Oberstübchen herrscht. Diverse Bereiche werden umstrukturiert und sind deshalb kurzfristig unauffindbar, weil irgendwelche Vernetzungen gekappt, aber noch nicht neu wiederaufgebaut sind. Hormone und verwirrende Gefühle – alles wirbelt durcheinander. Das macht eine erforderliche Konzentration auf schwer verständliche Dinge wie Algebra und Konjunktiv II schwierig. Zumal auch andere, spannendere Ereignisse für massive Ablenkungen im Klassenzimmer sorgen. Allem voran die Veränderungen, die an einem selbst passieren. Zwischen derartiger Verpeiltheit und wachsendem sozialen Druck noch über mathematische Kurven nachzudenken, wenn die Kurven von Pia-Lou zwei Reihen weiter vorne gerade deutlich interessanter, wenn auch irritierender, aussehen, ist allerhand verlangt. Was interessiert einen, was noch mal genau die Weimarer Verfassung mit dem Kriegsende zu tun hatte, wenn es gerade in jeder Pause ums eigene Überleben geht? Also wirklich, das ist kaum möglich. Nur die wenigsten schaffen es, Energie aufzubringen und sich ernsthaft für den Schulstoff zu interessieren oder Arbeitsblätter ordentlich abzuheften. Wobei es natürlich auch diese Schülerinnen und Schüler gibt.

Ganz besonders schlimm ist die 8. Klasse. Dass hier überhaupt noch versucht wird, Stoff durchzunehmen, ist eigentlich verwun-

chon absurd, weil gerade in dieser Stufe gleich mehre- sammenkommen, die ein aufmerksames Stillsitzen, Speichern von Schulstoff quasi unmöglich machen: Gehirn ist Großbaustelle: Wer bin ich eigentlich? Was wollte ich gerade? Was fühle ich gerade? Ich bin so verdammt wütend, ich weiß aber nicht warum!

- Neupositionierung der eigenen Stellung innerhalb der Familie und Neu(er)findung einer Rolle innerhalb der wichtiger werdenden Peergruppe.
- Entdeckung der eigenen Sexualität, vor allem aber der des anderen Geschlechts.
- Nicht immer willkommenes Wachstum an allen Ecken und Enden.
- Deutlicher Abschied vom Kindsein (Stimmbruch, Menstruation, Haarwuchs, Brustwuchs und der ganze sichtbare Rest, der einen schwanken lässt zwischen Ablehnung, Stolz, zwischen der Einordnung in die Norm, dem Nicht-auffallen-Wollen und ausprobierenden Präsentieren).

Eigentlich müssten in der 8. Klasse nun eher Themen wie Sozialverhalten, Werte, Konfliktbewältigung, Sexualkunde, Sport und so etwas auf dem Programm stehen. Die Klassengemeinschaft müsste gestärkt werden; es gibt so viele Rollenverschiebungen und Persönlichkeitsfindungen. Mit denen müssen die Teenager ja auch erst einmal klarkommen und sich zurechtfinden und neu positionieren.

Wir Eltern gucken so oft nur auf die Noten. Dass Noten bei diesem ganzen Schlamassel und diesen Ablenkungen den Bach runtergehen, ist aber logisch. Wir vergessen einfach manchmal, wie es sich anfühlt, 14 Jahre alt zu sein. Man kann nun als Mutter oder Vater sehr, sehr, sehr viel Energie investieren; man kann sich jeden Abend mit den abgelenkten unwilligen Pubertisten hinsetzen und stundenlang Algebra pauken, unzählige nachmittägliche Nachhilfestunden aufzwingen, Hausarrest vergeben und Druck aufbauen. Mit dem Ergebnis, dass das nicht den gewünschten Erfolg bringt, weil dann trotzdem Fünfen auf dem Halbjahreszeugnis stehen. Nichts Ungewöhnliches in der Hoch-Pubertät. Schuld an schlechten Noten haben übrigens Sie. Weil Sie immer so viel Druck aufgebaut haben, muss man sich dann zum Beispiel sagen lassen. Schule und alles, was damit zusammenhängt, ist in vielen Familien während der Mittelstufenzeit jedenfalls ein großes Fass ohne Boden mit sehr viel Konfliktpotenzial.

Was können Sie tun, um nicht komplett wahnsinnig zu werden? Schauen Sie, woher der Grund für schlechte Noten kommt. Langweilt sich das Kind? Hat es eine Lernschwäche, mit der es in einer anderen Schulform besser aufgehoben wäre? Macht überhaupt ein Schulwechsel Sinn, weil irgendetwas anderes dem Teenie Druck macht und Sie da eingreifen sollten? Oder können Sie anders helfen? Wenn Sie weiträumig abgecheckt haben und nichts Besorgniserregendes feststellen können, außer eben schlechte Noten und ein unterirdisches Halbjahreszeugnis, dann ist es manchmal das Beste, wenn Sie sich ein bisschen zurücknehmen. Es ist nicht so, als ob Ihr Leben oder das Ihres Kindes allein von Schulnoten abhängt. Treten Sie einen Schritt zurück. Erinnern Sie ihren faulen Teenie ab und zu mal daran, dass es Sinn macht, für Arbeiten zu lernen. Das Einzige, was Ihr Teenie wirklich wissen muss, ist, dass er zu Ihnen kommen kann, wenn er Hilfe braucht. Es entspannt die Situation ganz enorm, wenn Sie sich entspannen und die Verantwortung ein Stück weit auf Ihr Kind abgeben. Es senkt den Druck (für alle Beteiligten), wenn Sie akzeptieren können, dass Ihr Kind eventuell eine Ehrenrunde drehen muss. Bieten Sie Ihre Hilfe an, aber als offene Frage. Also nicht »Ich kann dir doch bei Mathe helfen, Mensch, zeig mal her!«. Sondern »WIE kann ich dir helfen?«. Outsourcen Sie, wo Sie können, wenn Hilfe gewünscht ist. Nachhilfe mit jemandem außerhalb der Familie funktioniert meistens besser. Manchmal wollen Teenager auch einfach keine Hilfe von Ihnen, weil sie finden, dass Sie gar keine Kompetenz dazu haben. Am besten, Sie finden eine gute Motivation, zum Beispiel, wenn Ihrem Kind klar wird, dass es seine Clique verliert, wenn es sitzen bliebe. Oder knüpfen Sie einen lang gehegten, besonderen Wunsch des Teenies an eine Versetzung.

Natürlich gibt es auch sehr ernsthafte Themen, die ein Verschlechtern in der Schule verursachen. Deshalb sollten Sie zwar ein Stück weit Verantwortung abgeben, sich aber nicht komplett rausziehen. Schule schwänzen zum Beispiel macht bestimmt jeder mal im Laufe des Lebens, aber eigentlich ist das kein Kavaliersdelikt. In Deutschland besteht eine gesetzliche Schulpflicht für minderjährige Schülerinnen und Schüler und insgesamt eine Schulzeit von mindestens neun Jahren. Wiederholt ohne Entschuldigung dem Unterricht fernzubleiben kann richtig teuer (für Sie) und unangenehm (für Ihren Teenie) werden. Mit finanziellen Bußgeldern bis zu 1.000 Euro oder bei Wiederholungstätern sogar mit Gefängnis bestraft. Aber bis es so weit ist, müssen es schon ein paar mehr Stunden sein, und Sie werden auch von der Schule vorher benachrichtigt – sofern die Schule Sie erreicht. Teenager sind manchmal recht geschickt darin, Briefe abzufangen oder bei Bestätigungsschreiben einfach Ihre Unterschrift zu fälschen. Guten Kontakt zur Schule zu halten ist auf jeden Fall empfehlenswert. Massives Fernbleiben hat sehr wahrscheinlich einen ernsteren Grund, den zu finden Sie wahrscheinlich besser mit professioneller Unterstützung angehen sollten.

Viel wichtiger als jede Note ist, dass Sie nun an Ihrem Kind dranbleiben. Geben Sie eine Richtung vor, lassen Sie Ihren Teenager möglichst viel selber machen, zeigen Sie Präsenz und greifen Sie ein, wenn Hilfe nötig wird. Ziel der 7. und 8. Klasse ist, die irgendwie zu schaffen, egal wie. Damit Ihr Teenie in der Klassengemeinschaft bleiben kann, deren Mitglieder sich ja alle im selben Boot befinden. Spätestens ab der 10. geht es wieder aufwärts. Meistens.

Manche Schulen bieten übrigens auch Elterncoaching oder zumindest Vorträge zur Pubertät an. Fragen Sie da einfach mal in Ihrer Schule nach. Oder vielleicht regen Sie das mal bei der Elternpflegschaft oder gleich bei der Schulleitung an?

WIE SIE NICHT VORHANDENE ODER SONDERBARE BERUFSWÜNSCHE ÜBERLEBEN

Auf die Frage, was Leon gerne mal werden möchte, antwortete der 14-jährige Sohn einer Freundin von mir: »Reich sein!«

Hups, woher kommt denn so ein Berufsziel? Wir möchten natürlich, dass unser Kind irgendwann auf eigenen Beinen stehen kann, einen tollen Beruf ausübt, ein selbstbestimmtes und finanziell unabhängiges Leben führen kann. Meine Omma sagte früher immer: »Ihr sollt mal ein besseres Leben haben als wir.« Wie genau so ein besseres Leben dann aussieht, das sehen unsere Teenies in Musikvideos, in Serien auf Netflix und natürlich auf Instagram, YouTube und Co. Da sehen sie Frauen, die in Zeitlupe aus einem platt gedrückten und verbreiterten Luxusauto steigen und dann mit verkleinerter Nase und vergrößertem Po und auf sehr hohen Schuhen und mit sehr langen Haaren aus dem Bild wackeln. Oder sie sehen junge Milchbubi-Männer, die mit akkurat gestutztem Vollbart wild gestikulierend, supercool Luxusmarken am Körper tragend, vollautomatische Waffen ins Bild halten und der Frau mit der Plastiknase den Plastikhintern tätscheln. Beide zeigen unseren Kindern dann, was ein Must-have und was ein No-Go ist. Na super! Das sind dann die Rollenbilder und Werte, die wir unseren Kindern vermitteln wollen? Aber die Generation unserer Kinder wird nun mal von den Medien beeinflusst. Da tauchen eben manchmal auch sehr schräge Gestalten auf, die unsere Teenies beeindrucken. Zum Glück checken die meisten Jugendlichen relativ schnell, was *Fake* ist und was nicht – und dass es in der wahren Welt auch noch ein paar andere Werte gibt. Wenn Ihnen eine jugendliche Zukunftsvorstellung Kopfzerbrechen und schlechte Nächte bereitet, wird's Zeit, sich mal mit dem Berufsziel Ihres Sprösslings genauer zu befassen.

Um verschrobene Vorstellungen gerade zu rücken, stehen in der 8., der 9., manchmal auch in der 10. Klasse in den meisten Bundesländern erste Berufsfelderkundungstage oder auch mehrwöchige Schulpraktika auf dem Programm. Im Schnitt sind die Teenies dann so alt wie Leon, und die Arbeitswelt ist in weiter Ferne. Die Zwillinge von Anne und Rainer hatten mit 14 Jahren sehr unterschiedliche Berufsvorstellungen, als es darum ging, einen Praktikumsplatz zu suchen.

Die eine Tochter, Runa, wollte Zahnarztfrau werden. Bitte auf den genauen Wortlaut achten: Nicht Zahnärztin, sondern ZahnarztFRAU. Quasi analog zur medial besser aufgestellten Spielerfrau.

»Wie kommt die denn da drauf?«, fragte sich besonders Anne, die zumindest beruflich als Vorbild für ihre Töchter gelten könnte: Sie hat eine sehr gute Berufsausbildung, Auslandserfahrung, ist nicht auf den Mund gefallen und ist beruflich sogar bessergestellt als Gatte Rainer. Was war da in der Erziehung falsch gelaufen? Nun, erst mal nichts, denn im Prinzip ist die Erklärung simpel: Was Runa mit dem Berufswunsch ZahnarztFRAU meinte, war Influencerin. Die scheinbar ein Luxusleben führen darf, ohne auch nur einen Finger dafür krumm machen zu müssen. So jedenfalls die pubertäre Vorstellung. In Wirklichkeit ist der Job der Influencerin eine ziemlich anstrengende und zeitaufwendige Tätigkeit, und so super rosig, wie das in der medialen Darstellung aussieht, ist das Ganze auch nicht, jedenfalls für die meisten nicht. Davon mal abgesehen, gibt es für angehende Influencerinnen überhaupt Praktikumsplätze?

Im Vergleich zu Runas Wunsch war der ihrer Schwester Romy was Solides: Finanzbeamtin. Darüber haben sich zwar auch alle gewundert, waren aber insgesamt erfreut, weil man sich dachte, von diesem Berufswunsch könne die gesamte Familie nur profitieren.

Egal, wie absurd oder wunderlich Ihnen der Berufswunsch vorkommt, es lohnt sich, den möglichen Werdegang einmal tatsächlich und ernsthaft durchzuspielen. Setzen Sie sich mit Ihrem verrückten Teenie hin, und analysieren Sie die Bedingungen des Berufswunsches *Influencerin*, genauso ernsthaft wie den Berufswunsch *Finanzbeamtin* – und wenn es sein muss, auch den Berufswunsch »Reichsein«. Besprechen Sie das Vorgehen, die Bewerbungsmöglichkeiten, die Jobaussichten, die Aufstiegschancen sowie das Leistungsspektrum und den Abwechslungsreichtum des angepeilten Jobs. Spätere Weiterbildungsmöglichkeiten und Renten-Absicherungen und natürlich den ersten Schritt, das Praktikum, nicht vergessen. Im Fall der Influencerin, respektive Zahnarztfrau kommt dann vielleicht sogar die Idee auf, ein einigermaßen gutes Abitur anzustreben, weil sich ein Zahnmedizinstudium als enorm gute Möglichkeit der Kontaktaufnahme zum potenziellen Gatten erweisen würde. Da Zahnarztfrau und Influencerin keine Ausbildungsberufe sind, verlangen sie, um in ihnen erfolgreich zu sein, außerdem ein sehr hohes Maß an Eigeninitiative, Ideenreichtum sowie Konsequenz und Biss. Das sind alles keine schlechten Eigenschaften.

Wenn Sie so einen im ersten Augenblick sonderbaren Berufswunsch ernsthaft durchgespielt haben, wird Ihr Kind merken, dass es sich durchaus lohnt, auch dafür eine korrekte Grundlage zu haben, beziehungsweise dass Erfolg nicht vom Himmel fällt.

Letztendlich müssen Teenager selbst entscheiden, womit sie ihre Brötchen verdienen möchten. Das können sie aber besser, wenn sie ernsthaft eine Vorstellung davon bekommen, was sich hinter einer blumigen Berufsbezeichnung verbirgt, und sehen, dass nicht alles Gold ist, was glänzt, sondern harte Arbeit. Wenn Sie Wünsche ernst nehmen und gemeinsam die Bedingungen, Konsequenzen und Chancen eines möglichen Berufs erkunden, kommen die von ganz alleine drauf, was ein Luftschloss bleiben muss und was nicht. Und manche Berufe ergeben sich sowieso ganz zufällig.

In den meisten Fällen gehen absurde Berufswünsche von alleine wieder vorbei. Der Berufswunsch Zahnarztfrau war bei Runa jedenfalls schnell aus dem Rennen, nachdem Anne und Rainer die nötigen Schritte mit ihr durchgespielt haben. Übrigens ebenso wie der solide Berufswunsch Finanzbeamtin bei Romy.

WIE SIE EINEN VOLLJÄHRIGEN TEENAGER ERTRAGEN

Sobald Ihr Teenager 18 wird, sind Sie eine sogenannte *ehemalige Erziehungsberechtigte*. Die hübsche Bezeichnung spricht für sich; Sie haben, was das Leben Ihres Kindes angeht, nicht mehr viel zu melden. Deswegen hat ein volljähriges Kind recht, wenn es die legendäre Satz-Kombi spricht: »Ich bin volljährig. Du hast mir gar nichts zu sagen. Ich kann machen, was ich will.« Ja, stimmt. Aber es gibt ein »Aber«. Solange Ihr von sich selbst überzeugter Volljähriger bei Ihnen im Haus wohnt, obliegt Ihnen als Hausbesitzerin oder alternativ als diejenige, auf die der Mietvertrag ausgestellt ist, der Platz des Haushaltsvorstands, und damit haben Sie trotz Pubsis Volljährigkeit weiterhin das Zepter in der Hand – zumindest, was das gemeinsame Wohnen betrifft. Sie könnten also mit einem genauso blöden Satz kontern. Sie können aber auch einfach sagen: »Du kannst dir ja auch eine eigene Wohnung suchen.« Passen Ihrem Teenie Ihre Hausregeln nämlich nicht, dürften Sie ihn tatsächlich vor die Tür setzen. Das hört sich harsch an, aber manchmal ist das die beste Lösung für alle. Es befreit Sie natürlich nicht von Ihren Pflichten: Sie müssen Ihrem Kind so lange finanziell unter die Arme greifen, bis es eine abgeschlossene Ausbildung absolviert hat. Egal, ob Ihr Kind bei Ihnen wohnt oder ob es auszieht, und egal, ob in Naturalien oder mit dem sogenannten Barunterhalt (zumindest, solange Sie die finanziellen Mittel dazu haben). Phlegmatische Lümmeligkeit allerdings müssen Sie nicht belohnen. Wenn Ihr volljähriges Kind nur rumchillt, sich nicht um eine Ausbildung oder ein Studium kümmert, dürfen Sie Druck ausüben und verlauten lassen, dass Sie keineswegs dazu verpflichtet sind, ein Lotterleben zu finanzieren. Der Gesetzgeber geht nämlich davon aus, dass Menschen, die volljährig sind, in der Lage sind, ihren Lebensunterhalt selbst zu verdienen. Unterhalt müssen Sie deshalb für volljährige Kinder nur zahlen, wenn diese noch in einer Berufsausbildung sind oder sich intensiv um eine bemühen. Bevor Sie nun aber gleich den Geldhahn abdrehen, schauen Sie genauer hin, warum Ihr Kind dauerchillt. Vielleicht hat es einen Grund.

Wenn Ihr volljähriges Kind keine Lust auf Pflichten hat, haben Sie in Ihrem Haus die Wahl:

a.) Es macht Ihnen nichts aus, Ihr volljähriges Kind von hinten und vorne zu bedienen, denn Sie sind mit Leidenschaft Geschäftsführerin und einzige Angestellte in Personalunion in Ihrem kleinen »Hotel Mama«.

b.) Sie gestehen Ihrem volljährigen Kind alle Rechte und Freiheiten eines Erwachsenen zu, aber verlangen auch entsprechende Erwachsenenpflichten. Das heißt, Ihr volljähriges Kind hat im Haushalt feste Aufgaben. Quasi wie in einer WG gibt jeder einen Teil zum gemeinsamen Wohnen dazu. Und wenn Ihr Kind arbeitet und Geld verdient, können Sie auch über eine kleine Beteiligung am Haushalt sprechen.

c.) Sie zeigen Ihrem volljährigen Kind die Tür. Es wollte ja sowieso ausziehen.

*

Es gibt noch eine weitere klitzekleine Eingreifzone für Eltern von volljährigen Kindern: Wenn das Kind sich offensichtlich selbst gefährdet und jegliche Hilfe durch Sie ablehnt, kann man sich an das Jugendamt wenden, das tatsächlich, bis das Kind 21 Jahre alt ist, die Funktion einer Ansprechperson übernimmt und sich zumindest auf dem Papier zuständig fühlt. Ob es hilft, steht auf einem anderen Blatt.

Ansonsten haben Sie keinerlei Mitspracherechte mehr. Es ist ziemlich hilfreich, den Kindern das noch mal zeitnah zum 18. Geburtstag zu verdeutlichen. Von daher nehmen Sie einen wütenden Ausbruch von »Ich kann machen, was ich will« als einen willkommenen Anlass, genau solche Dinge noch mal glasklar zu benennen. Ihr volljähriger Teenie möchte mehr Rechte? Dann bekommt er auch entsprechende Pflichten. Das wäre nur fair, denn Sie und Ihr Kind sind, sobald es volljährig ist, so eine Art WG. Das heißt, jeder hat zum gemeinsamen Haushalt etwas beizutragen. Gerade erst volljährig gewordene Kinder haben das oft noch nicht so gut auf dem Schirm, dass sie ab 18 neben neuen Freiheiten auch Pflichten dazugewonnen haben.

Ihr Teenie ist ab 18 Jahren voll geschäftsfähig und muss für eigens verursachte Missetaten auch voll einstehen. Es kann Kaufverträge abwickeln. Es darf sich in jedem Etablissement die Hucke volllaufen lassen, es kann nun den Dispokredit des Bankkontos raufschrauben. Es darf jeden Tag Pommes essen und, wenn es sich das leisten kann, auch von oben bis unten tätowieren lassen. Es darf heiraten und Lottoscheine ausfüllen. Sie dürfen seine Post nicht öffnen, sie bekommen keine Auskunft mehr beim Arzt, und in den meisten Bundesländern kann Ihr Teenager auch die Informationsrechte seiner Schule einschränken, sodass Sie nicht mehr alles erfahren dürfen, was in der Schule passiert oder nicht passiert. (Allerdings muss Ihr Teenie sich aktiv um so eine Einschränkung kümmern. Bis das geschehen ist, können Sie zumindest mal in der Schule nachfragen und nach den Versetzungschancen fragen.)

Natürlich hört Pubertät nicht mit dem 18. Geburtstag schlagartig auf. Und dieses Stichdatum ist auch keine eindeutige Grenze zwischen jugendlicher Unvernunft und erwachsenen Entscheidungen. Es kann zu mitunter auch schweren Fällen von Spätpubertismus kommen. Wenn es so langsam in Richtung Volljährigkeit geht, sollte man meinen, dass so auch die Querelen der Pubertät sich dem Ende zuneigen. Es stimmt insofern, dass die meisten Baustellen fertig sind. Eine genaue Trennlinie aber gibt es nicht. Der Körper ist mehr oder weniger fertig um das 20. Lebensjahr herum. Die vom Hirn gesteuerten Stimmungsschwankungen werden auch langsam weniger. Aber erwachsen mit 18? Nur die wenigsten.

WIE SIE DAMIT KLARKOMMEN, DASS IHR KIND AUSZIEHT

Irgendwann ist es bei den meisten Menschen so weit: Sie ziehen von zu Hause aus. In der Regel ist das unproblematisch: Wohnung suchen, Kram einpacken, ein paar Tränchen vergießen, umziehen. Fertig. Wenn aber ein junger Mensch noch nicht volljährig ist, sieht es ein bisschen anders aus mit dem Auszug.

Ein minderjähriger Mensch darf nur bedingt selbst entscheiden, wo sie oder er wohnen möchten. Als Erziehungsberechtigte haben Sie nämlich das sogenannte Aufenthaltsbestimmungsrecht – und zwar grundsätzlich erst einmal so lange, bis das Kind volljährig ist. Das Aufenthaltsbestimmungsrecht kann hart umkämpft werden, zum Beispiel, wenn Eltern sich trennen. In dieser unschönen Situation dürfen Jugendliche ab dem 14. Lebensjahr, manchmal sogar schon ab dem zwölften, mitreden, wenn eine gerichtliche Entscheidung darüber gefällt werden muss, wo das Kind wohnen soll. Das Ganze ist aber ein Fall für sich. Wir gehen jetzt mal davon aus, Ihr Teenie lebt bei Ihnen – und ein Auszug des Teenies steht an.

Ab 16 Jahren dürfen Jugendliche mit Erlaubnis der Erziehungsberechtigten relativ unproblematisch ausziehen und einen eigenen Hausstand gründen. Trotzdem ist ein minderjähriger Mensch nur beschränkt geschäftsfähig und damit auf Ihre Hilfe (oder die eines gesetzlichen Vertreters) angewiesen. Das heißt, ohne Ihre Mithilfe wird ein Auszug schwierig. Das scheitert dann schon an der Unterschrift zum Mietvertrag. Auch mit Strom und Telefon wird es ohne Ihre Mithilfe nichts. Mit etwas Unterstützung von Ihnen, einer guten Vorbereitung und einem obligatorischen Muttizettel kann das aber gut klappen (siehe Kapitel »Wie Sie einen Muttizettel ausfüllen«).

Es muss ja nicht immer ein Auseinandergehen im Streit sein, wenn ein minderjähriger Jugendlicher aus dem Elternhaus auszieht. Toni, die Tochter einer Kollegin, ist mit 17 ausgezogen. Der Grund war, dass Ihre viel ältere Schwester aus ihrer kleinen Einraumwohnung ausziehen wollte. Da Toni damals noch ein Jahr bis zum Abitur hatte und danach sowieso in derselben Stadt wie ihre Schwester studieren wollte, kam schnell die Idee, die kleine Wohnung zu »sichern« und selbst dort einzuziehen.

Als G8-betroffene Eltern haben Sie eine ähnliche Situation: Ihre Kinder haben mit 17 oder noch früher das Abitur in der Tasche und starten, wenn sie sofort loslegen, zwangsläufig minderjährig in einer weit entfernten Stadt ihr Studium.

In der Regel gibt es mit minderjährigen Teenagern Diskussionen über folgende Auszugsszenarien:

- Die Konflikte zwischen Ihnen und Ihrem Teenager nehmen überhand.
- Ihr Teenager ist ein sehr selbstständiger Mensch und einfach bereit dafür.
- Ihr Teenie hat ein G8-Abitur gemacht und einen Studienplatz in einer anderen Stadt gefunden.
- Ihr Teenager nutzt die Ansage »Dann ziehe ich eben aus!« als Drohung, weil ihm im Streit kein besseres Argument gegen Sie einfällt.

Folgende Punkte helfen sehr, Ihnen und Ihren Kindern den Start leichter zu machen: Toll ist es, wenn Sie Ihr Kind in der Vergangenheit zur Selbstständigkeit erzogen haben. Sollte Ihr Kind noch nie einen Finger krumm gemacht haben im Haushalt, sollten Sie sich schleunigst einen Plan zurechtlegen und die wichtigsten Punkte klären: Wozu der Kühlschrank da ist, weiß Ihr Teenie selbstverständlich, wie man ihn abtaut und dass man das auch von Zeit zu Zeit mal tun muss, nicht unbedingt. Wie man mit Herd, Waschmaschine, Staubsaugerbeutel hantiert, ist leicht erklärt, und wenn man weiß, wie es geht, kein Hexenwerk.

Weitaus wichtiger sind die Themen *Finanzen* und *Versicherungen*. Ihre Familienhaftpflichtversicherung zum Beispiel greift für Ihr Kind auch, wenn es aus dem elterlichen Haus auszieht. Allerdings nur, wenn es noch in der Ausbildung und unverheiratet ist (von Letzterem gehe ich jetzt mal ganz stark aus, solange ihr Kind noch minderjährig ist). Sonst braucht Ihr Teenie also was Eigenes.

Ihr Kind braucht für alles Mögliche Ihre Unterschrift. Das ist nicht so problematisch, wenn Sie in ein und derselben Stadt wohnen. Wenn Ihr Teenager aber wegen eines Studienplatzes minderjährig auszieht und dann 600 Kilometer weit weg wohnt, wird es naturgemäß etwas schwieriger. Neben dem Anmieten einer Wohnung darf Ihr Kind sich auch nicht immatrikulieren, nicht am Hochschulsport teilnehmen – eigentlich darf es gar nichts. Die

Universitäten sind darauf eingestellt und stellen auf ihren Internetseiten alle benötigten Informationen und Formulare zur Verfügung, die Sie unterschreiben müssen. Außerdem: Vergessen Sie den Blanko-Muttizettel nicht, sonst darf es nämlich als einziges unter den Kommilitonen nur bis um 24 Uhr am Partyleben teilhaben und muss dann ganz alleine durch die Nacht ins dunkle Studentenwohnheim zurück.

»Eltern haften für Ihre Kinder« gilt sowieso, sobald Ihr Kind sieben Jahre alt ist, nur sehr eingeschränkt, aber wenn Ihr Kind bereits einen eigenen Hausstand hat, noch eingeschränkter. Das sollte Ihr Spross wissen. Solange er mit Ihnen unter einem Dach wohnt und minderjährig ist, können Sie zwar nicht alles ausbügeln, aber doch ein bisschen mehr, als wenn er das nicht tut.

Sollten sich die Fronten so verhärtet haben, vermittelt in schlimmen Fällen das Jugendamt zwischen Ihnen und Ihren Kindern. Wenn auch mithilfe des Jugendamtes keine Einigung erzielt beziehungsweise der häusliche Frieden nicht wiederhergestellt werden kann, kann ein Familiengericht eingeschaltet werden, das dann eine Entscheidung trifft. Kommt es so weit, haben Sie nicht mehr viel zu sagen, und Ihr Kind darf ausziehen. Zum Beispiel in eine betreute WG mit anderen Minderjährigen.

Vielleicht können Sie sich aber auch gemeinsam dazu durchringen, neue Regeln für das Zusammenleben in Ihrem Haus einzuführen. Das ist sicher nicht ganz einfach, aber zumindest einen Versuch wert.

Kommt das Thema *Ausziehen* auf, sollten Sie es ernst nehmen. Wir hatten eine heiße Phase, in der es fast unmöglich war, mit einem unserer beiden Hitzköpfe zu sprechen. Irgendwann knallte uns dann eine Tochter ein »Dann ziehe ich eben aus!« vor den Kopf. Wir haben dann um ein Auszugsgespräch gebeten, und zwar mit dem Hintergrund, dass wir, wenn sie schon ausziehen möchte, das Ganze gerne geregelt unterstützen würden, damit sie sicher auf eigenen Beinen stehen kann. Wir wollten genau wissen, wie sie sich das vorstellt. Die Reaktion war dann so, dass sie eher empört war, dass wir tatsächlich dazu bereit waren. Mein Mann und ich haben uns dann heimlich gefreut wie Bolle, dass sie es gar nicht ernst gemeint hat.

Wie auch immer, es ist nicht ganz einfach für Eltern, wenn ihr Kind flügge wird und das Nest verlässt.

9. KAPITEL

GESCHAFFT: TEENAGER VERLASSEN DAS NEST

Irgendwann ist sie vorbei, die schreckliche Zeit der Pubertät. Und je näher das Ende kommt, desto weniger schlimm erscheint sie einem, diese letzte Phase vor dem endgültigen Loslassen der kleinen Pubsis. War sie wirklich so schlimm? Ja, das war sie natürlich, und zwar für alle Beteiligten. Es ist eine anstrengende und doch irgendwie nötige Zeit, die kaum jemand ein zweites Mal durchleben möchte. Zum Glück vergisst man in der Regel deren Schwere aber ruck, zuck. Und dann?

WIE SIE ERKENNEN, DASS SIE DIE PUBERTÄT ÜBERLEBT HABEN

Es gibt ein paar eindeutige Indizien, an denen Sie erkennen, dass sich die turbulente Zeit dem Ende neigt: Wenn Ihnen Ihre Kinder, plötzlich wieder zuhören und anfangen, so was wie Vernunft anzunehmen. Wenn auf einmal unangenehme Haushaltspflichten freiwillig und ohne Erwartung einer Gegenleistung einfach gemacht werden. Wenn Ihre Kinder wieder freiwillig innerhalb der Woche schlafen gehen oder Hausaufgaben machen oder Essen zubereiten. Wenn Teenager mit Führerschein das Auto nicht nur zum spaßigen Rumfahren nutzen, sondern damit einen Familieneinkauf erledigen – ohne dass Sie was sagen müssen. Auch große Ereignisse, wie der Schulabschlussball sind Indizien. Oder die diversen Formulare und Briefe, die plötzlich ins Haus flattern, wie die Immatrikulationsbescheinigung, der Ausbildungsvertrag oder die

amtliche Frage, ob Sie denn wohl weiterhin kindergeldberechtigt bleiben. Und wenn dann die Umzugskisten gepackt werden und der Transporter samt Kind um die Ecke biegt, dann finden Sie Jugendliche und ihr merkwürdiges Verhalten auf einmal gar nicht mehr nervig oder anstrengend. Spätestens dann sind Sie übern Berg. Herzlichen Glückwunsch, Sie haben die Pubertät überlebt!

Sobald die Pubertierenden keine mehr sind, fängt unser Hirn dankenswerterweise sofort an, Dinge, die uns an ihnen noch kurz vorher in den Wahnsinn getrieben haben, zu verklären. Was bleibt, ist ein Sack voll netter Anekdoten. Und jedes Mal, wenn Sie sie erzählen, verlieren die pubertären Auswüchse ein bisschen ihren Schrecken und werden mehr und mehr zu launigen Schenkelklopfern, die Jahr um Jahr bei Familienfesten zum Besten gegeben werden. Fast ist man wehmütig, weil die Zeit nur so kurz war – so gefühlt, im Nachhinein. Glücklicherweise tendieren die meisten Menschen dazu, sich lieber an die positiven Dinge zu erinnern. So ist es dann auch mit der Pubertät.

Gestern noch konnte man es kaum erwarten, den kleinen Kaktus endlich loszuwerden, um wieder mal Ruhe zu haben, schon vermisst man ihn, sobald er einem den Rücken zudreht und voller Tatendrang in sein eigenes Erwachsenenleben startet. Zwischenzeitlich zweifelt man das eigene Erziehungsvermögen doch stark an. Aber frei nach dem Motto »hätte, hätte, Mopedkette« – jetzt sind Sie durch. Schauen Sie sich Ihre Ernte mal genauer an: Ist Ihr Kind nicht doch ein ganz passabler Erwachsener geworden? In den allermeisten Fällen muss man doch sagen: Ja, hervorragend gelungen.

Jetzt, zum Zeitpunkt, an dem ich dieses Buch schreibe, sind unsere Kinder der Pubertät mehr oder weniger entwachsen, auch wenn manchmal noch etwas Restpubertismus durchkommt. Für ihre Taten sind sie nun selbst verantwortlich. Wenn sie ihren Karren in den Dreck setzen, müssen sie ihn alleine wieder rausziehen. Das fällt ihnen schwer; uns Eltern aber noch viel schwerer. Wahrscheinlich haben wir da auch sehr viel mehr dran zu knapsen.

Plötzlich stehen da zwei junge Frauen vor mir, die staksig, aber festen Willens ihren eigenen Weg bestreiten wollen und das Zepter für ihr eigenes Leben übernommen haben. Ich übergebe es mit gemischten Gefühlen: einerseits erleichtert, weil wir es geschafft haben, ohne bleibende Schäden durch die Pubertät zu kommen. Mit ein paar Schrammen, aber deutlich mehr witzigen Erinnerungen. In diesem Sinne, kann ich Ihnen nur raten, versuchen Sie, so oft es geht, über die Situation, in die Ihr Teenager Sie bringt, zu schmunzeln und irgendetwas Komisches an der Sache zu sehen. Bleiben Sie ruhig. Loslassen ist verdammt schwer, aber nötig.

Sammeln Sie Fotos als stumme Zeugen der pubertären Taten. Sie eignen sich nicht nur zur eigenen Erheiterung, sondern lockern auch hervorragend langatmige Hochzeitsreden und ähnliche verpflichtende familiäre Zusammenkünfte auf. Des Weiteren eignen sie sich auch gut zum Verbünden mit potenziellen pubertierenden Enkeln. Mein Mann und ich freuen uns jedenfalls schon sehr darauf, gesammelte peinliche Selfies unserer Kinder den Enkeln zu zeigen. An peinliche Selfies Ihrer Kinder kommen Sie zum Beispiel leicht, indem Sie regelmäßig die Profilbilder auf den Social-Media-Kanälen Ihrer Kinder checken (WhatsApp, Snapchat und wie sie alle heißen). Ich habe da mittlerweile eine ganze Batterie an Selfies unserer Töchter zusammengesammelt, teilweise mit unfassbaren Filtern versehen. Wir freuen uns jetzt schon auf den Tag, wenn wir sie mal präsentieren können.

*

Ach ja, eine Illusion muss ich Ihnen noch nehmen: Wenn Sie jetzt eine Pubertät erfolgreich geschafft haben, heißt das nicht automatisch, dass die nächste von Kind Nummer zwei stressfreier wird. Aber vielleicht stehen Sie sie trotzdem besser durch, Sie wissen ja jetzt, wie man gut durchatmet.

WAS SIE VON TEENAGERN LERNEN KÖNNE[N]

Nach den ganzen vorhergehenden Seiten, dem Gestöhne und Gejammere über das, was pubertäre Menschen tun oder nicht tun, bleibt eine berechtigte Frage: Gibt es eigentlich auch irgendwas Gutes an der Pubertät?

Ganz klar: Ja! Neben dem ganzen Kopfzerbrechen, den Problemen und Sorgen, die einem ein Teenager so bereiten kann, gibt es auch ganz, ganz große Lichtblicke: Momente, in denen man fast platzt vor Stolz und auch wunderbar von den verrückten Teenies und ihrer ganz besonderen Sicht auf die Welt lernen kann:

- Weil ihre Gedanken noch so frisch sind und sie sich noch nicht von gesellschaftlichen Zwängen behindern lassen.
- Weil sie mit so viel Leidenschaft, so kühn und mutig für ihre Überzeugungen eintreten.
- Weil ihnen Konventionen dabei gerade mal egal sind.
- Weil sie einfach nur ganz im Moment sind und absolut nirgendwo anders und nichts, aber auch gar nichts sie vom Jetzt ablenken kann.
- Weil sie (hoffentlich) noch nicht die ganze Last der Erde auf ihrem Rücken tragen.
- Weil sie einem ihre Meinung ungefiltert ins Gesicht sagen.
- Weil sie uns so präzise, so schonungslos den Spiegel vorhalten, der manchmal wehtut, aber der gut ist und sehr zum Nachdenken anregt.

Teenager erkennen Stärken und Schwächen an ihren Eltern, also Ihnen, oft messerscharf und haben keine Scheu, Ihnen das in ihrem Abgrenzungsprozess an den Kopf zu werfen. In diesem Fall ist die Respektlosigkeit, die aus der pubertären Egozentrik entsteht, ein klarer Vorteil – zumindest, wenn man bereit ist, genau zuzuhören und sich mit den vordergründigen Unverschämtheiten auseinanderzusetzen. Dann können sie eine wunderbare Chance sein, sich selbst zu sehen. Darauf muss man sich aber einlassen wollen, denn oftmals mag man nicht, was man an sich selbst erkennt. Wenn Sie es schaffen, genau hinzuhören, können Sie das Gesagte als konstruktive Kritik aufnehmen

Und dann ist da noch dieses Leuchten. Wie soll man es sonst am besten beschreiben? Neudeutsch würde man vielleicht sagen »Glow«. Dieses Brennen, dieses »Ganz oder Gar-nicht«, mit jeder Faser, wenn sie etwas gefunden haben, was ihnen am Herzen liegt. Das kommt uns Erwachsenen und verantwortungsbewussten Eltern ja manchmal abhanden.

Deshalb hier eine kleine, und sicher sehr, sehr unvollständige Liste von jugendlichen Taten, die nur Teenies so toll können. Man findet diese kleinen Taten überall im Alltag, man muss nur genau hinschauen und vielleicht nicht sofort denken: Boah, was für ein Lärm. Wenn Sie hinter den ersten Nervfaktor schauen können, werden Sie sich erfreuen an:

- jugendlichen Halbstarken, die laut grölend Arschbomben vom Dreier im Freibad machen
- giggelnden Mädchen, die plötzlich und unverhofft wegen irgendeines nicht nachvollziehbaren Firlefanzes unter Lachkrämpfen zusammenbrechen
- erster echter Liebe, wenn zwei junge Menschen eng umschlungen auf einer Parkbank knutschen und den Rest der Welt (inklusive der wichtigen Verabredung mit Ihnen) vergessen haben.
- Mädchen, die in einem Zugabteil nervtötend laut Songs herausschreien. Zuerst nervig, aber konzentriert man sich auf das Glücksgefühl und die Unbekümmertheit in der Stimme, entdeckt

man ein kleines bisschen dieses »mir gehört die Welt«, das auf einen selbst überschwappt
- Jugendlichen, die sich politisch engagieren und mit starken Worten für die Zukunft, in der sie leben möchten, eintreten

Jugendliche sind wie ein Rudel Welpen: unbekümmert, stürmisch, sich ihrer eigenen Kraft nicht bewusst. Sie werfen Dinge um, machen sie kaputt, sind zu Tode betrübt und anschließend strahlend vor Freude. Sind von 0 auf 100 in weniger als einer Millisekunde. Sie schreien ihren Unmut genauso heraus, wie ihre unbändige Freude. Sie sind anstrengend, herausfordernd und großartig. Sie sind mutig, frech und schießen über das Ziel hinaus. Sie haben verrückte Ideen, manchmal gefährlich, manchmal idiotisch, aber dann auch wieder so umwerfend toll, so erfinderisch, dass man sie einfach fördern muss, auch wenn man vor Sorge fast umkommt. Und sie können noch so ganz bei sich sein. Sie sind im Hier und Jetzt. Kämpfen für das, woran sie glauben. Etwas, was uns Erwachsenen ja oft abhandengekommen ist in unserem vollen und ernsten Alltag. In unserem Funktionieren-Müssen. All das ist toll. Nicht immer einfach, zugegebenermaßen. Aber oft. Wenn Sie es zulassen.

Vielleicht nehmen Sie sich mal ein Beispiel und machen etwas, was Sie normalerweise nicht tun würden, weil es zu verrückt ist. Überraschen Sie Ihren Gatten mit irgendetwas Verrücktem, zelebrieren Sie einfach mal sich selbst. Die Pubertät Ihres Teenagers zeigt Ihnen auch einen Blick zurück auf Ihre eigene Jugend. Erinnern Sie sich an Ihre Ideale, die Sie als Jugendliche hatten. Was ist daraus geworden? Haben Sie noch Kontakte zu Ihren Klassenkameraden von früher? Denken Sie zurück an Ihre eigene Schulzeit, meistens ist auch aus den verrücktesten Leuten was geworden: Punks, die nun Investmentbanker sind, die Klassen-Tussi, die Sie damals strunzdoof fanden und die nun Chefin über zwei der angesagtesten Cafés in Ihrem Heimatdorf ist, der dicke pickelige Klaus, der jetzt Personal Trainer ist und verdammt gut dabei aussieht.

Ärgern Sie sich nicht allzu sehr über Nichtigkeiten, die Ihre Teenager tun oder nicht tun. Machen Sie das Beste aus der Zeit, die Sie mit ihnen verbringen dürfen. Denn auch wenn Sie zwischendurch meinen, diese Pubertät ist die schlimmste von allen und nicht mehr auszuhalten und wird Jahr für Jahr schlimmer, sie ist irgendwann tatsächlich vorbei. Und dann wird dieser »kleine« große Mensch auf eigenen Beinen stehen und aus der Tür gehen, die Sie hoffentlich immer ganz weit für ihn aufhalten können. Je offener Ihre Tür ist und je freier Sie den Vogel fliegen lassen, desto lieber kehrt er immer wieder zu Ihnen zurück. Wenn auch mit einem Haufen dreckiger Wäsche unter dem Arm.

WIE SIE DAS EMPTY-NEST-SYNDROM ÜBERLEBEN

So, schwuppdiwupp, die Pubertät wurde überlebt. Nachdem die letzte Träne verdrückt ist, haben Sie nun endlich wieder Zeit, sich um sich selbst zu kümmern – nach Jahren der Sorge, des Kümmerns, der Aufopferung. Was also fangen Sie mit der neu gewonnenen Freiheit und der vielen Zeit an? Jetzt haben Sie endlich mal Zeit für sich. Sie können sich Ihrem Garten widmen, sich zum Zeichenkurs in der Volkshochschule anmelden. Einfach so auf ein Wellnesswochenende wegfahren. Überhaupt, mehr Sport treiben oder endlich mal wieder etwas Zeit zu zweit mit dem Gatten verbringen und so weiter. Herrlich! So viele Dinge, die seit Jahren darauf warten, dass Sie sich ihnen mit ganzer Kraft widmen. Läuft bei Ihnen.

Wäre da nicht das Empty-Nest-Syndrom. Ein Phänomen, von dem Mütter, deren Kinder flügge geworden sind, nicht selten heimgesucht werden: Es fehlt was, um das sie sich kümmern können. Bevor dieses Gefühl überhandnimmt, ist es besser, man überlegt sich frühzeitig eine gute Beschäftigung, etwas, womit man die erste

Zeit ohne Kinder im Haus gut kompensieren kann. Gerne nimmt man sich dann für die Zeit was Tolles vor. Packt die Zeit pickepacke voll mit all den Dingen, die man so lange »entbehren« musste, weil man so viel mit der Brutpflege zu tun hatte. Schöne Vorsätze, aber Sie werden maximal ein Viertel von dem machen, wenn das Nest leer ist. Wenn überhaupt. Sie werden statt den Bauch-Beine-Po-Kurs zu machen faul auf dem Sofa rumliegen, sie werden Schokolade zum Abendessen vor dem Fernseher mampfen, anstatt sich an den gedeckten Tisch mit nahrhaften selbst gekochten Speisen zu setzen.

In dem Moment, in dem Sie kein aktives gutes Vorbild mehr sein müssen, tun die meisten das: Sie werden erst einmal abhängen. Das ist völlig okay. Aber man muss aufpassen, dass man sich an das Lotterleben nicht gewöhnt. Nichtstun schadet auf Dauer der Figur, je älter man ist, desto schneller nimmt sie einem das Faulsein übel. Und fürs Gemüt ist es auch nichts. Empty Nest ist nämlich auch eine Zeit, in der man sehr deutlich spürt, wie sehr man die stacheligen Teenager liebt. Und sie vermisst. Man wächst daran, ebenso wie die Kinder. Es ist eine Chance, sich wieder mehr um sich selbst und die Partnerschaft zu kümmern. Aber man muss sie auch ergreifen.

Machen Sie sich deshalb einen übersichtlichen Plan, was Sie tun, wenn Ihre Teenies ganz plötzlich keine mehr sind. Denken Sie daran, dass Sie Ihren gerade ausgeflogenen Küken auch nicht zu sehr auf die Pelle rücken. Die wollen erst einmal alleine klarkommen und laden Sie gerne ein, wenn es ihnen passt. Wenn Sie unbedingt jemanden bemuttern müssen, holen Sie sich jetzt endlich den Hund, den Sie schon immer wollten und für den Sie bisher nie Zeit oder Energie hatten, weil die Kinder alleine schon so anstrengend waren. Achtung: Rechnen Sie mit nachträglichen Vorwürfen, warum der Hund nicht einziehen durfte, als Ihr Teenager noch zu Hause lebte.

Quicktipps: Kurz und knapp 10 goldene Regeln

Im Kern besteht das Überleben der Pubertät des Kindes aus drei miteinander verwobenen Dingen:

- Zuhören
- Vertrauen schenken
- Loslassen

Nichts leichter als das! In der Tat ist das theoretisch ein Klacks, aber sobald Emotionen wie Wut, Traurigkeit und Enttäuschung sowie Unerfahrenheit und Klugscheißerei mitmischen, ist das alles andere als ein Kinderspiel. Deshalb, um möglichst gut durch die Pubertät Ihres Teenies zu rutschen, hier noch mal auf einen Blick die zehn wichtigsten Überlebenstipps, damit Sie die oben genannten drei Faktoren gut bewältigen können:

1. Reservieren Sie Zeit nur für sich, powern Sie sich aus, machen Sie Sport und lernen Sie die tiefe Bauchatmung, damit Ihr Kopf wieder klar wird und Sie besser cool bleiben können.
2. Hören Sie Ihrem Teenager gut zu. Gerade in der Pubertät sind die Phasen, in denen der was von sich erzählt, gerne zu unmöglichen Zeiten. Rechnen Sie damit.
3. Trauen Sie Ihrem Teenie was zu. Geben Sie hier und da Verantwortung ab.
4. Lassen Sie Fehler zu.
5. Seien Sie der Sparringspartner, der die eine oder andere Kante gut wegstecken kann und den Teenager anschließend doch wieder fest in die Arme nimmt.
6. Reden Sie mit Betroffenen, die im selben Boot sitzen, und holen Sie sich professionelle Hilfe, wenn Sie nicht mehr weiterwissen.

7. Unternehmen Sie was mit Ihrem Teenager, solange der noch was mit Ihnen machen will. Verabreden Sie feste Familienzeiten oder Rituale.
8. Seien Sie neugierig auf deren Interessen (Musik, Freunde, Handyspiele, YouTube-Tutorials) und lassen Sie sich darauf ein.
9. Sprechen Sie mit denen über Themen, die unangenehm, aber wichtig sind, wie Sexualität, Verhütung, Drogen.
10. Beginnen Sie frühzeitig mit der Dokumentation pubertärer Missetaten und Ausbrüche. Sie sorgen irgendwann bei späteren Anlässen für Heiterkeit.

ANHANG

BERATUNG & HILFE

Es gibt viele Situationen, in denen man als Eltern total überfordert ist. Situationen, in denen einem der Partner nicht weiterhelfen kann, ebenso wenig wie Freunde. Vielleicht möchte man einige Sorgen auch lieber mit irgendwem besprechen, dem man im normalen Alltag nicht wiederbegegnet. In solchen Situationen helfen verschiedene Beratungsdienste. In vielen Fällen anonym. Übrigens nicht nur Ihnen als Eltern, sondern auch Ihrem Teenager. Sagen Sie das Ihrem Teenager am besten. Am besten spricht man das Thema »Wie man sich Hilfe holt, wenn man denkt, es geht nicht mehr« mal an, wenn es noch kein Problem gibt.

Nummer gegen Kummer
Der Verein hilft Kindern, Jugendlichen und Eltern anonym per Telefon oder per E-Mail.
Kinder- und Jugendtelefon: 116 111
Elterntelefon: 0800 – 111 0 550
www.nummergegenkummer.de

Telefonseelsorge
Telefon: 0800-111 0 111 oder 0800-111 0 222
zu jeder Zeit 24/7 erreichbar, Anrufe sind anonym
www.telefonseelsorge.de

Klicksafe.de
EU-Initiative zur Förderung der Medienkompetenz
Von Cybermobbing über Rechte bis Werbung und Kommerz
www.klicksafe.de

Pro Familia
Beratung zu Sexualität, Schwangerschaft und Partnerschaft
www.profamilia.de

Regenbogenportal.de
Das Wissensnetz zu gleichgeschlechtlichen Lebensweisen und geschlechtlicher Vielfalt, Bundesministerium für Familie, Senioren, Frauen & Jugend
www.regenbogenportal.de

Jugendnetzwerk Lambda Bundesverband
Setzt sich ein für Jugendliche, die lesbisch, schwul, bi, trans, inter oder queer sind
https://lambda-online.de

BzgA Essstörungen
Bundeszentrale für gesundheitliche Aufklärung
Beratungstelefon: 0221 892031 (Ortstarif)
www.bzga-essstoerungen.de

Kommunale Drogenberatung in Ihrer Stadt
In jeder größeren Stadt gibt es eine Drogenberatung, in der Sie oder Ihr Teenager sich anonym beraten lassen können.

In der Regel haben die auch einen Internetauftritt. Suchworte *Drogenberatung* und der Name Ihrer Stadt.

ELSA – Elternberatung
bei Suchtgefährdung / Abhängigkeit von Kindern und Jugendlichen
www.elternberatung-sucht.de

Sucht & Drogen Hotline
Telefon: 01805 313031 (kostenpflichtig)
zu jeder Zeit 24/7 erreichbar, Anrufe sind anonym
www.sucht-und-drogen-hotline.de

Mindzone – sauber drauf
Initiative von Partygängern mit umfassenden Infomaterialien und Aktionen rund um das Thema Partydrogen
http://mindzone.info

Freunde fürs Leben
Hilfe für suizidgefährdete oder depressive Jugendliche und deren Eltern
www.frnd.de

Auslandsjahr.org
Informations-Netzwerk rund um das Thema Auslandsaufenthalt
www.auslandsjahr.org

DANKE

Ich möchte mich noch bedanken. Als Allererstes bei den Menschen, die dieses Abenteuer *Pubertät* erst möglich gemacht haben: bei meinen Töchtern Zoë und Nina und bei meinem Mann Kai: Danke – ohne euch wäre dieses Buch gar nicht entstanden.

Ein ganz besonderer Dank geht an Sandra, Stephanie, Susi und Uwe – fürs Vorablesen und viele konstruktive Anregungen.

Ich danke für Rat und Tat und für viele schöne Anekdoten von und mit Teenagern: Anja, Astrid, Carola, Christine, Dagmar, Danny, Dietmar, Gesa, HannaH, Heike, Janette, Johanna, Jürgen, Katja, Karla, Lorenz, Markus, Petra, Ruth, Sabine, Sandra, Sarah, Susanne, Ute, Vedat und dem Coach. Ich hoffe, ich habe niemanden vergessen – und wenn, dann war es keine Absicht.

Und nicht zuletzt danke ich meiner Mutter, die in meiner Pubertät, egal was war, immer hinter mir stand – und das auch heute noch genauso tut.

LESEEMPFEHLUNGEN

Das pubertierende Gehirn – Wie Kinder erwachsen werden, Eveline Crone, Droemer, 2011

Pubertät – Wenn Erziehen nicht mehr geht, Jesper Juul, Kösel, 2010

4 Werte, die Eltern & Jugendliche durch die Pubertät tragen, Jesper Juul, Gräfe und Unzer, 2015

Pubertät – Loslassen und Haltgeben, Jan-Uwe Rogge, rororo, 2001

Wilde Jahre – gelassen und positiv durch die Pubertät, Philip Streit, Kreuz, 2014

HOW TO SURVIVE ALS FRAU AB 40

SO LEBEN SIE GLÜCKLICH MIT FALTEN, PFUNDEN
UND ANDEREN ZUMUTUNGEN DES ÄLTERWERDENS

HOW TO SURVIVE ALS FRAU AB 40
SO LEBEN SIE GLÜCKLICH MIT FALTEN, PFUNDEN
UND ANDEREN ZUMUTUNGEN DES ÄLTERWERDENS
Von Dagmar da Silveira Macêdo
280 Seiten, Taschenbuch
ISBN 978-3-942665-42-1 | Preis 9,99 €

Ab 40 ist Älterwerden ein akutes Thema. Sie werden merkwürdige Veränderungen an Ihrem Körper und Ihrer inneren Einstellung wahrnehmen, und einige dieser Neuentdeckungen brauchen verdammt viel Mut.

Zum Beispiel, wenn Sie eines Morgens feststellen, dass Sie über Nacht zwei Kleidergrößen gewachsen sind oder dass eine unscheinbare Falte an Ihrem Hals beim Vorbeugen zur Truthahnhaut mutiert. Die Autorin zeigt selbstironisch, dass frau mit 40 keinesfalls zum alten Eisen gehört, sondern ganz im Gegenteil: Das Leben fängt erst jetzt richtig an. Mit 40 hat frau noch die Hälfte ihres Lebens vor sich und damit genügend Zeit und Energie, um das Ruder noch mal komplett herumzureißen: Start-up gründen, Kinder kriegen, Selbstverwirklichung und auswandern, neuen Partner finden, Marathon laufen – eine Frau ab 40 kann alles.

WWW.SCHWARZKOPF-SCHWARZKOPF.DE

HOW TO SURVIVE ALS ALLEINERZIEHENDE

ARBEIT, KINDER, WÄSCHE, ELTERNABEND, ESSENKOCHEN –
WIE ALLES ALLEIN KLAPPT UND MAN TROTZDEM SPASS DABEI HAT.

HOW TO SURVIVE ALS ALLEINERZIEHENDE
LOCKER BLEIBEN ALLEIN MIT KIND
Von Sarah Rauch
240 Seiten, Taschenbuch
ISBN 978-3-86265-641-7 | Preis 9,99 €

Wer Tag für Tag ganz allein den Alltag mit Kindern stemmt, steht nicht selten vor Fragen wie »Wo ist denn schon wieder die Zeit geblieben?«, »Wie bringe ich das nur den Kleinen bei?« oder »Was tun, um nicht im täglichen Chaos zu versinken?«

HOW TO SURVIVE ALS ALLEINERZIEHENDE zeigt, dass es auf jede dieser Fragen mehr als nur eine Antwort gibt. Ob Erziehung, Organisation, Haushalt oder Job – jedes Kapitel gibt unterhaltsame Einblicke in typische Alltagssituationen und in die klassischen Konflikte aller Alleinerziehenden.

Autorin Sarah Rauch geht die Sache positiv an, schildert Anekdoten aus ihrem Leben als Alleinerziehende und zeigt, dass Mütter und Väter auch ohne Partner jede Menge Spaß im Alltag mit ihren Kindern finden können.

Ein kurzweiliger Ratgeber für die wahrhaften Helden!

WWW.SCHWARZKOPF-SCHWARZKOPF.DE

HOW TO SURVIVE ELTERNABEND

SO ÜBERLEBEN SIE KRABBELGRUPPE,
SCHULE UND SPORTVEREIN IHRES KINDES

HOW TO SURVIVE ELTERNABEND
SO ÜBERLEBEN SIE KRABBELGRUPPE,
SCHULE UND SPORTVEREIN IHRES KINDES
Mit Illustrationen von Jana Moskito
Von Angela Römelt
224 Seiten | Taschenbuch
ISBN 978-3-86265-599-1 | Preis 9,99 €

Das Phänomen des Elternabends begleitet Eltern vom Krabbelkreis bis zum Abiturjahrgang. Bis ein Kind endlich das Abiturzeugnis, den Ausbildungsvertrag oder das Sportabzeichen in der Hand hält, haben seine Eltern unzählige Stunden auf zu niedrigen Stühlen gesessen, endlose Diskussionen über das Mitnehmen von MP3-Playern und Smartphones auf Klassenfahrten hinter sich gebracht, Stapel von Wahlzetteln unterschrieben und Monologe anderer Eltern ertragen, die insgeheim lieber Lokalpolitiker geworden wären.

Um in diese und ähnliche Situationen nicht unvorbereitet hineinzugehen, gibt es keine bessere Vorbereitung als dieses Buch. Der Umgang mit Veranstaltern, Teilnehmern, Anlässen und Folgen von Elternabenden wird amüsant und hilfreich, immer aber authentisch beschrieben.

WWW.SCHWARZKOPF-SCHWARZKOPF.DE

DAGMAR DA SILVEIRA MACÊDO, geboren 1968, hat die Pubertät von zwei Töchtern erfolgreich überstanden. Sie arbeitet als Autorin und Redakteurin und lebt mit ihrer Familie in Bielefeld. Ihr Buch HOW TO SURVIVE ALS FRAU AB 40 erschien 2018.

Dagmar da Silveira Macêdo
HOW TO SURVIVE MIT TEENAGER
Wie Sie die Pubertät Ihres Kindes ohne bleibende Schäden überleben
Mit Illustrationen von Jana Moskito

ISBN 978-3-86265-748-3

VERLAG
Schwarzkopf & Schwarzkopf Verlag GmbH
Kastanienallee 32, 10435 Berlin
Telefon: 030 – 44 33 63 00
Fax: 030 – 44 33 63 044

INTERNET | E-MAIL
www.schwarzkopf-schwarzkopf.de
www.facebook.com/schwarzkopfverlag
info@schwarzkopf-schwarzkopf.de